W0466152

VLM

Er hat alles schön gemacht zu seiner Zeit,
auch hat er die Ewigkeit in ihr Herz gelegt;
nur daß der Mensch nicht ergründen kann das Werk,
das Gott tut, weder Anfang noch Ende.

Prediger 3,11

Don Richardson

Ewigkeit in ihren Herzen

Verlag der
Liebenzeller Mission
Lahr

Die amerikanische Originalausgabe erschien unter dem Titel
„Eternity in their hearts“ © 1981 by Regal Books,
A Division of GL Publications, Ventura/USA
Aus dem Amerikanischen von Marianne Kawohl und Maria Witte

ISBN 3-88002-351-4
5. Auflage 1999

Alle Rechte vorbehalten, auch der auszugsweisen
Wiedergabe und Fotokopie
© Copyright 1983 der deutschen Ausgabe
by Edition VLM im Verlag der St.-Johannis-Druckerei, Lahr
Umschlagfoto: Regal Books, GL Publications, Ventura/USA
Satz: Graphik-Studio W. Six, Altötting
Herstellung: St.-Johannis-Druckerei, 77922 Lahr
Printed in Germany 13668/1999

Inhalt

Vorwort 6

Lesen Sie dies zuerst 7

Teil I
Eine für das Evangelium vorbereitete Welt
Der Melchisedek-Faktor 17
1. Völker des Unbekannten Gottes 19
2. Völker des Verlorenen Buches 100
3. Völker mit fremdartigen Sitten 140

Teil II
Das Evangelium, zubereitet für die Welt
Der Abraham-Faktor 165
4. Die viertausendjährige Verbindung 167
5. Ein Mann für alle Völker 181
6. Die verborgene Botschaft der „Apostelgeschichte“ 212

Fragen zum Studium 231

Nachwort zur dritten Auflage 237
Thomas Schirrmacher

Literaturverzeichnis 251

Vorwort

Don Richardson betritt mit seinem Buch auf mehr als einem Gebiet Neuland. Mission, Völkerkunde, aber auch die Auslegung der ersten Kapitel der Bibel erhalten neue, starke Anstöße von ihm. Einerseits ist das sehr erfreulich und nur zu wünschen, daß viele die Anstöße aufgreifen und weiteres Material sammeln, da das Buch sein umfassendes Thema natürlich nur punktuell belegen kann.

Aber es soll auch nicht verschwiegen werden, daß es traurig stimmt, daß es so lange dauerte, bis eine Reihe biblischer Tatsachen deutlich ausgesprochen und mit der Geschichte unserer Welt verglichen wurden. Denn was Don Richardson in seiner persönlichen Art neu entdeckt, schöpft er eigentlich alles aus der Bibel. Und so kann nur die Bibel auch klarstellen, wie das Buch *nicht* zu verstehen ist: Nicht als ein Zeugnis, daß das Evangelium längst schon in allen Religionen sei, etwa im Sinne der Ringparabel in Lessings „Nathan dem Weisen" oder mancher Äußerungen des Weltkirchenrates, sondern als Beleg dafür, „daß Gott sich den Völkern nicht verborgen hielt". Don Richardson spricht klar gegen die These mancher ökumenischer Missionswissenschaftler, daß die Menschen in anderen Religionen schon auf dem Weg zu Gott sind. Er sieht klar, daß sie Dämonen anbeten. Aber er weist daneben auf die biblische Tatsache hin, daß Gott als Schöpfer im Bewußtsein der meisten Urstammreligionen lebt. Wohlgemerkt, der Urreligionen: Für die anderen Religionen lehnt Richardson zu Recht Anknüpfungspunkte im Sinne der Erkenntnis eines „Himmelsgottes" für die biblische Botschaft ab.

So bleibt nur zu wünschen, daß das Buch Gemeinden, Missionare, Ethnologen und Theologen zu einem gründlichen Nachdenken führt.

Thomas Schirrmacher

(S.a. Nachwort zur dritten Auflage ab Seite 237.)

Lesen Sie dies zuerst

Zunächst mag es gänzlich den Anschein haben, als hätte Jahwe dem Abram den größten Streich aller Zeiten gespielt. Jahwe – „Herr" in unserer Sprache – zeichnete Abram vor etwa 4000 Jahren durch einige heilige, Ehrfurcht erregende Verheißungen aus. Jahwe hatte zu Abram gesagt, er solle sein Heimatland verlassen, sein eigenes Volk, seine Verwandtschaft und das Haus seines Vaters, um in ein weit entferntes, fremdes, womöglich geistlich verfinstertes Land zu ziehen (vgl. 1. Mose 12, 1). Wenn Abram (zuerst hieß er Abram, später Abraham) diesem Befehl Gottes gehorchen würde, sollte ihm die Verheißung Jahwes gelten: „Und ich will dich zum großen Volk machen und will dich segnen und dir einen großen Namen machen, und du sollst ein Segen sein. Ich will segnen, die dich segnen, und verfluchen, die dich verfluchen" (1. Mose 12, 2–3).

Bis zu diesem Punkt klingt die besondere Vereinbarung Jahwes mit Abram nicht sehr viel anders als Unmengen ähnlicher Vereinbarungen, die Stammesgötter durch die Geschichte hindurch mit ihren eigenen kleinen Kreisen von Anbetern auf unserem Planeten Erde getroffen haben. War Jahwe, wie etliche Kritiker behaupten, nur ein weiterer unbedeutender Stammesgott, der die eigenen Interessen seiner Nachfolger anstacheln wollte, indem er großartige Verheißungen aussprach, die den Zweck hatten, solche Leute immer wieder zu ihm zurückkommen zu lassen, um immer mehr Anbetung und Huldigung beanspruchen zu können?

Ein solches Einschmeicheln wäre schwerlich als unmöglich abzulehnen, ginge es nicht um die Grundlinie bei diesem Abkommen zwischen Jahwe und Abram; denn Jahwe fuhr fort und sagte: „*...und in dir sollen gesegnet werden alle Geschlechter auf Erden*" (1. Mose 12,3).

Diese Aussage läßt schon ein besonderes Kennzeichen seiner Verheißungen durchscheinen! Er segnet Abram nicht, damit er überheblich, arrogant, unnahbar und ichzentriert würde. Jahwe segnet ihn, um ihn zum Segen zu machen – und das nicht nur für seine eigene Sippe! Dieser Segen zielt tatsächlich auf *alle Völker der Erde hin!* Und nichts könnte weniger egoistisch oder weniger provinziell sein!

Theologen nennen diese Reihe von Verheißungen den Abraham-Bund, aber er ist weit mehr als nur ein Bund zwischen Gott und einem einzelnen Menschen. Er markiert den Anfang einer überraschend neuen Entwicklung – theologisch ausgedrückt – der speziellen Offenbarung.

Mit anderen Worten: Wenn Jahwe alle Verheißungen erfüllt haben würde, die er Abram gegeben hatte, sollte die Menschheit imstande sein, die Weisheit, Liebe und Macht Jahwes in einem Ausmaß zu erkennen, wie es vordem unmöglich war, weder den Menschen noch den Engeln (vgl. 1. Petr. 1, 12).

Die Führung Gottes im Leben Abrams hin zu seiner neuen Bestimmung, ,,ein Segen für alle Völker zu werden'', begann damit, daß Jahwe ihn in ein fremdes Land brachte, mitten in eine Vielfalt von Völkerstämmen, die in sich wieder aus vielen Sippen und Familien bestanden. Diese Stämme waren die Keniter, die Kenisiter, die Kadmoniter, die Hethiter, die Perisiter, die Rephaiter, die Amoriter, die Kanaaniter, die Girgasiter, die Jebusiter (vgl. 1 Mose 15, 19–21). Zu diesen insgesamt zehn werden noch ungefähr 30 weitere Völkerstämme genannt, die zwischen Ägypten und Chaldäa lebten. Diese alle werden allein schon in den ersten 36 Kapiteln des ersten Mose-Buches *namentlich* genannt. In diesen 36 Kapiteln werden mehr ethnische Einheiten der Menschen besonders erwähnt als in irgendeinem anderen Teil der Bibel von vergleichbarer Länge.

Auf Abrams langsamer Wanderung unter den vielfältigen ethnischen Gruppen war es mehr als wahrscheinlich, daß er eine ,,Alle-Völker-Perspektive'' entwickelte, die sicherlich nötig war, um das Ziel zu erreichen, ein ,,Segen für alle Völker'' zu sein!

Alles, so scheint es, entwickelte sich genauso, wie Abram erwarten konnte. Warum deute ich dann an, Jahwe hätte vielleicht dem Abram ,,den größten Streich aller Zeiten'' gespielt? Nun, als Jahwe sagte: ,,Durch dich sollen alle Völker der Erde gesegnet werden", hätte Abram ja denken können, er und das aus ihm entstehende Volk sollten der alleinige Ursprung der geistlichen Erleuchtung für die ganze Menschheit werden. Aber das war es nicht, was Jahwe wirklich im Sinn hatte.

Gewiß, als Abram schließlich Kanaan erreichte (so hieß das fremde Land nämlich), erfuhr er schon bald, daß zwei der kanaanitischen Städte – Sodom und Gomorrha – bereits in tiefstem Verfall steckten. Andere Städte, vor allem die der Amoriter, folgten dann auch dem Beispiel Sodoms und Gomorrhas (vgl. 1. Mose 15, 16). Es hatte den Anschein, als habe der Allmächtige keinen anderen Anwalt als Abram in dieser ganzen Region der Welt. Abram mußte dabei das Gefühl bekommen, dringend gebraucht zu werden!

Als Abram und seine Karawane jedoch tiefer ins Land Kanaan eindrangen, erwartete sie eine erfreuliche Überraschung. Sie kamen in die Nähe einer Stadt, die ihren Namen vom kanaanitischen Wort ,,Frieden" ableitete – *Salem*. Der kanaanitische Name jener bestimmten Stadt ließ später den sehr bedeutungsvollen hebräischen Gruß enstehen: *Shalom*, was dem arabischen *Salaam* entspricht. Das Wort ,,Salem" trug mit seinen fünf Buchstaben später dazu bei, die Endung des Namens ,,Jerusalem", ,,Gründung des Friedens", zu bilden. Denn Salem stand genau an der ursprünglichen Stelle von Jerusalem. Aber noch interessanter als Salem selbst war der König, der dort regierte: Melchisedek!

Sein Name ist eine Zusammensetzung zweier kanaanitischer Wörter: *,,melchi"* (von dem ,,melech" = König stammt) – und *,,zedek"* = ,,Gerechtigkeit".

Ein ,,König der Gerechtigkeit" unter den Kanaanitern, die berüchtigt waren für Götzendienst, Opferung von Kindern und Tempelprostitution? Sicherlich hatte Melchisedek den völlig falschen Namen!

Keineswegs! Wenige Jahre später kam Abram von einem erstaunlichen Befreiungsfeldzug gegen Kedor-Laomer (vgl. 1. Mose 14,1 – 16) zurück und gelangte in ein Tal, das in der Sprache der Kanaaniter Schawe hieß. In jenen Tagen bezeichneten die Kanaaniter dieses Tal als ,,Königstal" (vgl. 1. Mose 14, 17). Welcher König war gemeint? Das ist nicht schwer zu raten! Ein jüdischer Historiker mit Namen Josephus sagt uns, daß das Tal nichts anderes war als die Vereinigung der Kidron- und Hinnom-Täler – gerade unterhalb der südlichen Stadtmauer des alten Jerusalem! Und moderne Archäologen graben zur Zeit die Ruinen einer uralten kanaanitischen Stadt auf dem Abhang zwischen dem Tal Schawe und der südlichen Mauer des alten Jerusalem aus!

Es würde keineswegs überraschen, wenn sich diese Ruinen als die Stadt Melchisedeks erweisen würden – das ursprüngliche Salem! Und das Tal Schawe, das ,,Königstal", wurde sehr wahrscheinlich so genannt, um dem König Melchisedek Ehre zu erweisen!

Abram war kaum in diesem ,,Königstal" angekommen, als der König Melchisedek selbst ,,Brot und Wein herausbrachte", um Abram zu erfrischen. Der Erzähler sagt nicht, Melchisedek ,,reiste, um Abram zu treffen, und trug Brot und Wein bei sich", sondern ganz einfach, er ,,brachte Brot und Wein heraus" – vielleicht ein weiterer Beweis dafür, daß das Tal Schawe und Salem ganz nahe beieinander lagen.

Und nun kommt das Unerwartete: Dieser kanaanitische ,,König der Gerechtigkeit" ist nach Angaben des Genesis-Verfassers gleichzeitig ,,Priester Gottes, des Allerhöchsten" *(El Elyon)* (1. Mose 14,18). Wer war *El Elyon?*

El und *Elyon* waren beides kanaanitische Namen für Jahwe selbst. *,,El"* erscheint öfter in sehr alten ugaritischen Texten.[1]

Dieser kanaanitische Name *,,El"* fand auch Eingang in die hebräische Sprache, die Abrams Nachkommen sprachen, und zwar in Wörtern wie ,,Beth-*el*" = ,,Das Haus Gottes"; *,,El Chaddai"* = ,,Gott der Allmächtige" und *,,Elohim"* = ,,Gott" (eine Pluralform von *El*, die auf geheimnisvolle Weise eine Singularbedeutung behält).

,,Elyon" erscheint ebenfalls in alten Texten als Name für Gott in der Sprache der Phönizier, einem späteren Zweig der alten kanaanitischen Sprache Melchisedeks.[2]

Und sogar die kombinierte Form von *,,El Elyon"* erscheint in einer alten aramäischen Inschrift, die kürzlich in Syrien gefunden wurde.[3] Diese Kombination der beiden Begriffe „*El*" und „*Elyon*" hat in etwa die Bedeutung von „der göttlichste Gott" oder „der Gott, der wirklich Gott ist". Im allgemeinen übersetzt man mit „Gott, der Allerhöchste".[4]

Frage: Scheute Abram, der Chaldäer, der gewohnt war, den Allmächtigen Jahwe zu nennen, davor zurück, den Wortgebrauch Melchisedeks zu übernehmen und dieses kanaanitische „*El Elyon*" als einen gültigen Namen für Gott zu verwenden?

Wir brauchen nicht auf eine Antwort zu warten! Melchisedek selbst lieferte den Beweis: Melchisedek „segnete ihn und sprach: Gesegnet seist du, Abram, vom höchsten Gott *(El Elyon),* der Himmel und Erde geschaffen hat; und gelobt sei Gott der Höchste *(El Elyon),* der deine Feinde in deine Hand gegeben hat" (1. Mose 14, 19-20).

Wir können hier vielleicht der ersten theologischen Argumentation der Menschheitsgeschichte zuhören! Was wird Abram sagen? Wird er antworten: „Einen Augenblick! Der richtige Name für den Allmächtigen ist *Jahwe,* nicht *El Elyon!* Außerdem kann ich einen Segen nicht annehmen, der mir unter dem kanaanitischen Namen *El Elyon* angeboten wird; denn Euer entsprechender Begriff vom allmächtigen Gott ist ja unzweifelhaft mit heidnischen Ideen verunreinigt. Auf jeden Fall hat Jahwe mir aufgetragen, daß *ich* derjenige sei, der *Euch* segnen soll. Meint Ihr nicht, es sei ein wenig anmaßend, mich segnen zu wollen?"

Nein! Abrams Antwort bestand darin, daß er Melchisedek von allem den Zehnten gab (vgl. 1. Mose 14, 20), was er in dem Sieg über Kedor-Laomer gewonnen hatte. Diese Tat Abrams, den Zehnten an Melchisedek zu zahlen, wird durch den Schreiber des Hebräer-Briefes ausführlich erläutert. Zum Beispiel: „Schauet aber, wie groß der ist, dem Abraham, der Erzvater, den Zehnten gab von der eroberten Beute!" (Hebr. 7, 4).

Er fährt dann fort zu beweisen, daß das Priestertum des Kanaaniters Melchisedek höher als das eigene levitische Priestertum der Hebräer eingeschätzt werden muß, darum, daß ... Levi den Zehnten Melchisedek durch Abraham gab, da, als

Melchisedek Abraham traf, Levi noch in seinem Leibe war (Hebr. 7, 4-10).

Im Blick auf Melchisedeks Tun im Segnen Abrahams und Abrahams entsprechende Annahme jenes Segens erklärt derselbe Verfasser, daß Melchisedek den „segnet, der die Verheißung hatte. Nun ist's ohne alles Widersprechen so, daß das Geringere von dem Höheren gesegnet wird" (Hebr. 7, 6.7).

Aber das ist noch nicht alles, was die unglaubliche Größe dieser kanaanitischen Persönlichkeit namens Melchisedek ausmacht. Der Schreiber des Hebräer-Briefes zitiert eine Weissagung durch den hebräischen König David – den König, der zuerst Melchisedeks altes Salem von den Jebusitern an sich riß (1000 v. Chr.) und daraus Jerusalem, die Hauptstadt des hebräischen Volkes, machte. Davids Weissagung stellt ausdrücklich fest, daß der jüdische Messias, wenn er kommt, nicht dienen wird als ein Glied des durch Vererbung auf Zeit amtierenden levitischen Priestertums mit seiner eingeschränkten Abstammungslinie. Vielmehr wird er ein Priester sein „nach der Ordnung Melchisedeks", bei der die Mitgliedschaft nicht durch eine bestimmte Abstammung begrenzt ist. Nicht nur das, sondern die Zugehörigkeit des Messias zu dieser „Ordnung Melchisedeks" ist durch nichts Geringeres bestätigt als durch einen göttlichen Eid; und seine Zugehörigkeit zu Melchisedeks Ordnung ist ewig! „Der Herr hat geschworen, und es wird ihn nicht gereuen: Du bist ein Priester *ewiglich* nach der Weise Melchisedeks" (Psalm 110,4).

Vielleicht wies Jahwe Abram im voraus darauf hin, daß er jemanden wie Melchisedek unter den Kanaanitern finden würde, der für den wahren Gott eintrat. Mir scheint aber, wenn Jahwe zu Abram nicht im voraus von Melchisedek gesprochen hat (und der Bericht gibt keinen Anhaltspunkt, daß er es tat), dann muß die Entdeckung Melchisedeks unter jenen „unwissenden Kanaanitern" den Abram glatt umgeworfen haben!

Nicht daß Melchisedeks frühere Gegenwart in Kanaan auf irgendeine Weise Abrahams besondere, von Gott gegebene Bestimmung geschmälert hätte! Ganz im Gegenteil, es besteht überhaupt kein Anlaß zu der Vermutung, zwischen

Abraham und Melchisedek habe auch nur ein Hauch von Eifersucht oder Konkurrenzdenken herrschen können. Melchisedek teilte sein Brot und seinen Wein mit Abraham und segnete ihn, und Abraham zahlte Melchisedek den Zehnten. Sie waren Brüder in *El Elyon/Jahwe!* Melchisedek und Abram waren Verbündete in seiner Sache, und das sollten sie auch sein! Denn Abram stand in jenem Tal Schawe als Vertreter für Jahwes *spezielle Offenbarung*. Andererseits war Melchisedek schon sehr lange dort gewesen als das Urbild *allgemeiner Offenbarung* – der Art Offenbarung, die ,,einfach da ist" und schon lange besteht, bevor die spezielle Offenbarung kommt. Und weil beide Offenbarungen, die allgemeine wie die spezielle, aus der gleichen Quelle entspringen, nämlich aus *El Elyon/Jahwe,* war zu erwarten, daß Melchisedek Brot und Wein mit Abraham teilen und daß Abraham dem Melchisedek den Zehnten zahlen würde.

Höchst erstaunlich ist, daß sie das auch weiterhin taten durch die ganze folgende Menschheitsgeschichte hindurch. Denn wie Jahwes spezielle Offenbarung – nennen wir sie den *Abraham-Faktor* – weiterging und in die ganze Welt hineinreichte über die Zeit sowohl des Alten wie des Neuen Testamentes hinweg, so fand sich auch beständig die allgemeine Offenbarung Jahwes – nennen wir sie den *Melchisedek-Faktor* – schon auf dem Schauplatz und brachte das Brot, den Wein und den Segen!

Auf den folgenden Seiten möchte ich versuchen, an einigen Beispielen das wundervolle Zusammenwirken zwischen dem *Melchisedek-Faktor – Gottes allgemeiner Offenbarung* – und dem *Abraham-Faktor – Gottes spezieller Offenbarung* – aufzuzeigen.

Aber es gibt auch noch einen *dritten Faktor*. Und seine Beziehung ist keineswegs schön. Noch ein anderer kanaanitischer König, einer von völlig anderem Charakter als Melchisedek, begegnete Abram genau am gleichen Tag im Tal Schawe. Das war der König von Sodom.

Er begegnete Abram ebenfalls freundlich. Er bot Abram an, die von Kedor Laomer abgejagte Beute – die ursprünglich aus Sodom stammte – zu behalten. Abrams Reaktion war:

,,Aber Abram sprach zu dem König von Sodom: Ich hebe meine Hand auf zu *Jahwe-El Elyon* (Abram verwendet Melchisedeks kanaanitischen Gottesnamen als voll gültig), dem höchsten Gott, der Himmel und Erde geschaffen hat, daß ich von allem, was dein ist, nicht einen Faden noch einen Schuhriemen nehmen will, damit du nicht sagest, du habest Abram reich gemacht" (1. Mose 14, 22-23).

Vertreter des Abraham-Faktors durch die Menschheitsgeschichte hindurch mußten immer Abrahams Beispiel von scharfsinniger Unterscheidungsfähigkeit folgen – die Fähigkeit, den freundlich-wohlgesinnten Melchisedek-Faktor unter den Kanaanitern zu erkennen und ebenso den unannehmbaren *,,Sodom-Faktor"*, um dem einen entgegenzukommen und den anderen abzuweisen, so wie Abraham es im Tal Schawe tat!

Nun soll das erste Beispiel dieser drei Faktoren berichtet werden, die sich vermischen können und/oder eine Gegenwirkung auslösen in einer der vielen schicksalhaften Begegnungen der Geschichte.

Anmerkungen

1) Zondervan Pictorial Encyclopedia, Merrill C. Tenney, Hrsg., 5 Bände (Grand Rapids: Zondervan Publishing Company), Bd. 4, S. 177 f. Vgl. auch Th. C. Vriezen, Theologie des Alten Testamentes in Grundzügen, 1957, S. 167 f., sowie die bibelkritischen Werke: O. Eissfeldt, El im ugaritischen Pantheon (1951); W. H. Schmidt, El-Gott, Theol. Handwörterbuch zum AT, Band 1 (München 1978), Sp. 143. – Weitere Literatur bei: W. Gesenius, Hebr. und Aram. Handwörterbuch über das AT (Berlin 1962), 17. Aufl., S. 37, IV. Anm.; Die Schöpfungsmythen und Quellen des Alten Orients (Darmstadt 1980), 2. Aufl., S. 177 – 179.

2) Tenney, S. 177 f.; Schmidt, THWAT, Sp. 145–146.

3) Ebd.

4) In der deutschen alttestamentlichen Wissenschaft gelten die Gottesnamen als Mittel zur sog. Quellenscheidung und ihre Entstehung wird als Vermischung verschiedener Ortsgottheiten angesehen. Zur Widerlegung vergleiche: S. Külling, Zur Datierung der Genesis-P-Stücke (Kampen 1964); W. Möller, Einleitung in das AT (Zwickau 1934), S. 12 f., 24-26; Volz-Rudolph, Der Elohist als Erzähler – ein Irrweg der Pentateuchkritik? (1933); K. A. Kitchen, Alter Orient und Altes Testament (Wuppertal 1965); P. J. Wiseman, Die Entstehung der Genesis (Wuppertal 1957).

Teil I
Eine für das Evangelium vorbereitete Welt
Der Melchisedek-Faktor

Kapitel 1

Völker des Unbekannten Gottes

Die Athener

Irgendwann während des sechsten Jahrhunderts vor Christus in einer Ratsversammlung auf dem Mars-Hügel in Athen...

,,Sage uns, Nikias, welchen Rat läßt das Orakel der Pythia uns durch dich mitteilen? Warum ist diese Plage über uns gekommen? Und warum haben unsere zahllosen Opfer nichts bewirkt?"

Mit kühlem Blick schaute Nikias den Präsidenten der Ratsversammlung offen an. ,,Die Priesterin erklärt, unsere Stadt läge unter einem schrecklichen Fluch. Ein bestimmter Gott habe diesen Fluch auf uns gelegt wegen des Königs Megakles schlimmen Verbrechens der Treulosigkeit gegenüber den Anhängern des Kylon..."

,,Ja, ja! Ich erinnere mich daran", sagte ein andres Ratsmitglied bitter. ,,Megakles erreichte mit einem Amnestieversprechen, daß die Anhänger Kylons sich ergaben. Dann aber brach er prompt sein gegebenes Wort und erschlug sie. Doch welcher Gott trägt uns dieses Verbrechen immer noch nach? Allen Göttern haben wir Sühneopfer gebracht!"

,,Nein, das stimmt nicht", antwortete Nikias. ,,Die Priesterin sagt, es gäbe noch einen Gott, der nicht zufriedengestellt sei."

,,Wer könnte das sein?" fragten die Ältesten und schauten Nikias ungläubig an.

,,Das kann ich euch nicht sagen", antwortete Nikias. ,,Das Orakel selbst scheint seinen Namen nicht zu wissen. Es wurde nur gesagt, daß..."

Nikias machte eine Pause und betrachtete die besorgten Gesichter seiner Kollegen. Währenddessen hörte man das Echo von tausend lauten Totenklagen aus der ganzen geschlagenen Stadt heraufschallen.

Nikias fuhr fort: „...Wir müssen sofort ein Schiff nach Knossos auf die Insel Kreta schicken und einen Mann mit Namen *Epimenides* hierher nach Athen holen. Die Priesterin hat mir versichert, *er* wisse, wie man diesen beleidigten Gott besänftigen könne, so daß unsere Stadt gerettet würde."

„Gibt es keinen Mann mit genügend Weisheit hier in Athen?" platzte ein empörter Ältester heraus. „Müssen wir um Hilfe bitten ... bei ... einem Ausländer?"

„Wenn du in Athen einen solchen großen Weisen kennst, dann lade ihn ein", sagte Nikias. „Wenn nicht, dann laßt uns einfach tun, was uns durch das Orakel befohlen wurde."

Kalter Wind – kalt wie der Kälteschauer durch den Schrekken in Athen – fegte durch den weißen Marmorraum der Ratsversammlung auf dem Mars-Hügel. Ein Ältester nach dem anderen zog sich seine Richter-Robe fest um die Schultern und wog Nikias Worte ab.

„Verwende dich für unser Wohl, mein Freund", sagte der Präsident der Ratsversammlung. „Hole diesen Epimenides, sofern er deine Bitte erhören will. Und wenn er unsere Stadt befreit, werden wir ihn belohnen."

Andere Ratsmitglieder stimmten zu. Ruhig erhob sich Nikias, verbeugte sich vor der Versammlung und ging hinaus.

Vom Mars-Hügel weg wandte er sich dem Hafen von Piräus zu. Ein Schiff lag dort vor Anker. –

Epimenides stieg in Piräus rasch und entschlossen an Land, Nikias folgte ihm. Die beiden Männer wandten sich sofort nach Athen, wobei sie sich im Gehen langsam von dem wilden Schwanken des Schiffes während der langen Fahrt von Kreta erholten. Als sie die schon weltberühmte „Stadt der Philosophen" betraten, waren überall Zeichen der Seuche zu spüren. Aber Epimenides bemerkte noch etwas anderes...

„Nirgends habe ich je so viele Götter gesehen!" rief der Kreter seinem Führer zu und blickte verwundert auf die langen Reihen von Götterbildern, die beide Seiten der Straße von Piräus säumten. Und Hunderte solcher Statuen umgaben eine felsige Böschung, die Akropolis hieß. Eine spätere Generation von Athenern baute dort den Parthenon.

,,Wie viele Götter hat Athen?" wollte Epimenides wissen.

,,Mindestens einige hundert!" antwortete Nikias.

,,Einige hundert!" rief Epimenides. ,,Götter müssen hier leichter zu finden sein als Männer!"[1]

,,Das ist gut gesagt!" lachte der Ratsherr Nikias in sich hinein.

,,Wer weiß, wie viele Sprichwörter schon geprägt worden sind über ‚Athen, die Stadt, die mit Göttern überschwemmt ist'. Steine in einen Steinbruch zu schleppen ist genauso unnötig, wie einen neuen Gott nach Athen zu bringen!"

Nikias hielt inne und überdachte seine eigenen Worte. ,,Und doch", begann er nachdenklich, ,,das Orakel der Pythia erklärt uns, daß wir Athener noch einen weiteren Gott versöhnen müssen. Und du, Epimenides, mußt die notwendige Verbindung zu ihm herstellen. Offensichtlich bedürfen wir trotz all dessen, was ich gesagt habe, doch noch eines weiteren Gottes!"

Plötzlich warf Nikias seinen Kopf zurück und lachte. ,,Epimenides, ich kann mir ums Leben nicht vorstellen, wer dieser weitere Gott sein sollte. Wir Athener sind der Welt größte Götter-Sammler! Wir haben die Theologien vieler Völker um uns her durchwühlt und jede Gottheit, die wir irgendwie mit Wagen oder Schiffen in unsere Stadt transportieren konnten, zusammengebracht."

,,Vielleicht ist *das* euer Problem", sagte Epimenides geheimnisvoll. Verständnislos schaute Nikias Epimenides an. Wie sehr brannte er darauf, Klarheit über diese letzte Bemerkung zu bekommen. Aber etwas in des Epimenides Verhalten hielt ihn zurück. Kurze Zeit später erreichten sie eine alte, mit Marmorboden ausgestattete Stoa (Philosophenschule) in der Nähe des Ratsherrnsaales auf dem Mars-Hügel. Ihre Ankunft hatten die Ältesten von Athen schon erfahren. Die Ratsversammlung saß erwartungsvoll da.

,,Epimenides, wir sind dir dankbar...", begann der Präsident der Versammlung.

,,Gelehrte Älteste von Athen, es besteht kein Grund, mir zu danken", unterbrach Epimenides. ,,Bringt morgen früh bei Sonnenaufgang eine Herde Schafe, eine Gruppe Steinmetzen und eine Menge Steine und Mörtel zum grasbewachsenen Abhang am Fuße dieses heiligen Felsens. Die Schafe müssen alle gesund und von unterschiedlicher Farbe sein – einige weiß, einige schwarz. Jetzt will ich mich von meiner Reise ausruhen. Weckt mich bei Tagesbeginn."

Die Ratsmitglieder wechselten neugierige Blicke, als Epimenides über den Boden der Stoa schritt, sich in einen ruhigen Winkel setzte, seinen Mantel als Decke um sich hüllte und zu meditieren begann. Der Präsident wandte sich einem jungen Ratsmitglied zu. ,,Achte darauf, daß alles ausgeführt wird, wie er befohlen hat", ordnete er an.

„Die Schafe sind hier", sagte der junge Ratsherr sanft. Epimenides erhob sich ganz verschlafen und zerzaust von seinem Ruheplatz und folgte dem Boten zum grasbewachsenen Abhang am Fuße des Mars-Hügels. Zwei ,,Herden", eine aus weißen und schwarzen Schafen, die andere aus Ratsmitgliedern, Schafhirten und Steinmetzen bestehend, warteten unter der aufgehenden Sonne. Hunderte von Bürgern der Stadt standen auf den umgebenden kleinen Hügeln und warteten voller unsicherer Spannung.

Sie waren erschöpft und ausgelaugt von einer weiteren Nacht der Pflege ihrer von der Seuche geschlagenen Angehörigen oder der Beweinung ihrer Toten.

,,Gelehrte Älteste", begann Epimenides, ,,ihr habt euch bis zum Äußersten bemüht, euren zahllosen Göttern große Opfer zu bringen, doch alles hat sich als zwecklos erwiesen. Ich werde nun Opfer bringen, bei denen ich von drei Annahmen ausgehe, die sich erheblich von den euren unterscheiden. Meine erste Annahme..." Jedes Auge war auf den hochgewachsenen Kreter gerichtet; jedes Ohr war ihm völlig zugewandt, um ja nicht das nächste Wort zu verpassen. ,,...ist die, daß es noch einen weiteren Gott gibt, der mit eurer Seuche hier zu tun hat, einen Gott, dessen Name uns nicht bekannt ist und der deshalb auch nicht unter euren Götterbildern hier in der Stadt vertreten ist. Zweitens gehe ich von der Annahme aus, daß dieser Gott groß genug ist – und auch gütig genug –, um etwas in Sachen dieser Plage zu tun, wenn wir ihn nur um seine Hilfe anflehen."

,,Einen Gott anflehen, dessen Name unbekannt ist?" platzte ein Ältester heraus. ,,Ist das überhaupt möglich?"

,,Die dritte Annahme ist meine Antwort auf deine Frage", entgegnete Epimenides. ,,Diese Annahme ist sehr einfach. Jeder Gott, der groß genug und gütig genug ist, um dieser Seuche zu wehren, ist wahrscheinlich auch groß genug und gütig genug, über unsere Unwissenheit wohlwollend zu lächeln – vorausgesetzt, wir geben unsere Unwissenheit zu und rufen ihn an!"

Ein Murmeln der Zustimmung ging durch die Reihen und mischte sich mit dem Blöken der hungrigen Schafe. Nie zuvor hatten die Ältesten von Athen solche Schlußfolgerungen gehört. Doch warum, so wollten sie gerne wissen, mußten die Schafe unterschiedliche Farbe haben?

,,Und nun", rief Epimenides, ,,macht euch bereit, die Schafe an diesem heiligen Abhang loszulassen. Wenn ihr sie losgelassen habt, erlaubt jedem Tier, dort zu grasen, wo es will. Aber laßt jedem Tier einen Mann folgen, der es ganz genau beobachtet." Dann schaute Epimenides auf zum Himmel und betete mit sehr klangvoller und zuversichtlicher Stimme: ,,O du unbekannter Gott! Sieh doch, wie die Seuche diese Stadt betroffen hat! Und wenn du tatsächlich Erbarmen fühlst, uns zu vergeben und zu helfen, dann schau dir diese Schafherde an! Ich flehe dich an, zeige deine Bereitschaft zur Antwort, indem du veranlaßt, daß jedes Schaf, das dir gefällt, sich jetzt auf dem Gras niederlegt, anstatt weiterzufressen. Wähle die weißen, wenn dir weiß gefällt; die schwarzen, wenn du schwarz gerne hast. Und die, die du auswählst, wollen wir dir opfern – im Bewußtsein unserer erbärmlichen Unkenntnis deines Namens!" Epimenides beugte sein Haupt, setzte sich auf das Gras und gab den Schafhirten, die die Herde hüteten, ein Signal. Langsam traten die Hirten zur Seite.

Schnell und eifrig zerstreuten sich die Schafe kreuz und quer über den Hügelabhang und begannen zu grasen. Währenddessen saß Epimenides still wie eine Statue und schaute auf den Boden.

,,Es ist hoffnungslos", murmelte einer der Ratsherren mit gerunzelter Stirn und seufzte tief. ,,Es ist früher Morgen, und ich habe selten eine Herde so eifrig fressen sehen. Kein einziges Schaf wird sich entschließen zu ruhen, bevor es nicht den Bauch voll hat. Und wer soll dann glauben, daß ein Gott es zum Ruhen veranlaßte?"

„Epimenides muß wohl mit Absicht gerade diese Tageszeit gewählt haben!" antwortete Nikias. „Nur dadurch können wir schließlich erkennen, daß ein Schaf sich aufgrund des Willens des unbekannten Gottes zur Ruhe legt und nicht aus eigenem Antrieb!"

Kaum hatte Nikias ausgesprochen, da rief ein Hirte: „Schaut!" Jedes Auge wandte sich in seine Richtung und sah, wie ein Widder in die Knie ging und sich ins Gras legte.

„Und hier ist noch eines!" brüllte ein aufgeschreckter Ratsherr, vom Staunen überwältigt. Innerhalb weniger Minuten lag eine Anzahl weiterer kräftiger Schafe auf dem Gras, das zu saftig war, als daß ein hungriger Pflanzenfresser hätte widerstehen können – unter normalen Umständen –.

„Wenn sich nur eines hingelegt hätte, hätten wir gesagt, es müsse krank sein", rief der Präsident der Ratsversammlung aus. „Aber das hier? Das – kann nur – eine Antwort sein!"

In seinen Augen war Ehrfurcht zu lesen, als er sich Epimenides zuwandte und sagte: „Was sollen wir jetzt tun?"

„Nehmt die Schafe besonders, die jetzt ruhen", antwortete der Kreter, indem er zum erstenmal seinen Kopf hob, seit er zu dem unbekannten Gott gebetet hatte, „und bezeichnet die Stelle, wo jedes von ihnen lag. Dann laßt eure Steinmetzen Altäre bauen – einen Altar an jedem Ruheplatz eines jeden Tieres."

Die begeisterten Steinmetzen begannen ihre Arbeit mit Stein und Mörtel. Am Spätnachmittag war der Mörtel hart genug. Jeder Altar war bereit. „Wessen Gottes Namen sollen wir auf diesen Altären eingravieren?" fragte ein übereifriger junger Ratsherr. Alle Köpfe wandten sich dem Kreter zu, um seine Antwort zu hören.

„Name?" sprach Epimenides gedankenvoll. „Der Gottheit, deren Hilfe wir suchten, hat es gefallen, auf das Eingeständnis unserer Unwissenheit hin zu antworten. Wenn wir nun so tun, als seien wir Wissende, indem wir einen Namen eingravieren, ohne auch nur die leiseste Ahnung von diesem Namen zu haben, dann, so fürchte ich, beleidigen wir den Gott."

,,Darauf dürfen wir es nicht ankommen lassen", stimmte der Präsident der Ratsversammlung zu. ,,Aber sicherlich gibt es eine angemessene Möglichkeit, jeden Altar vor seiner Benutzung zu weihen."

,,Du hast recht, gelehrter Ältester", sagte Epimenides mit einem knappen Lächeln, ,,Es gibt einen Weg. Die Inschrift sollte ganz einfach lauten: ,*agnosto theo* – dem Unbekannten Gott' – seitlich auf jedem Altar. Mehr ist nicht notwendig."

Die Athener befolgten den Rat des Kreters und gravierten diese Inschrift ein. Dann opferten sie jedes ,,geweihte" Schaf auf dem Altar an der Stelle, wo dieses geruht hatte. Die Nacht brach herein. Bei Tagesanbruch hatte sich die tödliche Umklammerung der Seuche schon gelockert. Innerhalb einer Woche waren die Erkrankten geheilt. Die Athener flossen über von Preis und Dank gegenüber dem ,,Unbekannten Gott" des Epimenides und gegen diesen selbst, weil er solch erstaunliche Hilfe auf solch einfallsreiche Weise gebracht hatte. Die dankbaren Bürger schmückten die einfachen Altäre am Fuße des Hügels mit Blumengirlanden. Später stellten sie eine Statue, die Epimenides in sitzender Stellung zeigte, vor einem ihrer Tempel auf.[2]

Wie Plato in einem Abschnitt seiner ,,Gesetze" berichtet, hatte Epimenides zur gleichen Zeit auch prophezeit, daß zehn Jahre später eine persische Armee gegen Athen anrücken würde. Er versicherte jedoch den Athenern, daß ihre persischen Feinde ,,auf jeden Fall mit zerstörten Hoffnungen heimkehren würden und daß sie selbst mehr leiden müßten, als sie ihnen an Leid zufügen konnten". Diese Prophezeiung erfüllte sich. Die Ratsversammlung bot Epimenides eine große Geldsumme für seinen Dienst an, jedoch lehnte er eine Bezahlung ab. ,,Die einzige Belohnung, die ich mir wünsche", sagte er, ,,ist die, daß wir hier und jetzt einen Freundschaftsbund schließen zwischen Athen und Knossos." Damit waren die Athener einverstanden. Als der Vertrag zwischen Athen und Knossos geschlossen war, gaben sie Epimenides sicheres Geleit für seine Rückreise zu seiner Heimatinsel.

(Plato bezeugt im gleichen Abschnitt dem Epimenides seine Achtung, indem er ihn einen „geisterfüllten Mann" nennt. Er ehrt ihn als einen der großen Männer, die der Menschheit geholfen haben, Erfindungen wiederzuentdecken, die während der „großen Flut" verlorengingen.)

Im Laufe der Zeit vergaßen die Athener jedoch allmählich die Barmherzigkeit, die der „Unbekannte Gott" des Epimenides ihnen erwiesen hatte.

Schließlich vernachlässigten sie sogar seine Altäre am Abhang unterhalb des Mars-Hügels. Sie wandten sich wieder der Anbetung der mehreren hundert Göttern zu, die sich als unfähig erwiesen hatten, den Fluch über ihrer Stadt wegzunehmen. Vandalen zerstörten einige der Altäre und rissen von anderen Steine los. Gras und Moos wuchs auf den Ruinen...

Eines Tages machten zwei Älteste, die sich an die Bedeutung der Altäre erinnerten, dort halt, als sie von ihrer Ratsversammlung kamen. Sie lehnten sich auf ihre Stäbe und schauten sinnend auf die überwachsenen Überreste der Altäre. Einer kratzte etwas Moos ab und las die alte, darunter verborgene Inschrift: „Agnosto theo."

„Demas, erinnerst du dich?"

„Wie könnte ich das vergessen?" antwortete Demas. „Ich war doch der junge Ratsherr, der die ganze Nacht aufblieb, um für die Herde, die Steine, den Mörtel und die Steinmetzen zu sorgen, damit bei Sonnenaufgang alles klar war."

„Und ich", fügte der andere Älteste hinzu, „war jenes übereifrige Ratsmitglied, das den Vorschlag machte, alle Altäre sollten den Namen irgendeines Gottes eingraviert bekommen. Wie dumm von mir!" Der Sprecher machte eine Pause und versank tief in Gedanken. Dann ergänzte er: „Demas, du magst mich für einen Frevler gegen die Götter halten, aber ich kann mir nicht helfen: Wenn der ‚unbekannte Gott' des Epimenides sich offenbaren würde, dann könnten wir vielleicht bald schon auf alle anderen Götter verzichten." Der bärtige Älteste deutete geringschätzig mit seinem Stab auf die vielen Reihen taubstummer Götterstatuen – es waren inzwischen mehr als je zuvor –, die die Akropolis umgaben.

„Sollte er sich selbst jemals offenbaren", sagte Demas tiefsinnig, „wie werden unsere Leute dann erkennen können, daß er kein fremder Gott ist, sondern der, der bereits eingegriffen hat in die Angelegenheiten unserer Stadt?"

„Ich glaube, es gibt nur einen Weg", antwortete der erste Älteste. „Wir müssen mindestens einen dieser Altäre zu erhalten versuchen als Zeugnis für unsere Nachkommenschaft. Und die Geschichte des Epimenides muß in unserer Tradition irgendwie lebendig bleiben."

„Eine großartige Idee!" begeisterte sich Demas. „Schau! Dieser hier ist noch in gutem Zustand. Wir werden Steinmetzen bestellen, die ihn wieder aufpolieren. Und morgen werden wir unsere ganze Ratsversammlung an den längst zurückliegenden Sieg über jene Seuche erinnern. Wir werden veranlassen, mindestens die Pflege dieses Altares in den jährlichen Ausgaben-Etat unserer Stadt aufzunehmen."

Zum Zeichen ihrer Übereinstimmung gaben sich die beiden Ältesten die Hand. Arm in Arm humpelten sie den Pfad entlang und schlugen ihre Stäbe frohlockend gegen die Steine des Mars-Hügels. –

Das Vorhergehende gründet sich hauptsächlich auf eine Überlieferung, die Diogenes Laertius, ein griechischer Autor des dritten Jahrhunderts vor Christus, als geschichtlich berichtet, und zwar in seinem klassischen Werk „Über Leben und Meinungen berühmter Philosophen" (übersetzt von Otto Apelt. Leipzig 1921; Verlag von Felix Meiner. Erstes Buch, Kapitel X, S. 55 f).

Die Grundelemente im Bericht des Diogenes sind: Epimenides, ein Held aus Kreta, ging auf eine von Nikias übermittelte Anfrage der Athener dorthin, um ihnen bei einer Seuche zu raten und zu helfen. Als Epimenides in Athen angekommen war, erhielt er eine Herde weißer und schwarzer Schafe, ließ sie los auf dem Mars-Hügel und gab den Männern Anweisung, den Schafen zu folgen und alle die Stellen zu bezeichnen, wo sich irgendeines von ihnen zur Ruhe legte. Der offensichtliche Zweck des Epimenides war der, jedem Gott, der diese Seuche gesandt hatte, eine Gelegenheit zu geben, seine Bereitschaft zu wirklicher Hilfe zu zeigen, indem er veranlaßte, daß die ihm gefallenden Schafe sich niederlegten. Das sollte das Zeichen sein, daß der Gott diese Schafe als Opfer gnädig annehmen werde. An sich war es ja nicht ungewöhnlich, daß sich die Schafe außerhalb ihrer normalen Zeit des Grasens niederließen, deshalb legte Epimenides dieses Experiment auf den ganz frühen Morgen, wo die Schafe am hungrigsten sind. Eine Anzahl Schafe legte sich tatsächlich zur Ruhe, und die Athener opferte sie auf den Altären ohne Namen, die eigens für diesen Zweck erbaut wurden; so wich die Plage der Seuche von der Stadt.

Andere Einzelheiten in diesem Bericht befassen sich mit der Ursache des Fluches. Sie wurden in Loebs Classic Library entdeckt als Fußnote eines Herausgebers von ,,The Art of Rhetoric" (Die Kunst der Rhetorik) (3, 17:10) von Aristoteles. Das Buch wurde von J. H. Freese übersetzt und in Cambridge, Massachusetts, verlegt. Die Erklärung, daß niemand anders als das Orakel der Pythia die Athener unterwies, Epimenides rufen zu lassen, findet sich in dem bereits erwähnten Zitat in Platos Schrift ,,Gesetze".

Diogenes Laertius selbst erwähnt nicht, daß die Worte ,,agnosto theo" auf den Altären des Epimenides eingraviert waren. Er stellt nur fest, daß ,,Altäre in verschiedenen Teilen von Attica gefunden werden können, auf denen keine Namen eingeschrieben sind, Altäre, die Zeichen der Erinnerung an jene Sühneopfer sind."

Zwei andere Schriftsteller des Altertums – Pausanias in seiner ,,Beschreibung Griechenlands" (Band 1, 1:4) und Philostratus in seiner Schrift ,,Appolonius aus Tyana" – beziehen sich jedoch auf ,,Altäre für einen unbekannten Gott" und geben an, daß eine derartige Inschrift auf ihnen eingegraben war.

Daß solch eine Inschrift auf mindestens einem dieser Altäre in Athen eingegraben war, wird bestätigt von einem Historiker des ersten Jahrhunderts namens Lukas. Beim Beschreiben der Erlebnisse des berühmten christlichen Apostels Paulus erwähnt Lukas eine Begegnung, die von der Geschichte über Epimenides auf Ehrfurcht einflößende Weise untermalt wird.

„Während Paulus nun in Athen wartete", schrieb Lukas, „wurde er innerlich schmerzlich erregt, weil er die Stadt voller Götterbilder sah" (Apg. 17, 16, Menge-Übersetzung).

Wenn die Athener schon zur Zeit des Epimenides sich mehrerer hundert Götter rühmten, dann waren es zur Zeit des Apostels Paulus wohl noch Hunderte mehr. Es liegt in der Natur des Götzendienstes, daß er in sich einen eingebauten „Inflations-Faktor" hat. Wenn Menschen zugunsten von minderwertigen Gottheiten den einen allwissenden, allmächtigen und allgegenwärtigen Gott ablehnen, entdecken sie schließlich – zu ihrer großen Enttäuschung –, daß es einer Unzahl solcher geringerer Götter bedarf, um die alles umfassende Bedeutung und Macht des wahren Gottes auch nur halbwegs auszufüllen.

Und als Paulus sah, wie die Athener das heilige Vorrecht der Gottesanbetung durch Übertragung auf Bildnisse aus Holz und Stein schändeten, war er zutiefst entsetzt. Deshalb begann er, etwas dagegen zu tun. Zunächst: „Er besprach sich mit den Juden und den zum Judentum übergetretenen Griechen in der Synagoge" (Apg. 17, 17; Menge).

Nicht, daß die Juden und gottesfürchtigen Griechen diejenigen waren, die Götzendienst ausübten! Keineswegs! Sie waren jedoch diejenigen, die am meisten Verantwortung auf sich nehmen sollten für den Widerstand gegen das Überhandnehmen des Götzendienstes in ihrer Stadt.

Vielleicht entdeckte Paulus, daß diese Leute so an götzendienerisches Treiben gewöhnt waren, daß sie sich auf Kompromisse mit dem „Sodom-Faktor" eingelassen hatten. Von daher fehlte ihnen die Kraft zum überzeugten und überzeugenden Widerstand. Auf jeden Fall ging Paulus von sich aus zum Angriff über. Lukas berichtet: „Er besprach sich auf dem Markt Tag für Tag mit denen, die er dort gerade antraf."

Wer fand sich dort ein? Und wie reagierten sie? Lukas erklärt: „Auch einige epikureische und stoische Philosophen ließen sich mit ihm ein, und manche sagten: ‚Was fällt denn diesem Schwätzer ein zu behaupten?' " Man sieht, selbst ein Apostel kann Schwierigkeiten im Bereich des kulturellen Austauschs erleben!

Andere aber meinten: „Er scheint ein Verkündiger fremder Gottheiten zu sein" (Apg. 17, 18).

Warum diese letzte Bemerkung? Zweifellos hörten die Philosophen ihn über *Theos* – Gott – sprechen. *Theos* war für sie ein vertrauter Begriff, jedoch war es üblich, ihn nicht als einen persönlichen Namen zu gebrauchen, sondern als allgemeinen Begriff für jede Art Gottheit – so, wie man das Wort „Mann" in der deutschen Sprache für jeden Mann und nicht als persönlichen Namen verwendet.

Die Philosophen mußten aber gewußt haben, daß Xenophanes, Plato und Aristoteles – drei der größten Philosophen aller Zeiten – *Theos* als einen persönlichen Namen für einen bestimmten allerhöchsten Gott in ihren Schriften verwandten (vgl. z. B. Encyclopaedia Britannica, 15. Ausgabe, Band 13, S. 951 und Band 14, S. 538).

Zwei Jahrhunderte nach der Zeit von Plato und Aristoteles hatten die Übersetzer der Septuaginta – der ersten griechischen Fassung des Alten Testaments – ein großes Problem: Konnte man in der griechischen Sprache ein passendes gleichwertiges Wort für Elohim finden? Sie zogen den Namen Zeus in Erwägung, verwarfen ihn aber wieder. Obwohl Zeus der König der Götter genannt wurde, hatten heidnische Theologen sich ausgedacht, ihn zum Sohn zweier weiterer Götter, nämlich Kronos und Rhea, zu erklären. Ein Nachkomme anderer Wesen kann Elohim niemals entsprechen, da er ja unerschaffen ist. Schließlich erkannten die Übersetzer den von den oben genannten Philosophen zufällig verwendeten Begriff *Theos* als einen persönlichen griechischen Namen für den Allmächtigen an. *Theos* war in dieser besonderen Bedeutung ein Name, der noch nicht von den Krusten falschen Verständnisses überzogen war. Sie übernahmen ihn also. Genauso wie Abraham großzügig den Namen *El Elyon* übernahm, als er unter den Kanaanitern von Jahwe sprach, machte es auch Paulus mit dem Namen *Theos* in seinen Predigten und Schriften bei seiner Missionsarbeit.

So mag es also vielleicht nicht *Theos* gewesen sein, sondern der unbekannte Name *Jesus*, der die Philosophen annehmen ließ, Paulus verkündige neue Götter. Vielleicht waren sie auch erstaunt darüber, daß irgend jemand weitere Götter nach Athen bringen wollte, der „Götter-Hauptstadt" der Welt! Wahrscheinlich brauchten die Athener auch Stoff für ihre „Sensationspresse", um eine Art Kartei zu führen über die vielen Gottheiten, die schon in ihrer Stadt vertreten waren.

Wie ging Paulus auf die Meinung ein, er verkündige überflüssige Götter in einer Stadt, die bereits überschwemmt war mit Gottheiten?

Jesus Christus hatte Paulus bereits eine hervorragende Anweisung darüber gegeben, wie er mit Problemen beim Kontakt mit anderen Kulturen zurechtkommen könnte, auch solchen, wie sie in Athen für ihn auftraten. Jesus hatte damals vor Damaskus durch eine so überzeugende und erleuchtende Vision zu Paulus geredet, daß er eine Zeitlang erblindete. Jesus hatte zu ihm gesagt, er werde ihn zu den Heiden senden, „aufzutun ihre Augen, daß sie sich bekehren von der Finsternis zu dem Licht" (vgl. Apg. 26, 17-18).

Die Logik Jesu war ohne Fehler. Wenn die Menschen sich von der Finsternis zum Licht wenden sollen, müssen ihre Augen erst einmal geöffnet werden, um den Unterschied zwischen Licht und Finsternis zu erkennen. Und was braucht es, um jemandem die Augen zu öffnen?

Einen Augen-Öffner!

Aber wo konnte Paulus – geboren als Jude, wiedergeboren als Christ – einen Augen-Öffner für die Wahrheit über den allerhöchsten Gott in dem von Götzen überfluteten Athen entdecken? In diesem religiös total polytheistischen System konnte er kaum eine Spur für die Einsicht finden, Monotheismus sei besser.

Aber als Paulus „in Athen umherwanderte und sich umsah" (Apg. 17, 23), fand er etwas innerhalb des „Systems", was nicht „dazugehörte": einen Altar, der nicht in Beziehung stand zu irgendeinem anderen Gott. Dieser Altar trug die merkwürdige Inschrift: „Einem unbekannten Gott". So wie Abraham den Melchisedek nicht mit dem König Sodoms in einen Topf warf, so sah auch Paulus den Unterschied zwischen diesem Altar und den Götzen. Hier lag für ihn der Schlüssel zur Verständigung, der in die Herzen dieser stoischen und epikureischen Philosophen paßte.

Als sie ihn einluden, seine Ansichten auf einem für vernünftige Auseinandersetzungen passenderen Platz als dem Marktplatz darzulegen, war er bereit. Der Treffpunkt des Paulus war eine Versammlung des Areopag, das heißt der „Mars-Hügel-Gesellschaft". Das war eine Gruppe prominenter Athener, die sich auf dem Mars-Hügel trafen, um über Angelegenheiten aus Geschichte, Philosophie oder Religion zu diskutieren. Es war der gleiche Hügel, auf dem sich etwa 600 Jahre zuvor Epimenides mit dem Problem der Pestilenz in Athen befaßt hatte.

Paulus hätte auf dem Mars-Hügel eine deutliche und unmißverständliche Sprache sprechen können. Er hätte sagen können: „Ihr Männer von Athen, trotz all eurer großartigen Philosophien seid ihr doch böse Götzendiener. Bekehrt euch – oder ihr geht verloren!" Dabei wäre jedes Wort wahr gewesen!

Ferner hätte er versuchen können, sie „von der Finsternis zu dem Licht" zu führen, wie Jesus es ihm aufgetragen hatte. Aber er fiel nicht, wie man so sagt, mit der Tür ins Haus, sondern fand den richtigen Einstieg. Jesus hatte ja als Voraussetzung genannt, „ihre Augen zu öffnen", wodurch es erst möglich wurde, sie „von der Finsternis zum Licht" zu führen.

Paulus ging also ganz folgerichtig vor, als er seine Rede begann: „Männer von Athen! Nach allem, was ich sehe, seid ihr ganz besonders eifrige Gottesverehrer. Denn als ich hier umherging und eure Heiligtümer ansah, fand ich auch einen Altar mit der Aufschrift: *Einem unbekannten Gott.* Das Wesen nun, das ihr verehrt, ohne es zu kennen, das verkündige ich euch" (Apg. 17, 22-23). Welch bemerkenswerte Zurückhaltung, wenn man bedenkt, wie Paulus den Götzendienst verabscheute! Andere Juden hätten vielleicht sogar gesagt: „Drekkige Götzen!" Und dann war von Paulus etwas ausgesprochen worden, das sechs Jahrhunderte auf die Veröffentlichung hatte warten müssen: „Dieses Wesen...verkündige ich euch."

War der Gott, den Paulus verkündigte, wirklich ein fremder, ausländischer Gott, wie diese Philosophen zunächst meinten? Keineswegs! Paulus folgerte, daß Jahwe, der Gott Israels und der Christen, durch den Altar des Epimenides schon im voraus erahnt und erwartet worden war. Er war also ein Gott, der damals bereits in die Geschichte Athens eingegriffen hatte. Deshalb hatte er ein Recht darauf, daß sein Name hier ausgerufen wurde!

Aber verstand Paulus wirklich den historischen Hintergrund jenes Altars und die Auffassung von einem unbekannten Gott? Jawohl, sein Verständnis dafür läßt sich beweisen. Denn Epimenides, der die Fähigkeit besaß, Licht in verworrene, düstere Probleme menschlich-göttlicher Beziehung zu bringen, war außerdem auch ein Dichter!

Und Paulus zitierte aus der Dichtung des Epimenides! Als er, um die Gemeinden auf der Insel Kreta zu stärken, später dort einen Missionar mit Namen Titus zurückließ, schrieb Paulus in einem Brief Anweisungen zum Umgang mit den Kretern: „Es hat ein Prophet aus ihrer eigenen Mitte gesagt: Die Kreter sind immer verlogene, bösartige Tiere und faule Bäuche. Dies Zeugnis entspricht der Wahrheit. Darum weise sie rücksichtslos zurecht, damit sie im Glauben gesund bleiben" (Tit. 1, 12-13).

Die Worte, die Paulus hier zitiert, sind aus einer Dichtung, die dem Epimenides zugeschrieben wird (Encyclopaedia Britannica, Micropaedia, 15. Ausgabe, Bd. 3, S. 924). Beachten Sie auch, daß Paulus Epimenides einen „Propheten" nennt! Das griechische Wort lautet *prophetes.* Paulus gebraucht das gleiche Wort für Propheten sowohl des Alten wie des Neuen Testaments! Mit Sicherheit würde Paulus Epimenides nicht mit dem Titel eines Propheten geehrt haben, wenn er nichts von seinem Charakter und seinen Taten gewußt hätte. Ein Mann, den Paulus zitierte als einen, der andere wegen übler Gewohnheiten tadelte, mußte ja einer sein, der selbst nicht solch schlechte Charakterzüge aufwies!

Weiterhin stellt Paulus auf dem Mars-Hügel eindeutig fest: „Er (Gott) hat auch gemacht, daß das ganze Menschengeschlecht von einem einzigen Stammvater her auf der ganzen Oberfläche der Erde wohnt; sie sollten Gott suchen, ob sie ihn wohl wahrnehmen und finden möchten, ihn, der ja nicht ferne von einem jeden unter uns ist" (Apg. 17, 26-27). Diese Worte mögen ein versteckter Hinweis auf Epimenides sein, als Beispiel eines Heiden, der sich danach ausstreckte und einen Gott fand, der, obgleich dem Namen nach unbekannt, in Wirklichkeit nicht weit von ihm entfernt war!

Wahrscheinlich waren die Mitglieder der Mars-Hügel-Gesellschaft auch vertraut mit der Geschichte des Epimenides durch die Schriften von Plato, Aristoteles und anderen. Vermutlich haben sie Paulus mit Bewunderung zugehört, als er seine Ausführungen mit solch einfühlsamem Verständnis für ihre eigene Kultur begann. Aber konnte sich dieser christliche Apostel, der von dem jüdischen Gelehrten Gamaliel ausgebildet worden war, die Aufmerksamkeit von Männern, die mit der Logik Platos und des Aristoteles aufgewachsen waren, lange genug erhalten, bis er ihnen auch das Evangelium übermittelt hatte?

Der verblüffende Anfangserfolg des Paulus konnte nur beibehalten werden, wenn er auf eines besonders achtete: „Pausenlose Logik" könnte man es nennen. Solange jede Ausführung des Apostels sich streng logisch aus der vorhergehenden entwickelte, würden die Philosophen zuhören. Gäbe es aber eine Lücke in seiner Beweisführung und Begründung, würden sie ihm das Wort abschneiden – und zwar sofort! Das war ein Gesetz in der philosophischen Ausbildung, die sie alle mitgemacht und der sie sich unterworfen hatten. Sie würden auch einem Fremden nur dann Redefreiheit gewähren, wenn er logische Gedanken vortrug, die ihrer Aufmerksamkeit wert waren.

Konnte die Art und Weise, wie Paulus das Evangelium darstellte, einer solchen harten und strengen Prüfung auf dem Mars-Hügel standhalten? Mehrere Minuten lang schien alles sich gut anzulassen. Paulus begann mit dem Zeugnis des Altars von Epimenides und ging dann über zum Zeugnis der Schöpfung von Gott. Von hier aus kam er nun auf die Unvereinbarkeit eines allmächtigen Schöpfergottes mit dem Götzendienst. Im Verlauf seiner Ausführungen erreichte er es schließlich, den Götzendienst in Athen als „Unwissenheit" darstellen zu können, ohne dabei sein Publikum zu verlieren.

So sprach er weiter: „Nun aber läßt er *(Theos)* den Menschen sagen, daß sie alle überall Buße tun sollen. Denn er hat einen Tag festgesetzt, an welchem er den Erdkreis mit Gerechtigkeit richten will durch einen Mann, den er dazu ausersehen und den er für alle durch seine Auferweckung von den Toten beglaubigt hat" (vergl. Apg. 17, 30-31).

Mit anderen Worten: Nachdem Paulus einen „Augen-Öffner" gefunden und gebraucht hatte, um die Grundlage zu legen, ging er über zur Ausführung des zweiten Befehls Jesu, nämlich die Athener dazu zu bringen, sich „von der Finsternis zum Licht zu bekehren". Dann fuhr er fort: „...Er hat allen dadurch den Beweis gegeben, daß er ihn auferweckt hat aus den Toten." Und hier – zum erstenmal – ließ Paulus eine Lükke in der Logik seiner Ausführungen. Er erwähnte die Auferstehung des Mannes, den Gott dazu bestimmt hatte, die Welt zu richten, ohne zuerst erklärt zu haben, wie und warum Jesus sterben mußte.

Sofort griffen die Philosophen ihn an – zu ihrem eigenen geistlichen Nachteil. „Als sie aber von einer Auferstehung der Toten hörten, spotteten die einen, die andern aber sagten: Wir wollen dich hierüber später noch einmal hören. So ging Paulus hinweg" (Apg. 17,32-33).[2a]

Paulus hatte seinen Zuhörern bereits deutlich gemacht, mit welcher Inkonsequenz sie den Götzendienst tolerierten, wenn nicht gar unterstützten. Das war keine kleine Leistung inmitten einer Gesellschaft von Leuten,die so stolz auf die Logik ihrer Vernunft waren. Wirklich aufrichtige Sucher nach Wahrheit wären zumindest seinen einleitenden Gedanken weiter gefolgt und hätten ihn nicht wegen eines späteren Formfehlers abgewiesen.

Nicht alle jedoch bezweifelten seine Ausführungen über die Auferstehung: „Etliche Männer aber hingen ihm an und wurden gläubig, unter welchen war Dionysius, einer aus dem Rat" (Apg. 17, 34).[2b] Aus der Überlieferung des 2. Jahrhunderts geht hervor, daß Dionysius später der erste Bischof von Athen wurde! Sein Name ist von Dionysos abgeleitet, einem griechischen Gott, dessen Theologie die Vorstellung einer Auferstehung der Toten einschließt. Könnte hier wohl eine

Verbindung liegen zwischen jenem Gedankengang und des Dionysius persönlichem Eingehen auf einen Mann, der so mutig die Lehre von der Auferstehung vertrat?

Später setzte der Apostel Johannes die Annäherung des Paulus an das griechisch-philosophische Denken fort, indem er einen Lieblingsausdruck der Philosophen, den *Logos,* Jesus als Titel verlieh. Ein griechischer Philosoph namens Heraklit gebrauchte als erster diesen Begriff etwa 600 Jahre vor Christus und bezeichnete damit den göttlichen Grund oder Plan, der ein sich ständig wandelndes Universum in Einklang bringt. *Logos* bedeutet ganz einfach „Wort". Die Juden ihrerseits betonen das *mêmar* (aramäisch für „Wort") des Herrn. Johannes sah im griechischen *Logos* und im jüdischen *mêmar* eine grundsätzliche Beschreibung der gleichen theologisch gültigen Wahrheit. Er stellte Jesus Christus als die Erfüllung beider Begriffe dar, als er schrieb: „Am Anfang war das Wort *(Logos),* und das Wort *(Logos)* war bei Gott *(Theos),* und Gott *(Theos)* war das Wort *(Logos)* ... Und das Wort *(Logos)* ward Fleisch (Mensch) und wohnte unter uns..." (Joh. 1, 1.14).

In dieser lebendigen Nebeneinanderstellung der beiden griechischen Begriffe – *Theos* und *Logos* – in Beziehung zu Jesus Christus stellt das Christentum sich selbst als Erfüllung und nicht als Zerstörung des „Melchisedek-Faktors" in der griechischen Philosophie dar!

In der Tat werden solche Begriffe und Gedanken von christlichen Abgesandten zu den Griechen klar als Bestimmung Gottes betrachtet, um so das Denken der Griechen für das Evangelium vorzubereiten. Sie fanden diese Begriffe aus der griechischen Philosophie genauso gültig wie die Ausdrükke für den Messias im Alten Testament, zum Beispiel „Lamm Gottes" oder „Löwe aus dem Stamme Juda". Und sie verwendeten beide Ausdrucksweisen gleich freimütig, um die Person Jesu Christi in den Zusammenhang sowohl der jüdischen als auch der griechischen Kultur einzusetzen.

Taucht in Ihnen jetzt nicht eine bestimmte Frage auf? Sie ist nicht zu vermeiden. Wenn der Allmächtige in einer der heidnischen Kulturen – wie hier bei den Griechen – ahnungsvolle Gedankengänge über Gott und Christus vorherbestimmt hatte, um die Annahme der Erlösung zu erleichtern, könnte er dann nicht Ähnliches in andern heidnischen Kulturen getan haben? Vielleicht sogar in allen?

Mit anderen Worten: Hat der Gott, der das Evangelium für die Welt vorbereitet hat, nicht auch die Welt für das Evangelium vorbereitet? Und wenn das so ist, dann wäre die gängige Annahme von Millionen Gläubiger und Ungläubiger einfach falsch, daß Heiden das Evangelium nicht verstehen und im allgemeinen diese Botschaft nicht annehmen wollen, daß es infolgedessen ungerecht sei (und die Arbeit nicht lohne), zu versuchen, es ihnen aufzudrängen.

Im weiteren Verlauf dieses Buches (und in einem weiteren Band, der für die Zukunft geplant ist) möchte ich beweisen, daß diese Annahme falsch ist. Gott hat die Heidenwelt wirklich für das Evangelium vorbereitet. Eine eindrucksvolle Zahl von Nicht-Christen hat sich williger erwiesen, das Evangelium anzunehmen, als Christen bereit gewesen sind, es ihnen mitzuteilen!

Die Inkas

Der Apostel Paulus nannte Epimenides einen „Propheten". Man fragt sich, welchen Titel er Pachacuti erteilt hätte, dessen geistliche Einsicht als Heide die des Epimenides noch weitaus übertroffen hat.

Pachacuti (manchmal schreibt man *Pachacutec)* regierte als König von Südamerikas unglaublich hoch entwickelter Inka-Kultur von 1438 bis 1471 n. Chr.[3]. Nach dem verstorbenen Philip Ainsworth Means, der wichtigsten Autorität in Fragen der Anden-Kultur, war es Pachacuti, der das Königreich der Inkas zur höchsten Blüte brachte[4]. Worin lagen einige seiner hervorragenden Leistungen? Zum Beispiel: Als Pachacuti Cuzco, die Hauptstadt der Inkas, wieder aufbaute, arbeitete er in wirklich großem Maßstab. Es gab eine Fülle von Palästen, Festungswerken und einen aufpolierten Sonnentempel. Dann fügte er „einen sagenhaften goldenen Bezirk“ in Coricancha hinzu, ein Gebäude, das an „Herrlichkeit mit Salomos Tempel in Jerusalem konkurrieren konnte“[5]. Er baute auch eine lange Reihe Festungen, um sein Königreich im Osten vor der Invasion durch Stämme des Amazonasbeckens zu schützen. Eine Festung – das majestätische Machu Picchu – wurde eine Zeitlang die letzte Zuflucht für die oberen Klassen der Inkas bei ihrer Flucht vor den brutalen spanischen Eroberern. Tatsächlich fanden die Eroberer Machu Picchu niemals. Pachacuti baute das Festungswerk auf einer hochragenden Bergkette, wo es von unteren Regionen aus nicht gesehen werden konnte.

Mehrere Jahrhunderte lang war die Kenntnis über die Existenz von Machu Picchu für die Außenwelt verloren. Dicker Urwald überwucherte das Gebiet. Nur ein paar Quechua-Indianer wußten, wie sie diesen Ort finden konnten. Im Jahr 1904 erkannte ein Ingenieur namens Franklin von einer entfernten Bergspitze aus die Ruinen. Er berichtete Thomas Paine über die Lage der Bauten. Der Engländer Paine war Missionar der „Mission in unerforschten Ländern“ (RBMU). Mit dem Missionar Stuart McNairn zusammen stieg Paine 1906 hinauf zu den Ruinen. Mit staunender Bewunderung standen sie davor. Erst im Jahr 1910 besuchte der Ethnologe Hiram Bingham von der Yale Universität Thomas Paine in Urco, da er von dessen Entdeckung gehört hatte. Paine rüstete Bingham zuvorkommend aus mit Maultieren und Führern für die Reise zu den Ruinen. Nachdem Bingham dort gewesen war[7], bezeichnete er sich in gewissenloser Weise überall in der Welt als „Entdecker von Machu Picchu, der verlorenen Stadt der Inkas“!

Bingham zog es, nebenbei bemerkt, vor, mit keiner einzigen Zeile auf Thomas Paine hinzuweisen, sondern erwähnte nur „örtliche Gerüchte“, die ihn zur Nachprüfung bewogen hätten.

Der Arzt Daniel Hayden, der Thomas Paine seit vielen Jahren von Peru her kannte, bestätigt, daß Paine – ein demütiger, bei den Nachkommen der Inkas in ganz Peru sehr beliebter Mann, es vorzog, Binghams „Übersehen“ nicht zu korrigieren. Paine ist nur einer von unzähligen christlichen Missionaren, deren Beiträgen zur Wissenschaft von Wissenschaftlern die Anerkennung versagt geblieben ist.

Millionen Touristen haben Machu Picchu besucht, seit Perus neue ,,Hiram-Bingham-Straße" es im Jahre 1948 zugänglich gemacht hat. Jeder, der durch die Pracht von Machu Picchu beeindruckt worden ist, sollte wissen, daß Pachacuti, dem König, der das alles gegründet hat, eine weit bedeutendere Leistung zugeschrieben wird als nur eine Menge Festungen, Städte, Tempel oder Denkmäler gebaut zu haben. Pachacuti war wie Epimenides ein geisterfüllter Forscher, der – um mit den Worten des Apostels zu sprechen (vgl. Apg. 17, 27) – einen Gott suchte und *fand,* der weitaus größer als irgendein populärer ,,Gott" seiner eigenen Kultur war. Anders jedoch als Epimenides entschied Pachacuti sich nicht dafür, diesen Gott, den er entdeckt hatte, in der Kategorie des Unbekannten zu lassen. Er nannte diesen Gott mit Namen.

Fast jeder, der etwas über die Inkas weiß, weiß auch, daß die Inkas Inti, die Sonne, vergöttlichten.

Schon im Jahre 1575 sammelte ein spanischer Priester mit Namen Cristobel de Molina in Cuzco eine ganze Anzahl geistlicher Gesänge der Inkas und bestimmte Traditionen, die sich mit ihnen verbanden. Diese Sammlung beweist, daß die Gottheit Intis nicht immer von den Inkas selbst unangezweifelt blieb. De Molina schrieb diese Hymnen und die damit verbundenen Traditionen in der Sprache der Inkas, Quechua, auf, wobei er sich der Orthographie des Spanischen bediente. Die Inkas selbst hatten nämlich keine Schrift. Diese Sammlung der Tradition und Lieder reicht zurück bis zur Regierung Pachacutis.

Moderne Gelehrte, die Molinas Sammlung wiederentdeckten, staunten über ihren revolutionären Inhalt. Zuerst glaubten einige gar nicht, daß sie wirklich aus der Inkazeit stammen. Sie glaubten, de Molina hätte der originalen Inka-Fassung seine eigenen europäischen Vorstellungen eingefügt. Alfred Metraux jedoch stimmt in seiner ,,History of the Incas" (Geschichte der Inkas) mit Professor John H. Rowe überein, der – sagt er – ,,verstanden hat, diesen geistlichen

Gesängen ihre Originalfassung wiederzugeben, überzeugt, daß nichts von den Lehren der spanischen Missionare darin enthalten ist. Die benützten Formen und Ausdrücke sind grundsätzlich anders als die der christlichen Liturgie in der Inkasprache"[8].

Eine weitere Bestätigung für die Echtheit der Sammlung de Molinas ist aufgetaucht. Noch eine weitere Hymne der gleichen Art, so sagt Metraux, war ,,wunderbar erhalten geblieben durch Yamqui Salcamaygua Pachacuti, einen indianischen Chronisten des 17. Jahrhunderts... Man muß nur (diesen Gesang mit jenen) Hymnen vergleichen, die von de Molina im Jahre 1575 gesammelt wurden, um zu erkennen, daß sie alle zur gleichen literarischen und religiösen Überlieferung gehören"[9].

Metraux stellt fest: ,,Die Tiefe der Gedanken und die erhabene Lyrik (des durch Yamqui erhaltenen Inka-Gesangs) können jedem Vergleich mit den schönsten Psalmen standhalten."[10].

Was war denn so revolutionär an diesen Hymnen? Die mit ihnen entdeckten Überlieferungen stellen unverblümt fest, daß Pachacuti – der König, der der Sonnenanbetung so hingegeben war, daß er den Inti-Tempel in Cuzco wieder aufbaute – später die volle Glaubwürdigkeit seines Gottes zu bezweifeln begann! Philip Ainsworth Means, der Pachacutis Unzufriedenheit mit Inti kommentierte, schreibt: ,,Er führt aus, wie jener Himmelskörper immer einem bestimmten Pfad folgt, bestimmte Aufgaben ausführt und feste Zeiten einhält wie ein Arbeiter." Mit anderen Worten: Wenn Inti Gott ist, warum tut er dann niemals etwas grundlegend Neues? Der König dachte weiter nach. Er bemerkte, daß ,,die Sonnenstrahlen durch jede vorbeiziehende Wolke abgeschwächt werden können". Anders ausgedrückt: Wenn Inti wahrer Gott wäre, könnte kein anderes, nur geschaffenes Ding sein Licht verdunkeln oder abschwächen![11]

Plötzlich wurde Pachacuti überwältigt von der Erkenntnis, daß er nur einen Gegenstand als Schöpfer angebetet hatte! Mutig griff er die unausweichlich folgende Frage auf: Wenn Inti nicht der wahre Gott ist, *wer ist es dann?*

Wo konnte ein heidnischer Inka, der keinen Zugang zur jüdisch-christlichen Gotteserkenntnis hat, eine Antwort auf eine derartige Frage bekommen?

Die Antwort ist sehr einfach – aus alten Überlieferungen, die schlafend in seiner eigenen Kultur liegen! Daß das möglich ist, wurde von niemand anderem als dem Apostel Paulus vorausgesehen, als er schrieb, daß *Theos* in der Vergangenheit hat „alle Heidenvölker ihre eigenen Wege gehen lassen; *doch (hat er) sich selbst nicht unbezeugt gelassen...*" (Apg. 14, 16-17).

Pachacuti nahm das Gotteszeugnis, das er unmittelbar aus der Schöpfung abgeleitet hatte, und schloß es mit der fast erloschenen Erinnerung in seiner eigenen Kultur an *Viracocha,* den Herrn, den allmächtigen Schöpfer aller Dinge, zusammen.[11a]

Das einzige, was von der Treue der frühen Inkas zu *Viracocha* geblieben war, war ein Schrein, der *Quishuarcancha* genannt wurde und sich im oberen Vilcañota Tal befand[12]. Pachacuti erinnerte sich auch, daß sein eigener Vater, *Hatun Tupac,* einst wünschte, im Traum von Viracocha Rat zu erhalten. Viracocha erinnerte Hatun Tupac in jenem Traum daran, daß er wirklich der *Schöpfer aller Dinge* sei. Hatun Tupac gab sich daraufhin sofort (wagen wir zu sagen dreist?) den Namen Viracocha!

Die Vorstellungen über Viracocha waren deshalb wahrscheinlich aus alter Vorzeit. Die Anbetung Intis war unter diesem Gesichtspunkt nur eine spätere Abweichung von einem reineren, ursprünglicheren Glaubenssystem. Metraux nimmt das an, wenn er bemerkt, daß Viracocha-ähnliche Figuren in indianischen Kulturen „von Alaska bis Tierra del Fuego" vorherrschen[13], während Sonnenanbetung nur in verhältnismäßig wenigen Kulturen erscheint.[13a]

Pachacuti stellte offensichtlich fest, daß sein Vater etwas Grundsätzliches und Echtes wiederentdeckt, aber diese Entdeckung nicht so weit ausgebaut hatte, wie sie es wert gewesen wäre! Er beschloß, daß er, als der Sohn seines Vaters, die von seinem Vater ertastete Wahrheit weiterführen wollte (oder war es eigentlich diese Wahrheit, die ihn selbst in größere Weite führte?).

Ein Gott, der alle Dinge geschaffen hat, so folgerte Pachacuti, verdient Anbetung! Und es wäre absurd, gleichzeitig einen Teil seiner Schöpfung anzubeten, als sei diese er selbst! Pachacuti kam zu einer schnellen Entscheidung – dieser „Inti-als-Gott-Unsinn" war nun lange genug im Umlauf gewesen, wenigstens was ihn und seine Vornehmen betraf.

Pachacuti wurde aktiv. Er berief einen Kongreß der Sonnenpriester ein – eine Art heidnisches Äquivalent zum Konzil zu Nizäa, wenn Sie so wollen – in dem wunderschönen Coricancha. Ein Gelehrter nennt diesen Kongreß tatsächlich das *Konzil von Coricancha* und reiht es somit ein unter die großen theologischen Konzilien der Geschichte[14]. Auf diesem Konzil legte Pachacuti seine Zweifel über Inti in den „drei Lehrsätzen" dar:

1. Inti kann nicht Weltgeltung haben, wenn er, während er einigen Licht gibt, es anderen vorenthält.
2. Er kann nicht vollkommen sein, wenn er niemals in Ruhe verweilen kann.
3. Auch kann er nicht allmächtig sein, wenn die kleinste Wolke ihn verdecken kann[15].

Pachacuti erweckte dann die schwache gemeinsame Erinnerung seiner Untertanen aus dem Adel an den allmächtigen Viracocha, indem er dessen ehrfurchtgebietende Eigenschaften aufzählte: „Er ist von alters her weit entfernt von uns, erhaben und ungeschaffen. Auch braucht er nicht die derbe Befriedigung durch eine Ehegemeinschaft. Er offenbart sich als Dreieinigkeit, wenn er will, ...andererseits wird seine Einsamkeit nur umgeben von himmlischen Kriegern und Erzengeln. Er hat alle Völker durch sein ‚Wort' erschaffen (Schattierungen aus Heraklit, Plato, Philo und dem Apostel Johannes!) ebenso wie alle ‚huacas' (Geister). Er ist das Glück des Menschen, bestimmt seine Jahre und ernährt ihn. Er ist tatsächlich das wahre Prinzip des Lebens, denn er wärmt die Menschen durch seinen erschaffenen Sohn Punchao (die Sonnenscheibe, die sich von Inti irgendwie unterschied). Er ist ein Friedensbringer und ein Befehlshaber. Er ist in sich selbst gesegnet und hat Mitleid mit dem Elend der Menschen. Er allein verurteilt sie und vergibt ihnen auch, und er befähigt sie, ihre üblen Neigungen zu bekämpfen[16]."

Dann befahl er, daß Inti von nun an nur noch als „Verwandter" respektiert werden sollte, einfach als eine Mit-Kreatur. Gebete sollten mit tiefster Ehrerbietung und Demut an Viracocha gerichtet werden[17]. Im Anschluß an das Konzil komponierte Pachacuti ehrfürchtige Hymnen an Viracocha, Gesänge, die in der Folgezeit ihren Weg in de Molinas Sammlung fanden.

Einige der Sonnenpriester reagierten mit „bitterer Feindseligkeit"[18].

Pachacutis Aussagen trafen ihre althergebrachten Interessen wie Bomben. Andere fanden Pachacutis Logik unwiderstehlich und erklärten sich damit einverstanden, Viracocha Ehre zu geben und ihm Treue zu halten! Aber diese kamen durch ein sehr praktisches Problem in Verwirrung: Wie würden die Massen reagieren, wenn die Sonnenpriester plötzlich ankündigten: „Alles, was unsere Priesterschaft in den letzten paar Jahrhunderten verkündet hat, ist falsch gewesen! Inti ist überhaupt nicht Gott! Diese riesigen Tempel, die ihr für ihn mit ungeheurer Mühe – und auf unseren Befehl hin – erbaut habt, sind null und nichtig. Alle Rituale und Gebete im Zusammenhang mit Inti sind vergeblich und nutzlos gewesen. Jetzt müssen wir bei Null ganz neu beginnen mit dem wahren Gott – mit Viracocha!"

Könnte solch eine Mitteilung nicht Zynismus erregen oder gar einen sozialen Aufruhr bewirken?

Pachacuti beugte sich der politischen Zweckmäßigkeit. „Er ordnete an ..., daß die Anbetung von Viracocha sich beschränken sollte auf die regierende Kaste, (denn sie war) ... zu unfaßbar und erhaben für das gewöhnliche Volk".[19]

Um fair zu sein, Pachacuti mag gehofft haben, daß die Anbetung und Verehrung Viracochas sich nach und nach wie Sauerteig auch bis zu den einfacheren Leuten durchsetzen würde. Aber für diese seine Reformation blieb nicht genug Zeit. Pachacuti konnte sich kaum vorstellen, wie schicksalhaft seine Entscheidung für die bevorzugten oberen Schichten war. Die oberen Klassen sind, historisch gesehen, ausgesprochen kurzlebige soziale Erscheinungen; es ist im allgemeinen das gewöhnliche Volk, das Bestand hat. So erwies es sich auch mit der höheren Kaste der Inkas. Innerhalb eines Jahrhunderts nach Pachacutis Tod hatten die erbarmungslosen spanischen Eroberer sowohl die königliche Familie als auch die Oberschicht ausgelöscht. Da die soziale Unterschicht in geistliche Finsternis verbannt worden war mit ihren falschen Ansichten über Inti und andere erfundene Götter, war sie unfähig, Pachacutis Reformation fortzusetzen. So erstarb diese, als sie noch in den Kinderschuhen steckte – eine Mini-Reformation.

Warum brach das Inka-Reich innerhalb eines Jahrhunderts nach seinem Höhepunkt unter König Pachacuti zusammen? War Viracocha böse, weil die Oberschicht die Erkenntnis über seine Person dem allgemeinen Volk vorenthielt? Und was wäre geschehen, wenn christliche Missionare aus Europa Peru zwei oder drei Generationen vor den Eroberern erreicht hätten? Sicherlich war jene Zeitspanne die günstigste Zeit für die Ankunft des Evangeliums. Das Interesse an dem einen, allmächtigen Gott war in der königlichen Familie und in der Oberschicht auf seinem Höhepunkt, und Träger der Guten Nachricht hätten etwa ein Jahrhundert Zeit gehabt, eine herrliche geistliche Ernte im gesamten Königreich einzubringen, bevor die Eroberer eindrangen. Die Inkas selbst glaubten außerdem einer vagen Prophezeiung, daß Viracocha eines Tages ihnen Segen aus dem Westen bringen würde, d. h. über den Seeweg. Aber barmherzige Überbringer der Frohen Botschaft, wer immer sie hätten sein können, versagten. An ihrer Stelle kam ein herzloser politischer Eroberer und gewinnsüchtiger Handelsmann – Pizarro – und seine räuberische Armee. Pizarro gab vor, im Namen Gottes zu handeln, erreichte Peru auf dem Seeweg und nutzte die monotheistischen Erwartungen der Inkas aus, um dadurch sowohl die Inkas selbst als auch ihr Königreich zu vernichten.

Und noch vor Pizarro beutete Hernando Cortez ähnliche Erwartungen bei den Azteken aus und vernichtete ihr Reich. Wie ganz anders hätte die Geschichte verlaufen können, hätten nur wahre Verkündiger des Evangeliums zuerst dort Fuß gefaßt! Nicht nur, um ihre Botschaft zu bringen, sondern auch, um den Azteken und Inkas zu dienen, ihnen und anderen gefährdeten Völkern beider Amerikas als Vermittler zu helfen, sie schon im voraus zu lehren, wie sie mit denen umgehen könnten, die sie politisch oder geschäftlich ruchlos übervorteilen wollten. Die Azteken und Inkas würden sich dann nicht vor Cortez und Pizarro gebeugt haben, weil sie in ihnen nicht die Erfüllung ihrer Erwartungen gesehen hätten, da diese schon erfüllt gewesen wären! Jene Reiche der Maya, Azteken und Inkas hätten dann bis zum heutigen Tage überleben können.

Und welche Ironie liegt darin, daß spanische Katholiken in ihrem Eifer, den „Götzendienst" der Inkas abzuschaffen, einen monotheistischen Glauben zerstörten, der sich in Wirklichkeit als ein vorläufiges „Altes Testament" gebildet hatte, um das Verständnis Tausender für die Frohe Botschaft zu öffnen, daß Viracocha in der Person seines Sohnes Mensch geworden ist. Beachten Sie, daß ich sagte: „vorläufiges", nicht „als Ersatz dienendes" Altes Testament.

Omar Khayyáms „sich bewegende Hand" jedenfalls „schreibt, und nachdem sie geschrieben hat, bewegt sie sich weiter". Jetzt ist es zu spät, Pachacuti und sein Volk zurückzuholen, um sie gerechter zu behandeln, als es die Spanier taten. Und was nun? Es geht jetzt darum, daß wir als Kinder unserer jetzigen Generation den Nachkommen Pachacutis, die den spanischen Holocaust überlebt haben, nämlich den Quechuas, gerecht werden.

Laßt uns die Reformation Pachacutis unter historischer Perspektive betrachten! Einen Augenblick lang wollen wir ihn mit *Echnaton,* einem ägyptischen Pharao, vergleichen, der sich auch um eine religiöse Reform bemühte. Ägyptologen werten Echnaton (1379 bis 1361 vor Christus) als ein seltenes Genie.[19a] Er versuchte – wenn auch erfolglos –, den ungeheuer verworrenen Götzendienst in dem Ägypten des Altertums durch die Anbetung der Sonne zu ersetzen.[20] Doch Pachacuti steht weit höher als Echnaton, denn ihm war klar geworden, daß die Sonne, die menschliche Augen nur blenden konnte, niemals einem Gott gleich und ebenbürtig sein konnte, der viel zu groß war, als daß menschliche Augen ihn sehen konnten. Wie merkwürdig, daß Wissenschaftler Echnatons

Reformen weit verbreiteten, die des Pachacuti jedoch praktisch ignorierten!

Für diese spitzfindigen Vorurteile der Gelehrten gibt es allerdings Gründe, auf die ich nachfolgend eingehen möchte.

Zunächst wollen wir einmal folgendes klarstellen: Wenn Echnatons Sonnenanbetung eine Stufe höher stand als der Götzendienst, dann war Pachacutis Entscheidung für einen Gott, der weit über der Sonne stand, ein Sprung hinauf in die Stratosphäre! Einen Mann wie Pachacuti im Peru des 15. Jahrhunderts zu entdecken, ist genauso verblüffend, wie einen Abraham in Ur oder einen Melchisedek unter den Kanaanitern zu finden! Wäre es möglich, in jene Zeit zurückzukehren, dann wäre Pachacuti ein Mann, den ich gern näher kennenlernen würde! Ich nenne ihn gern den „Inka-Melchisedek".

Sowohl die Athener und Kreter zur Zeit von Epimenides als auch die Inkas zur Zeit von Pachacuti sind gestorben, ohne das Evangelium von Jesus Christus gehört zu haben. Wie ist das nun? Gibt es keine heidnischen Völker, die tatsächlich den einen Gott vorausahnten und es auch erlebten, den Segen des Evangeliums zu erhalten?

In der Tat berichtet die Geschichte von vielen. Hier ein Beispiel:

Die Santal

Im Jahre 1867 fanden ein bärtiger norwegischer Missionar mit Namen Lars Skrefsrud[20a] und sein dänischer Mitarbeiter, ein Laie namens Hans Børreson, ein Volk von zweieinhalb Millionen, die Santal, die in einer Region nördlich von Kalkutta in Indien lebten. Skrefsrud erwies sich schon bald als erstaunlicher Linguist. Nach einer sehr kurzen Zeit sprach er das Santal so fließend, daß die Leute meilenweit herkamen, nur um einen Ausländer ihre Sprache so gut sprechen zu hören!

Sobald wie möglich fing Skrefsrud an, den Santal das Evangelium zu verkündigen. Natürlich war er gespannt, wie viele Jahre es dauern werde, bis das Santal-Volk, das bis dahin so weit von jüdischen und christlichen Einflüssen entfernt war, auch nur Interesse am Evangelium zeigen, geschweige denn, diesem das Herz öffnen würde.

Zu Skrefsruds größtem Erstaunen waren die Santal fast sofort wie elektrisiert von der Botschaft. Er hörte, wie ihre weisen Männer ausführlich darüber sprachen, und einer von ihnen, Kolean, rief aus: „Was dieser Fremde sagt, beweist, daß Thakur Jiu uns nach so langer Zeit dennoch nicht vergessen hat!"

Vor Erstaunen hielt Skrefsrud den Atem an. *Thakur* war ein Wort aus der Santal-Sprache und bedeutete „echt" oder „wahr". *Jiu* bedeutete „Gott". Der wahre Gott? Es zeigte sich deutlich, daß Skrefsrud ihnen nicht eine neue Auffassung vorlegte, als er über den allerhöchsten Gott sprach. Die Santal-Weisen schoben seine bisher gebrauchte Ausdrucksweise für Gott höflich beiseite und bestanden darauf, daß Thakur Jiu der richtige Name sei, der benutzt werden solle. Offensichtlich war dieser Name schon sehr lange von den Santal gebraucht worden!

„Wieso wißt ihr etwas über Thakur Jiu?" fragte Skrefsrud (vielleicht ein bißchen enttäuscht).

„Unsere Vorväter kannten ihn vor langer Zeit", antworteten die Santal strahlend.

„Sehr gut", fuhr Skrefsrud fort, „ich habe noch eine zweite Frage. Wenn ihr doch etwas über Thakur Jiu wißt, warum betet ihr an seiner Stelle dann die Sonne an oder, was noch schlimmer ist, die Dämonen?"

Die Mienen der Santal wurden wehmütig. „Das", antworteten sie, „ist eben die schlechte Nachricht." Dann trat der Sprecher Kolean vor und sagte: „Laß mich dir unsere Geschichte ganz von Anfang an erzählen."

Nicht nur Skrefsrud, sondern auch alle jüngeren Santal, die sich eingefunden hatten, wurden ganz still, als Kolean, ein angesehener Ältester, eine Geschichte erzählte, die den Staub vieler Zeitalter der Santal-Vergangenheit hochwirbeln ließ.

Vor langer, langer Zeit, so Kolean, schuf Thakur Jiu, der echte Gott, den ersten Mann – Haram – und die erste Frau – Ayo – und versetzte sie weit in den Westen Indiens in ein Gebiet, das Hihiri Pipiri hieß. Ein Wesen namens Lita verführte sie dazu, Reisbier zu machen. Dann verlockte es sie dazu, einen Teil des Bieres auf den Boden zu schütten als Opfer für Satan. Vom Rest des Bieres wurden Haram und Ayo betrunken und schliefen ein. Als sie erwachten, wußten sie, daß sie nackt waren, und schämten sich. Skrefsrud staunte über die biblische Parallele in Koleans Geschichte.

Aber die Geschichte ging noch weiter...

Später gebar Ayo dem Haram sieben Söhne und sieben Töchter, die sich heirateten und sieben Sippen gründeten. Diese Sippen wanderten aus in eine Region, die Kroj Kaman hieß. Dort verfielen sie der Korruption. Thakur Jiu mahnte die Menschheit, „zu ihm zurückzukehren". Als die Menschen diesen Ruf ablehnten, verbarg Thakur Jiu „ein heiliges Paar" in einer Höhle des Berges Harata (achten Sie auf die Ähnlichkeit zum biblischen Namen Ararat). Dann vernichtete Thakur Jiu die übrige Menschheit durch eine Flut. Später vermehrten sich die Nachkommen des „heiligen Paares" und wanderten aus in die Ebene Sasan Beda („Senf-Feld"). Dort teilte Thakur Jiu sie in viele verschiedene Völker auf.

Ein Zweig der Menschheit, den wir „Proto-Santal" nennen wollen, wanderte zuerst nach „Jarpiland" und dann immer weiter östlich „von Wald zu Wald", bis hohe Berge ihnen den Weg versperrten. Verzweifelt suchten sie einen Weg durch das Gebirge, aber jeder Pfad erwies sich als ungangbar, zumindest für ihre Frauen und Kinder. Ähnlich wie die Kinder Israel in der Wüste Sinai wurde das Volk auf der Reise müde und erschöpft.

In jenen Tagen, so erklärte Kolean, erkannten die Nachkommen des heiligen Paares noch Thakur Jiu als den wahren und echten Gott an. Als sie jedoch dieser Krise gegenüberstanden, verloren sie ihren Glauben an ihn und taten den ersten Schritt hin zum Spiritismus. „Die Geister dieser großen Berge haben unseren Weg blockiert", sagten sie. „Kommt, wir wollen ihnen einen Eid schwören, damit sie uns weiterlassen." So verbündeten sie sich mit den „Maran Buru" (Geister der großen Berge) und sagten: „Oh, Maran Buru, wenn ihr uns die Pfade freigebt, dann werden wir euch Geister befriedigen, sobald wir auf der anderen Seite ankommen."

Skrefsrud hatte es schon seltsam gefunden, daß der Santalname für böse Geister wörtlich „Geister der großen Berge" heißt, zumal überhaupt keine großen Berge zu finden sind im heutigen Heimatland der Santal. Jetzt verstand er.

„Kurz darauf", fuhr Kolean fort, „kamen sie auf einen Paß (den Khyber Paß?) in Richtung des Sonnenaufgangs." Sie nannten den Paß *Bain,* was „Tagestor" heißt. So brachen die Proto-Santal durch in die Ebene, die jetzt Indien heißt. Spätere Wanderungen führten sie noch weiter nach Osten ins Grenzgebiet zwischen Indien und Bangladesh, wo sie das heutige Santal-Volk wurden.[21]

Kolean erklärte dann weiter, daß sein Volk seit jener Zeit, als sie das Tagestor passiert hatten, sich verpflichtet fühlte, den Schwur ihrer Vorväter den Maran Buru gegenüber zu halten. Und immer noch, auch wenn die Santal längst nicht mehr in der Nähe hoher Berge leben, ist doch der Name für die bösen Geister geblieben: *„Maran Buru"* – die Geister der großen Berge. Gebunden an diesen Eid, und nicht aus Liebe zu den Maran Buru, fingen die Santal an, Geisterbesänftigung und Zauberei zu treiben, sogar die Sonne anzubeten. Kolean fügte hinzu: „Anfangs hatten wir keine Götter. Unsere alten Vorfahren gehorchten nur Thakur. Nachdem wir andere Götter entdeckten, vergaßen wir Thakur jeden Tag mehr. Übrig blieb nur noch sein Name."

„In dieser gegenwärtigen Zeit sagen einige", sprach Kolean weiter, „daß der Sonnengott Thakur sei. Deshalb schauen bei religiösen Zermonien... (einige Leute) auf zur Sonne ... und sprechen zu Thakur. Aber die Vorväter haben uns gelehrt, daß Thakur seine ganz eigene Art hat. Er kann nicht mit Menschenaugen gesehen werden, aber er selbst sieht alles. Er hat alle Dinge geschaffen. Er hat alles an seinen Platz gestellt und ernährt alle, Große und Kleine".[22]

Wie hat Skrefsrud geantwortet? Sicherlich haben einige Missionare in ähnlichen Situationen gesagt: „Vergeßt dieses

Wesen, das ihr für Gott haltet! Es kann nur der Teufel sein! Ich werde euch sagen, wer der wahre Gott ist." Derartige überhebliche Reaktionen haben oft ganzen Völkern weggenommen, was an Aufnahmebereitschaft schon tief in ihnen vorhanden war.

Skrefsrud war nicht von dieser Sorte. Er wußte, daß Abraham ganz unbefangen Melchisedeks kanaanitischen Namen für Gott angenommen hatte. Er überlegte, daß auch Paulus, Barnabas, Johannes und ihre Nachfolger einem Pfad folgten, der von griechischen Philosophen gebahnt worden war, als sie die griechischen Namen *Logos* und *Theos* als gültige Namen für den Allmächtigen anerkannten. Deshalb konnte er auch ganz getrost der Führung Koleans und den Vorvätern der Santal folgen und *Thakur Jiu* als den Namen für Jahwe unter den Santal akzeptieren.

Skrefsrud hatte nicht den Eindruck, daß ein entwürdigender Irrtum an den Namen *Thakur Jiu* gekettet ist. Es war nicht die Begriffsgruppe des Zeus, die Ablehnung verdiente, sondern konnte wie *Theos* und *Deus* anerkannt werden. Weiterhin begründete er seine Überlegungen so: Wenn ein Norweger den Allmächtigen als „Gud" benennen konnte – ein Name, der genauso heidnischen Ursprungs ist, wie *Theos* oder *Deus* –, dann hatten auch die Santal ein Recht darauf, Gott *Thakur Jiu* zu nennen!

Skrefsrud erkannte den Namen an! Natürlich klang es auch merkwürdig in seinen Ohren, wenn seine eigenen Lippen Jesus Christus als den Sohn Thakur Jius verkündigten! Aber das dauerte nur ein paar Wochen. Danach kam es ihm nicht mehr merkwürdig vor. Ohne Zweifel muß es in früheren Zeiten anfangs geradeso fremd geklungen haben, wenn jemand sagte, Jesus Christus sei der Sohn von *Theos* oder *Deus* oder von *Gud* oder eben von *Gott!*

Machte da die Annahme des Santalnamens für Gott, wie Skrefsrud sie pflegte, einen Unterschied? Duftet eine Rose, wenn man sie anders nennt als Rose, nicht immer noch gleich süß? In einem Garten bestimmt! Aber nicht in der Erinnerung! Allein schon das Wort „Rose" vermag zärtliche Erinnerungen an Farbe und Duft in unseren Sinnen auszulösen.

Wenn man statt dessen das Wort „Distel“ einsetzt, wird sich die Rose als solche nicht verändern, aber die freundlichen Erinnerungen sind dadurch abgeschnitten. Während ungezählter Jahrhunderte wuchsen die Kinder der Santal auf und hörten ihre Eltern in ihren Gärten oder an den Feuerstellen sagen: „Oh, wenn nur unsere Vorfahren, diese Schufte, nicht einen solch schmerzlichen Fehler gemacht hätten! Wir würden heute noch Thakur Jiu kennen! Aber wie die Dinge nun stehen, haben wir den Kontakt mit ihm verloren. Wahrscheinlich hat er uns abgeschrieben als ein unwürdiges Volk und möchte mit uns nichts mehr zu tun haben, weil unsere Vorväter ihm den Rücken kehrten in jener lange zurückliegenden Krise in den Bergen!“

Wenn der vertraute Name Thakur Jiu in der Santal-Öffentlichkeit fiel, dann löste er tausend wehmütige, sehnsüchtige Erinnerungen aus und führte die Zuhörer zu Nachdenklichkeit, Wißbegier und sogar zur Aufnahmebereitschaft.

Und genau das war die Wirkung, die durch Skrefsruds und Børresons Predigt ausgelöst wurde![23] In der Tat, bevor Skrefsrud und Børreson erfaßten, was ihnen geschah, fanden sie sich von buchstäblich Tausenden der Santal umgeben, die mit größter Aufgeschlossenheit begierig erfahren wollten, wie sie durch Jesus Christus wieder mit Thakur Jiu versöhnt werden könnten! Die Möglichkeit, daß der Riß zwischen ihrem Volk und Thakur Jiu wieder geheilt werden könnte, erregte sie ungeheuer!

Als die Unterweisung und Verkündigung zu Bekehrungen und Taufen führte, waren manche gesetzte Geistliche in den traditionsgebundenen Kirchen Europas bald geschockt durch die Berichte aus Indien, daß Skrefsrud und Børreson durchschnittlich während eines bestimmten Zeitraumes 80 freudige Santal-Taufen pro Tag durchführten!

„Da kann doch etwas nicht stimmen“, sagten einige europäische Theologen; denn sie hielten es für unmöglich, daß „Heiden, die so lange in der Finsternis gelebt hatten“, jetzt schon genug über Gott und den Weg der Erlösung wissen konnten, um so bald sowohl bekehrt als auch getauft zu werden, dazu in solch großer Anzahl! Selbst acht Taufen pro Tag wäre für das Verständnis europäischer Geistlicher noch zuviel gewesen. Eine Taufe pro Woche wäre ihnen Beweis genug dafür gewesen, daß der Segen Gottes auf ihrer Arbeit lag!

Achtzig Taufen pro Tag zeigten jedoch, daß die jungen Santal-Gemeinden in „Hindu-Indien“ mehr als 500mal so schnell wuchsen wie die meisten Gemeinden im „christlichen Europa“! Christen, die lange der Überzeugung waren, Mission in Asien sei nutzlos, weil die Asiaten so festgefahren in ihren Ansichten seien, daß sie das Evangelium überhaupt nicht erfassen könnten, wurden dadurch gehörig zurechtgestaucht! Wann immer Skrefsrud und Børreson nach Europa zurückkehrten und Vorträge über ihre Arbeit hielten, wurden sie von Tausenden einfacher Gläubiger als Glaubenshelden umjubelt. Um von dem geistlichen Durchbruch unter den Santal zu erfahren, kamen die Interessierten meilenweit aus der Umgebung, um diese beiden Männer zu hören. Und das blieb nicht ohne Folgen. Viele Gemeinden in Europa erfuhren eine geistliche Belebung.

Im Wechsel mit der öffentlichen Wertschätzung, die die beiden Missionare Skrefsrud und Børreson genossen, gab es allerdings auch Begegnungen mit mißbilligenden Klerikern, die sie mit hochgezogenen Augenbrauen befragten. Irgendwie fühlten solche Leute sich immer noch gedrungen, die Nachhaltigkeit und Tiefe der geistlichen Umkehr der Santal zu bezweifeln. Vielleicht empfanden sie den überwältigenden Erfolg der beiden Missionare unter „rohen Heiden“ als höchst unangenehm, weil er ein schlechtes Licht warf auf ihre eigene mühselig sich dahinschleppende Gemeindearbeit im „erleuchteten Europa“.

Zurück zur Santal-Front in Indien. Die Santal-Christen wuchsen im Glauben und erwiesen ihre Standhaftigkeit, indem sie mutig das Evangelium in ihren Alltag hineinnahmen und unter ihren eigenen Landsleuten verkündigten. Skrefsrud selbst zählte 15.000 Taufen während seiner Jahre in Indien. In dieser Zeit übersetzte er auch einen großen Teil der Bibel in die Santalsprache, stellte eine Santal-Grammatik und ein Wörterbuch zusammen, schrieb zahllose Traditionen der Santal für die Nachwelt auf, überzeugte die Kolonial-Regierung von der Wichtigkeit, Gesetze zum Schutz der Santal-Minderheit herauszugeben, damit sie nicht mehr so sehr unter der unbarmherzigen Ausbeutung der Hindu-Nachbarn zu leiden hätten.

Überwältigt von der Größe der Ernte, die sie hier einbringen konnten, sandten Skrefsrud, Børreson und ihre Ehefrauen einen Hilferuf aus! Andere Missionare eilten ihnen zu Hilfe, um die so rasch reifende Ernte unter den Santal einzubringen. Innerhalb weniger Jahrzehnte wurden weitere 85.000 Gläubige allein von Missionaren der Mission getauft, der Skrefsrud selbst angehörte. Inzwischen waren Baptisten und andere christliche Gruppen ins Land geeilt, um ebenfalls ihren Teil beizutragen. Das bewirkte, daß weitere Zehntausende der Santal Christen wurden.

Leider hatten einige der späteren Nachfolger von Skrefsrud und Børreson nicht den Sachverstand und Schwung, durch den sich die beiden Pioniere ausgezeichnet hatten. Sie ermutigten die Santal-Gemeindeleiter, sich immer mehr auf die Betreuung der vielen hundert bereits vorhandenen Kirchen zu beschränken. Dadurch ging leider kostbare evangelistische Triebkraft zur Bildung neuer Gemeinden verloren. Zum jetzigen Zeitpunkt ist die Wachstumsrate der Santal-Kirchen kaum besser als in den protestantischen Kirchen Europas. Anstatt der etwa 200.000 Gläubigen könnte die Zahl der Santal-Christen aller Denominationen heute mehr als eine Million betragen, wenn die Wachstumsrate der Anfangszeit auch nur halb so hoch geblieben wäre!

Immerhin beweist die Santal-Geschichte, wie Hunderte andere auch, daß ganze Völker der nichtchristlichen Welt oft um ein vielfaches bereiter wären, das Evangelium anzunehmen, als die meisten Christen bereit sind, es ihnen zu vermitteln!

Koleans Erklärung Skrefsrud gegenüber, daß die Sonnenanbetung der Santal sich mit Thakur Jius Namen vermischt hatte, ist von ganz hoher Bedeutung. Hier wird nämlich klar, warum oberflächlich geführte Untersuchungen oft versagt haben, einige der zahllosen Gottes-Namen als Spuren eines ursprünglich weltweiten Monotheismus zu entdecken. Genau wie der König von Sodom versuchte, sich in Abrahams Leben einzuschmeicheln, so haben auch Sonnenanbeter oder Götzendiener oft versucht, ihre Rituale aufzuwerten, indem sie sie mit dem Namen des wahren Gottes vermischten. Leute, die sich mit Okkultismus abgeben, tun es in der westlichen Welt oft mit dem Namen des Allmächtigen, indem sie den Namen God, Gott oder Gud gebrauchen. Forscher, die nur die Kult-Rituale irgendeines Volkes untersuchen, können unter Umständen den ganz anderern Standpunkt viel scharfsichtiger urteilender Leute – wie etwa Kolean bei den Santal – völlig übersehen. Man könnte zum Beispiel – oberflächlich und nur unter kulturanthropologischen Aspekten betrachtet – leicht zu dem irrigen Schluß kommen, *Thakur Jiu* sei der Name eines Sonnengottes.

Kulturanthropologen neigen dazu, wenigstens im Anfang ihrer Untersuchungen sich an die farbigeren, fremdartigeren – und gewöhnlich okkulten – Aspekte einer Kultur zu halten. Und in der Tat definierte einmal ein Laie die Kulturanthropologie – wobei er nicht ganz unrecht hatte – als „die Beschäftigung mit dem Exotischen durch Exzentrik"! Missionare andererseits scheuen sich gewöhnlich vor dem Okkulten mit seinem Zimbelklang, Weihrauch und eintönigem Singsang. Statt dessen suchen sie zu verstehen, was an moralischen Kontrollsystemen in das Gewebe anderer Kulturen eingearbeitet ist. Deshalb wird es Missionaren meist eher gelingen, den Standpunkt verantwortungsbewußter Kulturangehöriger – wie Kolean – zu entdecken.

Die Erkenntnis eines allerhöchsten Gottes in den Urreligionen und die Evolutionisten

Ironischerweise geschieht es nun, wenn Missionare von solchen Entdeckungen berichten, daß Ethnologen spöttisch die Nase rümpfen und den Missionar beschuldigen, er übersetze andere Kulturen in der Ausdrucksweise seiner eigenen. Wenn ein Völkerkundler jedoch zufällig wirklich jemanden wie

Kolean entdeckt, der ganz deutlich und klar monotheistische Glaubensinhalte entwickelt, dann steht er leicht in der Gefahr, anzunehmen, dieser Mensch sei „offensichtlich von Missionaren beeinflußt worden und daher überhaupt nicht kompetent, etwas über die ursprüngliche Kultur seines Landes zu sagen". Das Ergebnis eines solchen Vorurteils ist schließlich, daß der Kulturanthropologe selbst zu einem unzuverlässigen Sprecher wird. Schlimmer noch: der Kulturanthropologe hat keine Ahnung davon, voreingenommen zu sein. Und das Tragischste von allem: die öffentliche Leichtgläubigkeit akzeptiert den einseitigen Standpunkt des Ethnologen!

Später werde ich die historischen Wurzeln dieser Voreingenommenheit mit Hilfe dreier Anthropologen untersuchen, die dieses Hauptvoruteil ihres eigenen Fachgebietes durchschaut haben.

Kehren wir zurück zu den Möglichkeiten, daß okkulte Verbindungen sogar den gültigen Namen des wahren Gottes besudeln können, und beachten wir folgenden Fall: Huascar, der zwölfte Herrscher des Inka-Reiches (Pachacuti war der neunte), setzte tatsächlich ein goldenes Götterbild auf eine Insel im Titicacasee und nannte es *Viracocha-Inti!*[24] Pachacutis Mumie muß sich in ihrem Grabgewölbe gedreht haben!

Der Name des griechischen Gottes Zeus ist ein weiteres Beispiel. Vergleichen Sie den Namen *Zeus* mit dem Namen *Theos* und *Deus* im folgenden Abschnitt:

Zeus

Theos (es wird der griechische Konsonant „theda" statt „th" gebraucht)

Deus

Man braucht kein Examen in Linguistik gemacht zu haben, um zu sehen, daß alle drei Namen aus der gleichen Sprachwurzel stammen. Alle drei beginnen mit den Konsonanten – Z, Th und D –, wobei die Zungenspitze immer entweder zwischen den Zähnen oder unmittelbar dahinter sein muß. Alle drei Namen weisen als zweiten Laut das auf, was man in der Linguistik einen „hohen vorderen entrundeten Vokal", das „e" nennt. In allen drei Namen enthält die dritte Stelle die „hinten gerundeten" Vokale „o" oder „u". Und alle drei Namen haben an vierter Stelle den Zischlaut „s". Schließlich haben alle drei Namen eine ähnliche Bedeutung. Nun wollen wir eine theoretische Rekonstruktion der möglichen Geschichte dieser drei Begriffe versuchen.

Ursprünglich, bevor die griechische und die lateinische Sprache sich als verschiedene Sprachen voneinander abgrenzten, gab es einen Stammbegriff – vielleicht *Theos* –, was ein persönlicher Name für den Allmächtigen war. Später, als zahlreiche Sekten gängigere Untergötter erfanden und ihnen persönliche Namen gaben, erhob jede religiöse Gruppe Anspruch darauf, daß jeweils ihr privater Gott wirklich *Theos* sei. Das hatte zur Folge, daß sich im Lauf der Zeit die Aussprache veränderte. So wurde aus *„Theos"* in einem Sprachbezirk „Deus" und im anderen „Theos" (mit dem griechischen „theda"); alle drei Ausdrücke aber erhielten die allgemeine Bedeutung von Gott, statt des einen wahren Gottes.

Eine Illustration soll das verdeutlichen: Gesichtstücher tauchten anfänglich unter dem Markennamen „Kleenex" auf. Nach und nach stellten konkurrierende Firmen andere Gesichtstücher her; der Name Kleenex war aber so unlöslich mit Gesichtstüchern verbunden, daß das Publikum auch das Konkurrenzerzeugnis „Kleenex" nannte. Mit anderen Worten: „Kleenex" als Marke wurde zu Kleenex allgemein, so wie „Deus", der einzige Gott, zu Deus als Gattungsbegriff wurde.

Philosophen wie Xenophanes, Plato und Aristoteles bemühten sich tatsächlich, diesen Trend aufzuhalten und zum ursprünglichen Gebrauch von *Theos* als dem persönlichen Namen für den einen Gott zurückzukehren. Mit welchem Ergebnis? Beide Namen, sowohl der ursprüngliche als auch der verallgemeinerte, fingen an, nebeneinander zu existieren.

Zeus, als die dritte Variante des ursprünglichen *Deos,* entging einer Verallgemeinerung und überlebte als spezifischer, persönlicher Name. In der Tat gebrauchte Epimenides *Zeus* als persönlichen Namen für den Allmächtigen an anderer Stelle des gleichen Gedichtes, das der Apostel Paulus in Titus 1,12 zitierte! Aber ein ganz anderes Schicksal – ein weitaus ernsteres – widerfuhr der Zeus-Variante.

Griechische „Theologen" bastelten durch die Jahrhunderte hindurch an dem persönlichen Namen *Zeus* für den Allmächtigen herum und kamen allmählich zu Abweichungen vom Originalkonzept. Zum Beispiel entschieden sie sich dafür, Zeus als Sohn von zwei anderen Wesen vorzustellen, nämlich von Kronos und Rhea.

Nachdem ihnen dieser Trick bei den Anbetern gelungen war, bezeichnete der Name *Zeus* nicht länger einen unerschaffenen Schöpfer. Da es nicht genügend „Koleans" gab, die die ursprüngliche Bedeutung verteidigen konnten, starb *Zeus* als gültiger Name für den einen Gott aus. Das einst so tiefbedeutsame Wort wurde schließlich so sehr von irrigen Ansichten überwuchert, daß selbst Plato oder Aristoteles es nicht davon befreien konnten. So mußten sie es einfach übergehen – dem Namen *Theos* zuliebe. Die jüdischen Übersetzer und christlichen Apostel machten es genauso.

Als dann das Christentum aufkam, versuchten theologische „Bedeutungsveränderer" gleichfalls neue gängigere Bedeutungen in christliche Begriffe einzuschleusen. Die großen theologischen Konzilien der Kirchenväter können als Versuch verstanden werden, die bedeutsamen christlichen Begriffe vor dem Mißbrauch zu schützen und sie nicht das gleiche Schicksal erleiden zu lassen, wie es den einst so erhabenen Wörtern wie *Zeus* geschah.

Mittlerweile wird dem Leser aufgefallen sein – daß die Vorstellung eines allerhöchsten Gottes ganz und gar nicht das Monopol sogenannter „fortschrittlicher Zivilisationen" ist! – Die Leser sind vielleicht nicht überrascht zu erfahren, daß ein Philosoph aus Kreta wie Epimenides oder ein Inka-König wie Pachacuti so theologisieren konnten. Aber wie erklärt man sich, daß in einem Volk wie den Santal des Lesens unkundige, aber mit praktischem Sinn und Erdverbundenheit begabte Hüter ihrer religiösen Überlieferung so fest auf ihrem Glauben an die Existenz eines allmächtigen, moralisch einwandfreien und gütigen Schöpfergottes bestanden?

Genau diese Frage – so sagen Gordon Fraser, ein Ethnologe, Andrew Lang, auch Ethnologe, und Wilhelm Schmidt, ein ethnologischer Historiker – hat die Evolutionisten mehr gestört als jedes andere kulturelle Phänomen! Evolutionisten arbeiten nämlich unter einem Zwang. Irgendwie müssen sie beweisen, daß sich alles, einschließlich der Religion, allmählich entwickelt hat. Ihre Aufgabe ist keineswegs leicht. Andrew Lang schreibt 1899: „Unterschiedlich dargestellt von Darwin, Huxley, Herbert Spencer (Edward B. Tylor) und Schreibern von Handbüchern ist doch die heutige Hypothese diese: Beginnend mit der Annahme von menschlichen Seelen oder Geistern und ihrer Besänftigung und Versöhnung, stieg die Menschheit stufenweise auf zur Verehrung von Fetischen, Lokalgöttern, Naturgöttern und zum allgemeinen Polytheismus bis zur Vorstellung eines allerhöchsten Wesens."[25]

Evolutionisten, so erklärt Lang, waren überzeugt, die Menschen würden z. B. niemals eine Hierachie von Göttern verlangt haben, bevor diese sich analog dem Aufkommen der *Aristokratie* in der menschlichen Gesellschaft anbot! Auch, so sagten sie, könnten Menschen sich keinen allerhöchsten Gott „erträumen", bevor sich nicht eine Lebensform entwickelte, die man in menschlichen Regierungen *Monarchie* nennt! Aristokratien und Monarchien kommen jedoch in den sogenannten „primitiven" Gesellschaftsformen nicht vor; deshalb mußte eine solche Theorie nur Verlegenheit auslösen, wenn einfachere Kulturen überall auf der Welt auftauchten, erfüllt von hochentwickelten Anschauungen über einen allerhöchsten Gott.[26]

Und genau das haben „primitive" Kulturen getan – und zwar zu Tausenden!

Zuerst schien es nicht so, als ob ethnologische Forschungen den Erklärungen über Religion durch die Evolutionisten, hauptsächlich angeführt von Edward B. Tylor, widersprechen würden. Als ganze Schwärme eifriger junger Ethnologen Anfang des zwanzigsten Jahrhunderts auf den ganzen Globus ausschwärmten mit der Absicht, zu beweisen, daß Tylor recht hatte, erbrachten ihre Untersuchungen schon ziemlich bald viele Bekundungen dafür, daß „primitive" Völker ausschließlich in den Zwängen okkulter Religionsformen befangen seien. In den Urstämmen wimmele es von Ideen über Geister, Mana, Tabu, Zauberei und Magie in jedem Wald und in jeder Wüste der unzivilisierten Welt. Forscher prägten den Begriff

Animismus für die Beschreibung dieses niedersten Entwicklungsstandes einer Religion.

Huxley, Spencer, Tylor und andere rieben sich vergnügt die Hände und lachten die Theologen aus. Sie wähnten sich sicher, alle Ansprüche auf angeblich übernatürlichen Ursprung der Religion gründlich widerlegt zu haben. Religion, so behaupteten sie, sei eine Entwicklung geistiger Art, genauso wie biologische Formen sich physikalisch entwickelten.

In der Zwischenzeit gelangten in der Wüste Kalahari, im Ituri-Wald und an tausend anderen Orten junge Ethnologen dahin, tiefer schürfende Fragen zu stellen. Zufällig fragten sie die Animisten: „Wer hat denn die Welt gemacht?" und waren verblüfft, wenn ihnen die Antwort, oft sogar mit einem glücklichen Lächeln, gegeben wurde, es sei ein bestimmtes Einzelwesen, das im Himmel wohne.

„Ist dieses Wesen gut oder böse?" war die übliche zweite Frage. „Gut, natürlich", war die unweigerliche Antwort. „Zeigt mir das Bild, mit dem ihr es gewöhnlich darstellt", mag der Forscher gebeten haben. „Was für ein Bild? Wißt ihr denn nicht, daß man *ihn* niemals abbilden und darstellen darf?"

Und so begann für die Forscher die Entdeckung dessen, was Tausende von Missionaren schon hundert Jahre lang gewußt hatten – daß 90 Prozent der Urreligionen auf dieser Welt von monotheistischen Anschauungen durchsetzt sind. Sie wußten natürlich, daß Huxley, Tylor und die anderen enttäuscht, wenn nicht gar höchst verlegen darüber sein würden.

Manche Forscher mögen vielleicht diesen Aspekt ihrer Forschungen beiseite geschoben haben, um ihre Hohenpriester nicht in Verlegenheit zu bringen. Jedenfalls haben die späteren Entdeckungen keinen Platz in den frühen Lehrbüchern gefunden. Das Resultat: Die Völkerkunde und die Öffentlichkeit entwickelten einen gemeinsamen „blinden Fleck"! Andrew Lang stand allein in seinem Protest gegen die Unterdrückung dieser widersprechenden Angaben.

Dann schließlich bemühte sich Wilhelm Schmidt, ein Österreicher, in den zwanziger Jahren darum, alle „Decknamen des Allmächtigen“ zusammenzustellen, die Forscher auf der ganzen Welt je entdeckt hatten. Mit Erstaunen stellte Schmidt fest, daß dazu sechs Bände mit insgesamt 4.500 Seiten nötig waren, um sie einzeln aufzuführen! Und seitdem sind mindestens tausend weitere Beispiele gefunden worden.[26a]

Wahrscheinlich enthalten 90 oder mehr Prozent der Urreligionen auf diesem Planeten die klare Erkenntnis von der Existenz eines allerhöchsten Gottes! Schmidt erklärt in seinem oben erwähnten klassischen Werk „Vom Ursprung der Gottesidee“ seine Hochachtung vor Andrew Lang, der, mit den Worten des Ethnologen Gordon Fraser, „der Öffentlichkeit solche Tatsachen vorstellte zu einer Zeit, in der es beinahe intellektueller Selbstmord war, der Evolutionslehre und ihren Hohenpriestern zu widersprechen“.[27] Fraser selbst, der jetzt 84 Jahre alt ist, verwandte viel Zeit seines Lebens darauf, Langs und Schmidts Forschungsergebnisse noch zu erweitern.

G. Foucarts vollständige Behandlung dieses Themas in der „Encyclopedia of Religion and Ethics“ bestätigt weiter die Schlußfolgerungen dieser drei unverblendeten Männer:

„Natur, Rolle und Wesensmerkmale dieses universalen Himmelsgottes mögen unter den verschiedensten Erscheinungsformen verborgen sein, aber immer ist er für Religionsgeschichtler mehr oder weniger erkennbar, und bei genauer Nachprüfung bis ins letzte ist er immer dieselbe Person.

... Überall hat der Himmelsgott regiert. Sein Reich erstreckt sich noch heute über die ganze unzivilisierte Welt. (Er regiert auch über große Teile der zivilisierten Welt, und auch da unter verschiedenen Namen!) Kein historisches oder proto-historisches Motiv kann als Ursache bestimmt werden, und weder die Wanderungen der Rassen noch die Ausbreitung der Mythen und der Folklore ergeben auch nur die geringste Rechtfertigung für diese Tatsache. Die Universalität des Himmelsgottes und die Einheitlichkeit seiner grundlegenden Wesenszüge sind die logische Konsequenz der Einheitlichkeit des primitiven Systems der Weltentstehungstheorie.“[28]

König Salomo sagte es noch viel knapper und bündiger: „(Gott) hat die Ewigkeit in ihr Herz gelegt“ (Pred. 3,11).[28a]

Und was war die Antwort der Ethnologen, die sich als Verteidiger der Evolutionstheorie verstehen? Wilhelm Schmidt bestätigte, daß solche Ethnologen in der ersten Zeit um 1900 – auf sehr unwissenschaftliche Weise – es ablehnten, die Existenz dieses weltweiten Himmelsgott-Phänomens offen anzuerkennen, was ja eine totale Widerlegung der Hypothesen Tylors bedeutet hätte.[29]

Edward Tylor wird oft der Vater der Ethnologie genannt, und seine Theorie, daß Religion in ihrem Ursprung eher eine natürliche als eine übernatürliche Entwicklung durchgemacht habe, war, kulturanthropologisch gesehen, der erste große Beitrag dieser Wissenschaft. Er schien den meisten Menschen harmlos genug. Welcher Schaden konnte entstehen, wenn man nur seine Auswirkungen untersuchte? Wenn die Theorie sich als unrichtig erwies, konnte man sie später fallen lassen, nicht wahr? Zum Unglück der Menschheit geriet das Ganze aber außer Kontrolle. Die Theorie erwies sich als Schlüssel zu einer „Büchse der Pandora", bei deren Öffnung sich brutaler Horror über die ganze Erde ausschüttete! Um zu verstehen, wie das geschah, muß man zuerst eine Hauptthese von Tylors Theorie begreifen:

So wie alle komplexen biologischen Formen – laut Darwin und seinen Interpreten – aus einer ursprünglichen Lebenszelle entstanden, die sich zufällig vor vielen Äonen in Schlammansammlungen bildete, so ist es auch nach Tylor mit der Vielfalt allen religiösen Lebens. Nicht göttliche und/oder dämonische Hintergründe spielen eine Rolle in der Menschheitsgeschichte, vielmehr entstand plötzlich ein einzelner religiöser „Gedanken-Keim" im Gehirn irgendeines Primitiven und entwickelte sich von dort aus weiter!

Tylor nahm an, der „Gedankensame" könnte wie folgt aufgekeimt sein: Ein schlafender Wilder hatte einen Traum. In diesem Traum sah er sich selbst auf der gegenüberliegenden Seite eines nahegelegenen Flusses. Als er erwachte, befand er sich jedoch nicht auf jener Seite. Also entschied der Wilde, ein Teil von ihm könne seinen Körper verlassen und umherwandern, während er schlafe. Er beschloß, diesen nichtkörperlichen Teil seiner selbst „Seele" zu nennen – und so begann die Religion!

Später hörte der Mann dann, wie jemand anders einen Traum beschrieb, und sagte: „So! Ich bin nicht der einzige, der eine Seele hat!" Nach weiteren Beobachtungen entschied er, daß wohl jeder eine Seele haben müsse! Sogar einige Tiere zittern und jaulen im Schlaf. Also könnten auch Tiere eine Seele haben! Könnte außerdem nicht auch der Blitz so etwas sein wie eine Seele des Himmels oder eines Wesens im Himmel, die herabkommt zur Erde? Viel später nahm man an, daß auch Flüsse, Bäume, Gestein und vielleicht sogar die Jahreszeiten Seelen hätten. Nach längerer Zeit entwickelten sich einige aus diesen „Seelen" zu „Naturgöttern".

Als sich schließlich die sozialen Strukturen der menschlichen Gesellschaft entwickelten, projizierten die Menschen diese Schichten in die Gesellschaft ihrer imaginären Naturgötter hinein. Das Aufkommen einer menschlichen Aristokratie führte zu der Erfindung eines „Enead" unter den Göttern von Sumerien, eines „Pantheon" für die Götter in Griechenland und so weiter.

Später noch entwickelten die menschlichen Gesellschaften die Form der Monarchie, was gewöhnlich bedeutete, daß ein Mitglied einer Aristokratie über alle anderen Mitglieder erhoben werden konnte. Konnte es so nicht auch einen Gott geben, der über alle Götter regierte? Diese Idee eines allerhöchsten Gottes, so begründete Tylor, habe manche der anderen Götter in den Status von „Engeln" oder „Dämonen" zurückgestuft. Sobald ein religiöser Mensch den Punkt einer Vorstellung eines allerhöchsten Gottes erreichte, so sagte Tylor, habe sich die Religion so weit entwickelt, wie es ihr möglich sei! Sobald der Mensch folglich einen Grad von Intelligenz erreicht hat, der es ihm ermöglicht, die Menschheitsgeschichte zu überschauen und zu erkennen, wie alle Religionen entstanden sind, ist er allem Bedürfnis nach Religion entwachsen! An diesem Punkt sollte er sofort seine ganzen Einbildungen und Ideen über Bord werfen und sie durch eine bessere Grundlage zur Erklärung solcher Dinge wie Träume, Blitze, oder das Weltall ersetzen. Mit einem Wort, nun ist er endlich bereit für das, was man *Wissenschaft* nennt!

Diese erste große Auslegung von Tylors Theorie wurde

von Lewis Henry Morgan (1818-1881) aufgegriffen und vervollständigt. Morgan war ein amerikanischer Kapitalist, der ebenfalls ein berühmter Völkerkundler wurde. Morgans Schriften (auch vielleicht die von Tylor) wurden aufgegriffen und oft zitiert von Friedrich Engels, dem deutschen sozialistischen Philosophen, der dann unmittelbar Karl Marx beeinflußte.

Die Schriften von Marx und Engels beeinflußten schließlich Vladimir Ilich Ulyanov, einen russischen Revolutionär, der später das Pseudonym Lenin annahm. Er wurde der Cheforganisator der bolschewistischen Revolution, die 1917 stattfand, genau in dem Jahr übrigens, in dem Tylor starb. Engels und Marx hatten sich bereits dem Atheismus ausgeliefert, nachdem sie Ludwig Feuerbachs philosophische Kritik des Christentums gelesen hatten. Sie aber erkannten die Notwendigkeit, ihrem Atheismus eine stärker wissenschaftliche Grundlage zu geben, als Feuerbach das getan hatte. Charles Darwins Theorie der biologischen Evolution mittels einer natürlichen Auslese, so dachten sie, sei die benötigte Basis.

Karl Marx erbat Darwins Erlaubnis, die englische Übersetzung von *Das Kapital* Darwin zu widmen.[30] Darwin lehnte ab, weil „er nicht mit Angriffen auf die Religion verbunden werden wollte". Darwin selbst hatte sich nämlich einst konkret für den Predigtdienst vorbereitet! Bei anderer Gelegenheit meinte Darwin naiv: „Welch eine törichte Idee scheint in Deutschland zu bestehen, wenn man eine Verbindung zwischen Sozialismus und Evolution durch natürliche Auslese herstellen will!"[31]

Aber es war bereits zu spät zum Protest. Darwin hatte eine Schlinge geknüpft, die genau richtig schien, um sie der Religion um den Hals zu legen. Und Marx, Engels, später auch Lenin und Stalin waren fest entschlossen, sich als geschickte Henker zu erweisen!

Dann kam Tylors Idee, den Darwinismus auf die Entwicklung der Religion selbst anzuwenden! Als Engels und Marx Tylors Theorie durch die Schriften von Lewis Henry Morgan begegneten, konnten sie sich einer hämischen Freude nicht enthalten. Wenn Darwin die Schlinge für den Hals der Religion beschafft hatte, dann Tylor die Nägel für den Sarg der Religion. Und Morgans Schriften waren der Hammer, um diese Nägel einzuschlagen.

Sie dachten nicht im Traum daran, daß kommende Entdeckungen des weltweiten Religions-Phänomens in Bälde Tylors Theorie entwerten würden. Engels und Marx hatten alle ihre Hoffnungen auf diese Theorie gesetzt. Es gab keinen Weg mehr – darin fühlten sie sich sicher –, daß die Religion ihrer Vernichtung entrinnen konnte!

Später schrieb Lenin: „Unser Parteiprogramm ist in seiner Gesamtheit auf einer wissenschaftlichen und daher materialistischen Weltanschauung aufgebaut ... Unser Programm ... enthält die Enthüllung der historischen und wissenschaftlichen Erklärung vom Ursprung des religiösen Mysteriums (eine klare Bezugnahme auf Tylors Theorie) ... So enthält unser Programm notwendigerweise die Propaganda des *Atheismus!*“[32]

Es ist klar, daß der Marxismus, der sich anfänglich durch die Einwirkung der Gedanken des deutschen Philosophen G. W. Friedrich Hegel auf Marx und Engels bildete, weit entfernt von jeglichem Einfluß der Darwin/Tylor-Theorien entstand. Nicht so klar ist es allerdings, ob der internationale Kommunismus sich aus dem Marxismus entwickelt hätte als eine so scharf antireligiöse Bewegung, hätten nicht Darwin, Tylor und Morgan eine scheinbar wissenschaftliche Basis geschaffen, um allen religiösen Glauben zu untergraben. Wie andere politische Bewegungen in der Geschichte hätte auch der Kommunismus vielleicht die Religion als etwas Vorgegebenes in der menschlichen Gesellschaft toleriert. Sogar Hegel tat das, der zwar die selbstgerechte Orthodoxie angriff, nicht aber Theologie als solche, denn Theologie faszinierte Hegel!

Es klingt ironisch, aber wenn der Kommunismus der Religion als Gegebenheit freien Lauf gelassen hätte, hätte er heute Macht über viel größere Teile der Welt, als ihm je bisher zugefallen sind! Zum Beispiel hing 1965 die entschiedene Abkehr vom Kommunismus in Indonesien fast ausschließlich mit der arroganten antireligiösen Haltung des Kommunismus zusammen.

Nachdem Lenin und seinesgleichen die Ideen von Darwin, Morgan und Tylor in sich aufgenommen hatten, kamen sie zu der Entscheidung, wissenschaftliche Folgerichtigkeit verlange die bewußte vollständige Unterdrückung aller Religion auf jede erdenkliche Art und Weise.

Ergebnis? Der internationale Kommunismus ging dazu über, im Namen wissenschaftlichen Fortschritts Millionen friedlicher Juden, Moslems und Buddhisten sowie Zigmillionen friedliebender Christen abzuschlachten. Mit der Behauptung, wissenschaftliche Wahrheit frei und offen zu verbreiten, hat der Kommunismus den Atheismus Generationen von Kindern in Osteuropa, Rußland und China mit aller Gewalt in die Kehle gestopft, ohne jemals einer abweichenden Meinung zu gestatten, religiösen Glauben zu verteidigen oder den Segen zu beschreiben, den der christliche Glaube der Menschheit gebracht hat. Es ist eine Tatsache, daß die Kommunisten Millionen Kinder ihren Eltern gewaltsam weggenommen haben, sobald bekannt wurde, daß sie versuchten, bei ihren Kindern dem Einfluß atheistischer Lehrer entgegenzuwirken.

Als ob der internationale Kommunismus mit seinem mörderischen antireligiösen Toben nicht schon schlimm genug war, trug Tylors Theorie dazu bei, daß ein weiteres blutdürstiges Monster die Schalen seines abstoßend scheußlichen Eies sprengte – zwar kurzlebiger, aber mit entsetzlichen Auswirkungen auf die ganze Welt: Hitlers Nazi-Bewegung und der Zweite Weltkrieg.

Unglaublich! – mögen Sie sagen. Wie könnte eines Wissenschaftlers harmlose Spielerei mit philosophischen Vorstellungen als größtenteils verantwortlich bezeichnet werden für den Extremismus Hitlers und seiner Henker? Die Antwort ist so einfach, daß sie zu vereinfachend scheint. Gerade wie Morgan eine Folgerung aus Tylors Theorie in einer Weise betonte, die Engels und Marx veranlaßten, ihre Argumente für die Überlegenheit des Atheismus vernünftig erscheinen lassen, so verstand es auch ein zweiter deutscher Philosoph, Friedrich Nietzsche (1844-1900), eine weitere Folgerung aus Tylors Theorie einzuführen, die Hitler dazu benutzen konnte, seine scheinbar vernünftige Lehre von der Überlegenheit einer einzigen Rasse über alle anderen zusammenzubrauen. Resultat: der Nazi-Holocaust.[32a]

Tylors Theorie ist, daß die Unterschiede in den menschlichen Kulturen beweisen, daß einige „Zweige“ der Menschheit sich schneller entwickelt haben als andere, wie zum Beispiel Marathonläufer sich über weite Entfernungen hin auseinanderziehen, entsprechend ihren jeweiligen Kräften oder Schwächen. Nietzsche griff diese Idee auf und entwickelte daraus das Konzept des „Übermenschen“ – ein Individuum, das eine höhere Entwicklung durchgemacht hat und dadurch befähigt ist, über den Rest der Menschheit zu herrschen. Hitler entschied, daß er selbst dieser Übermensch sei – und sein eigenes deutsches Volk die Superrasse. Der Rest ist einer der wüstesten Alpträume der Menschheitsgeschichte, den es je gegeben hat.

Auf diese Weise diente die Wissenschaft der Ethnologie gemäß der antigöttlichen Einstellung seines Gründers unwissentlich als Hebamme bei der Geburt von zwei der grausamsten Verirrungen der menschlichen Geistesgeschichte durch die allererste Theorie, die sie brachte. Wenn die Kernphysik die Grundlagen lieferte, viele Tausende durch Atomwaffen zu töten, so hat die Kulturanthropologie durch starrsinnige antigöttliche Vorurteile den Tod vieler Millionen verschuldet.

Nicht eine der religiösen Inquisitionen, die die Ethnologen so gerne kritisieren, war jemals auch nur ein Tausendstel so tödlich! Kein sehr verheißungsvoller Anfang für eine neue Wissenschaft!

Zweifellos hatten Darwin, Tylor und andere sich niemals vorgestellt, daß ihre Ideen eine solch gefühlsrohe Unmenschlichkeit auslösen könnten. Dennoch muß man aus diesem historischen Fall eine große Lektion lernen. Denker, Lehrer oder Schriftsteller, die mit antireligiösen Philosophien spielen, müssen erkennen, daß sie damit sozusagen ein Lösungsmittel in einen Klebstoff schütten, der, geschichtlich gesehen, ein Hauptbindemittel für jede aufstrebende menschliche Gesellschaft ist. Der menschliche Geist ist in der Lage, Kräfte mobil zu machen, die jeden Gedanken bis zu seinem logischen

Endergebnis fortführen können. Ideologische Neuerer müssen wissen, daß der Friede und das Wohlergehen von Millionen von der Art ihrer angewandten Überzeugungskünste abhängen. Sie müssen sich ihrer Verantwortung für die abwärts ziehenden Wirkungen ihrer Ideen voll bewußt werden.

Allzu viele Revolutionäre, Anarchisten und militante Atheisten haben sich selbst als Advokaten eines Besseren für die Menschheit verstanden, obwohl sie in Wirklichkeit nur das egoistische Ziel verfolgten, ihrer persönlichen Anonymität um jeden Preis zu entfliehen. Solchen Menschen macht es wenig aus, wenn sie mit ihren politischen Ideologien die Ursache sind, daß Millionen ihre Angehörigen und ihr Hab und Gut verlieren und als verhungernde Flüchtlinge fliehen müssen – Hauptsache, ihr eigener Name geht in die Geschichte ein! Solche Menschen sollten unter die größten Schurken aller Zeiten eingereiht werden, obwohl sie vielleicht einen Professorentitel führen und möglicherweise niemals ein Gewehr in der Hand hatten!

Es ist eine wohlbekannte geschichtliche Tatsache, daß Charles Darwin anfangs zögerte, seine Evolutionstheorie zu veröffentlichen. Er wollte mehr Zeit haben, um die Folgen seiner Vorstellungen sowohl für die Gesellschaft als auch für die Wissenschaft besser durchdenken zu können. Dann aber hörte er, daß ein anderer Naturwissenschaftler, Alfred Russel Wallace, vorhatte, eine der seinen fast gleiche Theorie zu veröffentlichen. Darwin war bestürzt. Einige seiner Freunde drängten ihn, sein Werk sofort herauszugeben, sonst würde sich die Weltgeschichte nicht mehr an Darwin, sondern an Wallace erinnern. Darwin kapitulierte und veröffentlichte seine Theorien – nicht ganz ohne schlechtes Gewissen. Fast alle seine Zeitgenossen waren von der Logik in vielen seiner Beobachtungen beeindruckt, doch einige hatten ein inneres Gefühl des Zögerns, weil sie fürchteten, zukünftige Entwicklungen im wissenschaftlichen Bereich könnten zu bedeutenden Abschwächungen von Darwins Thesen führen. Sie hatten recht.

Andere Männer – Thomas Henry Huxley ist vielleicht der entschiedenste unter ihnen – schlugen alle Vorbehalte in den

Wind und unterstützten Darwins Theorie, als sei sie schon bewiesene Tatsache. Es war Huxleys bösartiger antireligiöser Schwung in dieser Sache, der zuerst die Aufmerksamkeit von Engels und seinem Freund Karl Marx auf das politische Potential in Darwins Theorie lenkte.

Welcher Hohn, daß die Verheißungen von Huxley, Engels und Marx einer auf Atheismus basierenden „neuen und besseren Gesellschaft“ statt dessen ökonomischen Rückschritt, Vergewaltigung der Gewissen, Elend, Entbehrungen und Tod verursacht haben! Welcher Hohn, daß Kommunisten praktisch in ganz Osteuropa und jetzt sogar in China eine „Glaubenskrise“ durchmachen, weil der Marxismus ganz einfach nicht „funktioniert“![33] Welche Ironie, daß das Christentum in jedem kommunistischen Land immer noch blüht – außer in Albanien, wo wahnsinnig gewordene Atheisten den Namen Gottes überall weggekratzt haben, sogar von alten Grabsteinen! Wie ironisch, daß Albanien aber auch das sowohl ökonomisch als bildungsmäßig rückständigste kommunistische Land auf der Erde ist! Wie ironisch auch, daß jetzt – 120 Jahre nach Huxleys Kampagne als Verbreiter von Darwins Theorie – sogar Wissenschaftler auf vielen Gebieten anfangen, sich von den entwicklungstheoretischen Erklärungen natürlicher Phänomene zurückzuziehen![33a] Und im Falle von Tylors Art, Darwins Ideen über den Ursprung der Religion zu erklären, haben sich Wissenschaftler nicht nur zurückgezogen. Sie haben ihre Sachen gepackt und sind gänzlich weggezogen.

Hugh A. Mulligan, Sonderkorrespondent der „Associated Press“, schrieb einen Artikel, der in der „Los Angeles Times“ Anfang Dezember 1980 erschien. Der Artikel berichtete, daß kürzliche Bestätigungen der „Urknall-Theorie“ über die Entstehung des Weltalls viele Wissenschaftler veranlaßt haben, ihr ganzes Konzept über die von selbst entstandenen Arten auf anderen Gebieten neu zu überdenken. Mulligan schreibt:

„Im Oktober dieses Jahres (1980) trafen sich 150 Wissenschaftler, Spezialisten der Evolutionstheorie, in Chicago – und die große Kontroverse über unseren Ursprung wurde vertieft. Ernsthafte Wissenschaftler versicherten einander, daß kein ernsthafter Wissenschaftler ernsthaft an der Evolutionstheorie zweifeln kann, während ernsthafte Wissenschaftler in ihrer Mitte ernsthafte Zweifel hegten. Zum einen: Darwins fehlende Bindeglieder fehlen nach 120 Jahren immer noch. Fossiliensucher haben keine der Fossilien gefunden, die nötig wären, um die kraß ins Auge fallenden Unterschiede zwischen den wichtigsten Arten zu erklären. In dem ganzen Zyklus der natürlichen Zuchtwahl ... ist bisher kein sechsbeiniges Wirbeltier (zum Beispiel) jemals auf dieser Erde zum Vorschein gekommen. Die Naturwissenschaft hat nur wenige Beispiele beschafft – einige Evolutionisten sagen kein einziges –, daß auch nur eine der wichtigeren Arten sich allmählich in eine andere Art hinüberverwandelt hat. So unterstützen einige namhafte Paläontologen jetzt die Hypothese, daß neue Arten nicht aufkommen als Ergebnis stufenweiser Veränderungen, sondern in plötzlichen Evolutions-Ausbrüchen vergleichbar (einer Art von) großem Knall in der Biologie, was wiederum verdächtig nach Schöpfung schmeckt... Naturwissenschaft, die Religion der Intelligenzler, steht schreiendem Abfall gegenüber."[34]

Ein „Urknall" in der Kosmologie. Ein weiterer „Urknall" in der Biologie. Mein Anliegen in diesem Kapitel ist es jedoch, die Aufmerksamkeit auf einen dritten „Urknall" zu lenken – der Tylors Theorie eines langsamen, entwicklungsmäßigen Enstehens der Religion auslöschen könnte. Ich beziehe mich auf das plötzliche Erscheinen vollentwickelter religiöser Glaubensüberzeugungen in fernen Zeiten des Altertums, die bis zum heutigen Tag in Zehntausenden von „Volksreligionen" auf der ganzen Welt überlebt haben. Denn die allermeisten Volksreligionen, wie Wilhelm Schmidt und andere bewiesen haben, enthalten den Glauben an einen allerhöchsten Gott, was Tylors Annahme widerspricht, daß monotheistische Erwägungen nur in einigen wenigen höherentwickelten Religionen auftauchen konnten.

Um die Jahrhundertwende schwärmten Scharen junger Völkerkundler aus in die Welt, um die angeblich „primitiven" Kulturen zu studieren. Sie erwarteten ganz und gar nichts anderes, als jene Kulturen völlig frei von jeder Art monotheistischen Glaubens vorzufinden, übereinstimmend mit Tylors Voraussagen. Statt dessen fingen sie an, Tausende von Beispielen für den Glauben an den einen wahren Gott herauszufinden, wie schon erwähnt wurde. Um Tylors Theorie zu schützen, erlagen die meisten Ethnologen der Versuchung, den von ihnen entdeckten Monotheismus auf den Einfluß der Missionare zurückzuführen. Manche behaupten das bis heute, damit sie der Beschäftigung mit dem „Himmelsgott-Phänomen" aus dem Weg gehen können.

Schließlich gab ein Völkerkundler mit Namen Franz Boaz freimütig die Torheit zu, erstens irgendeine Kultur als „primitiv" zu bezeichnen und zweitens das weltweit vorhandene Himmelsgott-Phänomen dem Einfluß von Missionaren in die Schuhe zu schieben.

Von der Zeit des Boaz an begannen die Ethnologen sich auf Zehenspitzen von Tylors Theorie und von Morgans Erweiterung der Theorie Tylors zurückzuziehen – mit der bemerkenswerten Ausnahme der marxistischen Völkerkundler und, in Amerika, eines gewissen Leslie White. Doch selbst heute, wenn Sie einen nichtchristlichen Ethnologen bitten, Ursprung und Bedeutung monotheistischer Voraussetzungen in Tausenden von Volksreligionen zu erklären, ist die übliche Antwort gewöhnlich: „Wir wissen nicht, wie diese Anschauung entstanden ist oder welche Bedeutung sie haben könnte."

Wie interessant! Wann immer die sogenannte „Naturwissenschaft" glaubt, sie könne beweisen, daß es keinen Gott gebe, dann wartet sie nicht, bis das hieb- und stichfest nachgeprüft wird, sondern posaunt – wie Huxley – die anti-religiösen Folgen dieses Beweises hinaus in die weite Öffentlichkeit. Aber wann immer dem wissenschaftlichen Denken das Zeugnis einer klaren Bestätigung der Existenz Gottes entgegentritt, sucht es meistens schnell einen geringfügigen Mangel an Beweiskraft dieses Zeugnisses und benützt ihn als Rechtfertigung, das Ganze nicht zur Kenntnis zu nehmen.

Und aus diesem Grunde gibt kein einziges ethnologisches Lehrbuch, das in unseren Höheren Schulen heutzutage benutzt wird, dieser Himmelsgott-Komponente der Volksreligionen auch nur ein Hundertstel der Aufmerksamkeit, die einem solch beinahe weltweiten Phänomen zukommt.

Im Jahre 1911 veröffentlichte Boaz ein Buch mit dem Titel „The Mind of Primitive Man" (etwa: Das Gemüt des primitiven Menschen), worin er versuchte, der Theorie Tylors, die viele als Rechtfertigung des Rassismus ansahen, entgegenzuwirken. Bemerkenswerterweise verbrannten Hitlers Nazis dieses Buch in den dreißiger Jahren.[35] Sie hoben auch den Ehrendoktortitel auf, den die Kieler Universität Boaz im Jahre 1931 verliehen hatte! Die Nazis brachte es natürlich aus der Fassung, zu sehen, wie der Teppich der Tylorschen „wissenschaftlichen Basis" unhöflich unter Nietzsches und Hitlers Füßen weggezogen wurde! Russische Marxisten scheinen ihrerseits immer noch glücklich unwissend darüber zu sein, daß die ethnologische Theorie das Konzept Tylors nicht mehr unterstützt, das Marx und Engels benutzten, um die kommunistische antireligiöse Position zu rechtfertigen. Die Kommunisten verfolgen immer noch die Gläubigen in ihrem Herrschaftsbereich. Wahrscheinlich würden die russischen Kommunisten, wenn sie nur die erschütterten Grundlagen begriffen, auf denen ihre Lehren beruhen, einsehen, daß es notwendig wäre, aus diesen Lehren herauszuwachsen!

Wenn die Unterdrückung der Tatsache, daß sich die Menschheit seit altersher mit dem Glauben an den „Gott des Himmels" (oder einfach „Gott") befaßt hat, in Unheil und Verderben führt, dann sollte die Anerkennung dieses Phänomens eine heilende Wirkung haben. Der Rest dieses Buches befaßt sich mit Einzelheiten einiger sehr heilsamer menschlicher Phänomene, die sich aus dem Bekenntnis zu diesem Himmelsgott-Phänomen durch christliche Missionare ergeben haben.

Eines der erstaunlichen Kennzeichen dieses gütigen, allmächtigen Wesens, das die Völkerkundler wohlwollend „Himmelsgott" nennen, als ob er irgendwie geringer als Gott sei, wenn man ihn im Zusammenhang mit einer Volksreligion findet, ist seine Neigung, sich selbst mit dem Gott der Christen zu identifizieren! Denn der Himmelsgott, der in den meisten Volksreligionen als ferne und mehr oder weniger unerreichbare Gottheit angesehen wird, zeigt dennoch die Tendenz, sich Anhängern dieser Volksreligionen zu nähern und zu ihnen zu reden, wann immer sie – ihnen selbst unbewußt – im Begriff stehen, Abgesandten des christlichen Gottes zu begegnen!

Und was sagt der „Himmelsgott“ in solchen Zeiten? Tobt und eifert er gegen den Gott der Christen als einer ausländischen, unberechtigt eindringenden Gottheit? Zwingt er seine Anhänger oder Nachfolger zu fanatischer Ablehnung der Botschaft dieses Eindringlings? Weit davon entfernt! In Hunderten von Beispielen, die durch Millionen von Anhängern der Volksreligionen auf der ganzen Welt bestätigt werden, tut der „Himmelsgott“ genau das, was El Elyon durch Melchisedek tat. Freudig anerkennt er die herankommenden Boten Jahwes als *seine* Boten! Er scheut keine Mühe, um es ganz deutlich zu machen: Er selbst – ist kein anderer als genau der Gott, den diese Ausländer verkündigen!

Man gewinnt den unmißverständlichen Eindruck, daß der Himmelsgott schon von jeher mit den Menschen der vielen Volksreligionen in nähere Verbindung treten wollte, aber aus eigenen geheimnisvollen Beweggründen hat er sich zurückgehalten, bis die Zeugen Jahwes eintrafen!

Dies ist ganz gewiß ein kraftvolles, außerbiblisches Zeichen für die Echtheit der Bibel als Offenbarung des einen wahren und universalen Gottes! Es ist auch, wie wir später sehen werden, der Hauptgrund auf der menschlichen Ebene für die überwältigende Aufnahme, die das Christentum unter den Menschen so vieler verschiedener Volksreligionen auf der Welt gefunden hat. Außerdem bezeugt eine Schriftstelle um die andere durch die Jahrhunderte hindurch, daß unser Gott sich niemals unbezeugt gelassen hat, sogar unabhängig von der direkten Verkündigung des Evangeliums (vgl. Apg. 14, 16-17). Dieses Zeugnis – auch wenn es anders ist in Art und Qualität als das unmittelbare biblische Zeugnis – ist immer noch ein Zeugnis für ihn!

Wie tragisch deshalb, daß die Christen im allgemeinen so gut wie nichts von diesem weltweiten Phänomen monotheistischer Erkenntnis, die den meisten Volksreligionen der Welt zugrunde liegt, gewußt haben! Viele Theologen – und sogar einige Missionare, deren Dienst gerade durch dieses Phänomen ungeheuer erleichtert wurde – haben diese das Verständnis doch so bereichernde Erkenntnis nervös in ein Schubfach geschoben und weggesperrt.

Warum? Wenn sie der Überlieferung huldigen, die Christen Jahrhunderte hindurch lehrten, die übrige Menschheit sitze in totaler Finsternis und wisse überhaupt nichts von Gott, dann ist es natürlich etwas peinlich, zugeben zu müssen: „Wir haben uns geirrt. In Wirklichkeit wissen über 90 Prozent aller Volksreligionen der Welt um die Existenz Gottes. Einige von ihnen erwarten sogar bewußt, daß er die Erlösung der Menschheit im Auge habe und durchführen wolle."

Die Aussage des Apostels Johannes, daß die Welt in der Gewalt des Bösen liege (vgl. 1. Joh. 5,19), muß zusammengesehen werden mit der Erkenntnis des Apostels Paulus, daß Gott sich nicht unbezeugt gelassen habe. Denn gerade dieses Zeugnis ist in die Macht des Bösen schon bis zu einem gewissen Grad fast überall eingedrungen!

Wie der Apostel Johannes es ausdrückt: „Das Licht scheint in der Finsternis, aber die Finsternis hat es nicht ergriffen" (Joh. 1,5). Weiterhin erklärt er, was er mit der Beschreibung dieses „Lichtes" meint: „Das war das wahrhaftige Licht, welches alle Menschen erleuchtet, die in diese Welt ommen" (Joh. 1,9).

Aber warum spielten sogar manche Missionare diese Erkenntnis herunter, obwohl sie das Himmelsgott-Phänomen aus erster Hand erlebt hatten? Vielleicht dachten sie, in den Heimatgemeinden könnte man sagen: „Seht! Sie hatten bereits ihren eigenen Glauben an Gott! Ihr hättet doch überhaupt nicht zu ihnen zu gehen brauchen!" Diese Bemerkungen zu vermeiden fanden sie wohl leichter, als ihnen entgegenzutreten, obwohl es doch eigentlich auch leicht wäre! So gaben sie ihrem Freundeskreis lieber andere wichtige Informationen weiter.

Andere Missionare, die von Theologen ausgebildet waren, die dieses Phänomen herunterspielten, waren dadurch geistig darauf eingestellt, diesen Beweis nicht anzuerkennen, noch bevor sie ihm überhaupt begegnet waren! Oder vielleicht waren sie erstaunt, als sie das Phänomen entdeckten, zögerten aber, darüber zu sprechen, weil sie Angst hatten, ihre eigenen Lehrer würden ihre Rechtgläubigkeit in Frage stellen.

In jedem Fall haben beide, sowohl diese Missionare selbst als auch deren Lehrer, unwissentlich den Tylorschen Evolutionisten in die Hände gespielt, die natürlich vorzogen, diese Erkenntnis von der öffentlichen Aufmerksamkeit fernzuhalten. Dabei bewirkt nichts auf dem Gebiet der Ethnologie größere Verwüstung in ihren Evolutionstheorien und bedroht ihre Vertrauenswürdigkeit stärker als die Tatsache jener Gotteserkenntnis!

Es klingt seltsam paradox, aber doch ist es so, daß sowohl die Vertreter der Evolution als auch die Theologen sich durch die gleiche Erkenntnis bedroht sehen. Die Evolutionisten, die das Problem genau und richtig sehen, haben allerdings wirklich Grund zu zittern!

Zwei oder drei prominente Theologen kamen zu einer irrigen Schlußfolgerung, als sie erstmalig Berichte aus zweiter oder dritter Hand über die beinahe weltweite Erkenntnis eines allerhöchsten Gottes innerhalb der Volksreligionen hörten. Die Einzigartigkeit der Bibel als Gottes alleiniger Offenbarung seiner selbst unter den Menschen, so dachten sie, sei dadurch gefährdet. In der Tat wurden sie von einigen Evolutionisten darin bestärkt, weil die nämlich auch erkannten, wenn die Theologen das Himmelsgott-Phänomen verbreiten würden, könne es mit ihrer eigenen Sache nicht gut gehen. Deshalb jagten sie den Theologen raffiniert die Angst ein, das Phänomen werde die Meinung bewirken, die Bibel sei nicht Gottes alleinige Offenbarung. So lehnten manche wohlmeinende Theologen unklugerweise dieses Himmelsgott-Phänomen als ohne Belang ab. Sie wiederum vermittelten Generationen ihrer Studenten diese Ablehnung. Seitdem haben es einige Theologen zu einem Teil ihrer Aufgabe gemacht, die der Bibel parallel laufenden Glaubensaussagen in den Volksreligionen in Mißkredit zu bringen und als „Verzerrungen" oder „Satanswerk" zu bezeichnen.

Aber nun ist es an der Zeit, mit solchen Pauschalierungen aufzuhören. Natürlich ist es wahr, daß Unwahrheiten, Verzerrungen und geistliche Verfälschungen in dieser Welt existieren. Es ist auch möglich, daß Träger des Evangeliums von ihnen irregeführt werden können, ebenso wie es möglich ist, daß eine Biene, während sie munter zwischen den Blüten umherfliegt, plötzlich aus Versehen an einem Fliegenfänger hängenbleibt. Aber Bienen hören deshalb doch nicht auf, weiter Nektar zu sammeln, nur weil sie um die Gefahr der Fliegenfänger wissen oder um Spinnennetze oder „Gottesanbeterinnen“ (die in Wirklichkeit räuberische Heuschrecken sind!).

Zwei Beispiele für „Fliegenfänger“, die als „Blüten“ in unserem „Feld“ stehen, wie Jesus mehrfach diese Welt genannt hat. Missionare tun gut daran, sie zu vermeiden, und Theologen sollten ernstlich davor warnen.

1. Die Hindus erwarten das, was sie „die zehnte Inkarnation des Vishnu“ nennen. Ein junger Missionar, der darauf erpicht war, die Aufmerksamkeit der Hindus zu bekommen, beschloß, Jesus Christus ganz einfach als diese zehnte Inkarnation des Vishnu zu verkündigen! Dabei hat er vielleicht geglaubt, der Zweck heilige solche unheiligen Mittel. Konservative Theologen schlagen die Hände über dem Kopf zusammen und rufen „widerlich“ gegenüber diesem Versuch kultureller Annäherung.

Sie sollten aber nicht im nächsten Atemzug aus einem solchen Einzelfall folgern, der kulturelle Hintergrund solcher Völker sei unwichtig, wenn man mit dem Evangelium zu ihnen kommt. Wenn man so argumentiert, ist das ein Beispiel dafür, wie man so sagt, „das Kind mit dem Bade auszuschütten“. Die Tatsache bleibt, daß die Hindus glauben, die Gottheit könne Mensch werden unter Menschen. Und das macht unsere Aussage verständlicher, wenn wir mit den Hindus über „das Wort, das Fleisch wurde und unter uns wohnte“, sprechen – aber das nicht immer wieder neu, sondern einmal und für alle Zeiten gültig!

2. Einige Buddhisten erwarten – in ähnlicher Weise – die fünfte Manifestation des Buddha als *Phra-Ariya-Metrai* – den „Herrn der Barmherzigkeit“. Es wäre sowohl falsch als auch unsinnig, den einmal Mensch gewordenen Sohn Gottes nur zu einer „fünften Manifestation Buddhas“ oder einer sonstigen

Gottheit zurückzustufen. Doch die buddhistische Erkenntnis, daß der Mensch Barmherzigkeit braucht durch eine weit über ihm stehende Macht, bleibt dennoch ein ganz wichtiger Anknüpfungspunkt.

Das Zeugnis unter den Volksreligionen von der Existenz eines allerhöchsten Gottes führt jedoch oft zu ganz andern Versuchen der Annäherung. Zwei Beispiele sollen folgen. Das eine ist aus Harold Fullers Buch „Run While the Sun Is Hot" (Lauf, solange die Sonne heiß ist), mit beigefügten Einzelheiten aus Albert Brants noch unveröffentlichtem Werk „In the Footsteps of the Flock" (In den Fußtapfen der Herde). Das andere ist aus einem persönlichen Interview mit Dr. Eugene Rosenau, einem Bürger der Zentralafrikanischen Republik.

Äthiopiens Gedeo-Volk

Tief im Hügelland des südlich-zentralen Äthiopien leben einige Millionen Menschen, die Kaffee anbauen. Obwohl sie ganz verschiedenen Stämmen angehören, teilen sie doch den gemeinsamen Glauben an ein gütiges Wesen, das sie *Magano* nennen, was soviel heißt wie „allmächtiger Schöpfer von allem, was ist". Einer dieser Stämme wird verschiedentlich *Darassa* genannt oder – etwas genauer – das „Gedeo-Volk". Nur wenige des eine halbe Million Menschen umfassenden Stammes der Gedeo beten wirklich zu Magano. Tatsächlich aber hätte ein flüchtiger Beobachter wohl festgestellt, daß die Leute weit häufiger bemüht waren, ein böses Wesen, das sie *Sheit'an* nannten, zu beschwichtigen.

Eines Tages fragte Albert Brant eine Gruppe der Gedeo: „Wie kommt es, daß ihr *Magano* so tief verehrt, wenn ihr doch *Sheit'an* Opfer bringt?" Er erhielt folgende Antwort: „Wir opfern Sheit'an nicht, weil wir ihn lieben, sondern weil wir nicht eng genug mit Magano verbunden sind, um uns die Beziehung zu Sheit'an ersparen zu können!"

Immerhin gelang es mindestens einem Gedeo-Mann, eine persönliche Antwort von Magano zu erhalten. Sein Name: Warrasa Wange. Seine Stellung: verwandt mit der „königlichen Familie“ des Gedeo-Stammes. Sein Wohnort: eine Stadt namens Dilla, die in der äußersten Ecke des Gedeo-Stammlandes liegt. Seine Methode, sich Magano zu nähern: ein einfaches Gebet, Magano möchte sich selbst dem Gedeo-Volk offenbaren!

Warrasa Wange erhielt eine schnelle Antwort. Bestürzende Traumbilder überfluteten sein Gehirn. Er sah zwei weißhäutige Fremde. (Leute, die „weiße Menschen“, gewöhnlich Kaukasier genannt, verabscheuen oder fürchten, werden Einspruch erheben, aber was kann ich tun? Die Weltgeschichte hat wohl den modernen Trend in Richtung „Kaukasophobie“ nicht erwartet!)

Warrasa sah die zwei Weißen, wie sie gebrechlich dünn wirkende Schutzdächer unter dem Schatten einer großen Sykomore in der Nähe von Dilla, Warrasas Heimatstadt, errichteten. Später bauten sie dauerhaftere Hütten mit glänzenden Dächern, die schließlich einen ganzen Berghang bedeckten! Nie zuvor hatte der Träumer etwas gesehen, das auch nur annähernd weder an die leichten, noch an die festeren Bauten mit solch blanken Dächern erinnerte! Alle Wohnstätten im Gedeo-Land hatten mit Gras gedeckte Dächer.

Dann hörte Warrasa eine Stimme: „Diese Männer“, so hieß es, „werden euch eine Botschaft von Magano bringen, von dem Gott, den ihr sucht. Wartet auf sie!“

In der Schlußszene seines Traumes sah Warrasa, wie er den Mittelpfosten seines eigenen Hauses heraushob. In der Symbolik der Gedeo bedeutet der Mittelpfosten in eines Mannes Haus sein eigenes Leben. Dann trug er diesen Mittelpfosten aus der Stadt hinaus und rammte ihn in den Boden gleich neben einem der so glänzend gedeckten Wohnstätten dieser fremden Männer.

Warrasa verstand den tieferen Sinn – sein Leben sollte später in völliger Übereinstimmung mit jenen fremden Männern stehen, mit ihrer Botschaft und mit Magano, der sie senden würde.

Warrasa wartete. Acht Jahre vergingen. Während dieser acht Jahre prophezeiten andere Seher unter dem Gedeo-Volk, daß Fremde bald mit einer Botschaft von Magano kommen würden.

Dann, an einem sehr heißen Tag im Dezember des Jahres 1948, tauchten zwei blauäugige Kanadier, Albert Brant und sein Kollege Glen Cain, am Horizont auf in einem alten, klapperigen Lastwagen. Ihr Auftrag bestand darin, unter dem Gedeo-Volk eine Missionsarbeit zur Ehre Gottes aufzubauen. Sie hatten gehofft, die Genehmigung der äthiopischen Behörden zu erreichen, ihre neue Mission genau im Zentrum des Gedeo-Gebietes aufbauen zu dürfen. Aber der Mission freundlich gesinnte Äthiopier gaben zu bedenken, daß solche Bitte unter den gegebenen politischen Umständen auf Widerstand stoßen würde.

„Bittet nur darum, so weit gehen zu dürfen, bis ihr zur Stadt Dilla kommt", wurde ihnen augenzwinkernd geraten. „Diese Stadt ist ziemlich weit vom Zentrum des Stammes entfernt. Die Gegner eurer Mission werden glauben, so weit am Rand gelegen könnt ihr unmöglich den ganzen Stamm beeinflussen!"

„Jetzt sind wir da", sagte Brant zu Cain. „Es ist wirklich das äußerste Ende der Gegend, wo die Gedeo leben; aber es muß auch so gehen." Seufzend steuerte er das alte Auto weiter Dilla zu, Glen Cain wischte sich den Schweiß von der Stirn. „Heiß heute, Albert", sagte er. „Hoffentlich finden wir einen schattigen Platz für unsere Zelte!"

„Sieh mal, dort die alte Sykomore!" meinte Albert. „Genau nach Onkel Doktors Rezept!"

Brant steuerte das alte Fahrzeug die Anhöhe hinauf zur Sykomore. In der Ferne hörte Warrasa Wange das Geräusch. Er wandte sich gerade rechtzeitig um und sah, wie Brant den alten Lastwagen unter den weit ausgebreiteten Ästen des Baumes zum Stehen brachte. Langsam ging Warrasa auf den Wagen zu. Er war gespannt...

Drei Jahrzehnte später (Warrasa war nun ein strahlend an Jesus Christus, Maganos Sohn, glaubender Mann) zählten er,

Albert Brant und andere über 200 Kirchen unter dem Gedeo-Volk – Kirchen, von denen jede durchschnittlich mehr als 200 Mitglieder hatte! Mit der Hilfe Warrasas und anderer Einwohner von Dilla war fast der ganze Gedeo-Stamm vom Evangelium beeinflußt worden – trotz der Randlage der Stadt Dilla!

Zentralafrikanische Republik: der Stamm Mbaka

Was unter den Gedeo geschah, ist keineswegs ein ausgesprochener Einzelfall.[35a] So unglaublich es auch scheint, aber buchstäblich Tausende von christlichen Missionaren sind im Laufe der Geschichte zu ihrer Verblüffung herzlichst willkommen geheißen worden von einigen der auf Erden am abgeschiedensten lebenden Menschen! Leute, die nicht lesen können, erwarteten dennoch das Kommen von Botschafts-Trägern des wahren Gottes mit einer so klaren Erkenntnis, als ob sie gerade davon in der Morgenzeitung gelesen hätten!

Für gewöhnlich pflegte der „Himmelsgott“ – um nochmals den väterlich herablassenden Begriff der Ethnologen zu nehmen – ihnen nicht zu enthüllen, welche Art guter Nachricht seine Boten bringen würden. Er zog es vor, ihnen einfach zu sagen, daß solche Botschafts-Träger kämen. Deshalb ist die Geschichte von *Koro* solch eine erstaunliche Ausnahme!

Koro? Der Schöpfer, der in verschiedenen Bantusprachen Afrikas so bezeichnet wurde! Und ein Bantustamm – die Mbaka – kam in seiner Vorausschau den Tatsachen vielleicht näher als irgend ein anderes Volk auf der Erde, und zwar erwarteten sie nicht nur die Ankunft einer Botschaft von Koro, sondern sie ahnten sogar einen Teil des tatsächlichen Inhaltes voraus!

Die Mbaka leben in der Nähe der Stadt Sibyut in der Zentralafrikanischen Republik. Missionar Eugene Rosenau, Dr. phil., hörte immer wie gebannt zu, wenn Leute aus dem Mbaka-Stamm, besonders solche vom Dorf Yablangba, erzählten, warum sie das Evangelium unverzüglich annahmen, als Eugenes Vater Ferdinand Rosenau und seine baptistischen Mitbrüder als erste kurz nach 1920 den Mbaka predigten.

Eines Tages war Eugene tief bewegt, als seine Mbakafreunde verschiedene Weisen aufzählten, wie deren eigene Kultur das Evangelium vorausgeahnt hatte, und er rief aus: „Eure Mbaka-Vorfahren waren der Wahrheit näher als meine germanischen Vorfahren in Nordeuropa!"

Was nun folgt, sind einige der Einzelheiten aus dem Mbaka-Land, die mir von Eugene Rosenau persönlich berichtet wurden.

„Koro, der Schöpfergott, sandte unseren Vätern vor langer, langer Zeit eine Botschaft, in der er sagte, er hätte bereits seinen Sohn in diese Welt geschickt, um etwas Wunderbares für die ganze Menschheit zu vollbringen. Später jedoch wandten unsere Vorfahren sich von der Wahrheit über Koros Sohn ab. Mit der Zeit vergaßen sie sogar, was das war, das er für die Menschheit getan hatte. Seit der Zeit des 'Vergessens' hat unser Volk sich danach gesehnt, die Wahrheit über Koros Sohn wieder zu entdecken. Aber alles, was wir erfahren konnten, war, daß Botschafter kommen würden, um uns die vergessene Erkenntnis wiederzubringen. Irgendwie wußten wir auch, daß die Botschafter wahrscheinlich eine weiße Hautfarbe hätten..."

(„Kaukasier-Ablehnende", entspannt euch! Diesmal war die weiße Haut nur eine Wahrscheinlichkeit!)

„... Auf jeden Fall beschlossen wir, wenn je die Botschafter Koros ankämen, wollten wir alle sie willkommen heißen und ihrer Botschaft glauben!"

Ferdinand Rosenau entdeckte überdies, daß Männer des großen Dorfes Yablangba für „Erhalter der Lehre Koros" gehalten wurden – als eine Art Leviten innerhalb des Stammes. Wie nun reagierten sie auf das Evangelium?

Die Mbaka-Leute in Yablangba, so sagt Eugene, leisteten dem Ruf des Evangeliums so völlig Folge, daß etwa um 1950 jemand die erstaunliche Entdeckung machte, daß 75 bis 80 Prozent aller afrikanischen Pastoren, die von Eugene und seinen Mitarbeitern ausgebildet wurden, aus jenem einen großen Dorf Yablangba kamen! Der Prozentsatz änderte sich später, als auch andere aufgeschlossene Völker der Zentralafrikanischen Republik ihren Beitrag als Führungskräfte einbrachten; die meisten von ihnen waren natürlich von den ursprünglichen Yablangba-Pastoren unterwiesen worden.

Selbst Stammesbräuche bei der Jünglingsweihe unter den Mbaka, so sagt Eugene, zeigen judenchristliche Parallelen. Erstens, die Ältesten opferten ein Blutopfer für den Neuling. Dann tauften sie ihn durch Untertauchen in einem Fluß. Während einiger Tage nach der Taufe mußte sich der Eingeweihte wie ein neugeborenes Kind verhalten. Dem Gleichnis entsprechend, ist es ihm nicht erlaubt zu sprechen. Wann immer ein Mbaka-Mann über einen Stein stolperte, pflegte er sich zuerst umzudrehen und den widerstehenden Gegenstand dankbar zu salben. Dann sagte er zu ihm: „Sag mir, Stein, hat Koro dich gebraucht, um mich vor Gefahr oder vor Bösem zu bewahren?“

Eugene sieht eine erstaunliche Parallele zwischen dieser Sitte und dem biblischen Ausdruck für Jesus Christus als „Stein des Anstoßes“ und „Fels des Ärgernisses“. Er ist das jedoch nur für die Menschen, die nicht erkennen, daß Gott diesen „Stein“ gebrauchen möchte, um sie vor Gefahr und vor Bösem zu bewahren! Die Mbaka ihrerseits sind entschlossen, den Segen Koros anzuerkennen, selbst wenn er als lästiger Stein verkleidet kommt, der einen am Fuß verletzt!

Eugene erinnert sich an vergangene Jahre, als jüngere Missionare, angetan von ähnlichen Goldklümpchen in der Lehre der Mbaka, sagten, daß sie gerne „mehr Zeit wollten, um die Kultur zu studieren“. Ein älterer Missionar aber antwortete darauf: „Man studiert nicht die Hölle. Man predigt den Himmel!“

Ganz gewiß ist die „Hölle“ immer und überall in jeder menschlichen Gesellschaft gegenwärtig. Edle „Wilde“ sind genauso selten wie edle „Zivilisierte“. Der gleiche Mann, der an einem Tag „den Fels salbt“, mag am nächsten Tag jemanden umbringen. Deshalb sollten wir uns niemals so stark von irgendeiner menschlichen Situation faszinieren lassen, daß wir dabei versäumen, „den Himmel zu predigen“.

Immerhin scheint es klar, daß die „Hölle“ in der Entwicklung der Mbaka-Kultur nicht alles erreichte, was sie wollte. Mancher Einfluß des „Himmels“ schlug dennoch durch. Jemand, der in Wahrheit den Himmel predigen wollte unter den Mbaka, ging nicht fehl, wenn er zuerst den Einfluß erforschte, den der Himmel schon vorher auf ihre ganze Welt ausgeübt hatte!

Ironisch ist es aber, daß ältere Missionare über die jüngeren Missionare, die die Kulturen studieren wollen, spötteln; denn sie haben oft selbst diese Kulturen gründlich studiert!

Und es geschah weitgehend durch den Dienst genau jenes Missionars, der diese Worte sprach, daß das Yablangba-Dorf ganz für Christus gewonnen wurde und allmählich etwa 80 Prozent der ausgebildeten christlichen Pastoren aus dieser Mbaka-Region stammten. So, wie wir selbst einen Fremden bereitwillig annehmen, wenn er uns zuerst von jemandem, den wir kennen und dem wir vertrauen, empfohlen worden ist, so nahmen auch die Mbaka das Evangelium mit Freuden auf, weil es ihnen durch etwas Bekanntes und Vertrautes nahegebracht worden war: ihre eigene Kunde über Koro. Aus diesem Grund kann man die Mbaka-Lehre als „erlösungsnahe“ bezeichnen (Anmerkung: „erlösungsnah“, nicht „erlösend!“ „Erlösend“ würde bedeuten, daß das Mbaka-Volk Gemeinschaft mit Gott durch ihre eigene überlieferte Lehre ohne das Evangelium finden könnte. „Erlösungsnah“ bedeutet in diesem Zusammenhang „beisteuernd zur Erlösung eines Volkes, aber nicht den tatsächlichen Höhepunkt des Vorganges erreichend“).

„Erlösungsnahe Lehrüberlieferung“ trägt für das betreffende Volk nur zu einem leichteren Verständnis dessen bei, was Erlösung bedeutet.

Ihre eigene erlösungsnahe Überlieferung veranlaßte das Mbaka-Volk, das Evangelium fast sofort als etwas Kostbares anzusehen und nicht als etwas Schädliches, das ein Ausländer ihnen willkürlich aufzwingen wollte. Dieses gleiche Evangelium paßte nicht nur genau auf die Vorstellung von Koro als eines gerechten Gottes, sondern es entsprach auch ganz und gar ihren persönlichen Bedürfnissen als schuldig gewordenen Männern und Frauen. Die Tatsache, daß das Evangelium eine solche Wirkung hatte, daß es den tiefsten Kern der Mbaka-Lehre eher erfüllte als zerstörte, macht das Evangelium nur noch einzigartiger, nicht geringer! Und diese Einzigartigkeit vermehrt sich tausendfach, wenn wir entdecken, daß dieses gleiche Evangelium den „erlösungsnahen“ Bestandteilen von weiteren tausend Kulturen genauso Erfüllung bringt! Keine andere Botschaft auf dieser Erde besitzt eine solche schon im voraus hineingelegte Wegspur in den Glaubenssystemen von Tausenden gänzlich unterschiedlicher Kulturen!

Wie bedauerlich, daß einige Theologen glaubten, die Einzigartigkeit des Evangeliums würde durch solche Überlieferungen bedroht, während sie doch im Gegenteil noch stärker betont wird! Schade auch, daß sie uns lehrten, solche Lehren als „gefälscht“ oder als „Entstellung“ zu verurteilen. Diese Art der Belehrung hat manche Christen – auch einige Missionare – dazu veranlaßt, sehr abwehrend, wenn nicht sogar aggressiv zu reagieren gegenüber nichtchristlichem Volkstum. Sie hat sie dazu gebracht, dem Christentum ähnliche Parallelen in anderen Völkern als Barrieren zum Evangelium zu sehen, statt sie als Türschwellen zu verstehen, über denen die Inschrift steht: „Herzlich willkommen!“

Eine weitere Frage: Was geschieht, wenn die infolge ihrer eigenen Vorerkenntnis leichter zum Glauben Bekehrten unter einem bestimmten Volk später enttäuscht über das Evangelium sind? Was, wenn sie sich sogar wieder ihrer eigenen Lehre zuwenden und sie als völlig genügend und abgeschlossen ansehen? Was, wenn sie gar einen Kult darum errichten in Konkurrenz zur Gemeinde Jesu? Sollten wir dann sagen: „Aha! Hier haben wir ja den Beweis, daß ihre Überlieferung immer schon vom Teufel war!“?

Nein, so nicht! Wenn eine Ehefrau die Rasierklinge ihres Mannes mißbraucht, um damit Linoleum zu schneiden, und sie dabei ruiniert, bedeutet das dann, der Mann hätte sich von vornherein keine Rasierklinge anschaffen sollen? Nachfolgender Mißbrauch hebt den beabsichtigten Zweck einer Rasierklinge nicht auf. Bevor wir solch eine Überlieferung anzweifeln oder jene Menschen für ihr Tun tadeln, sollten wir uns lieber Fragen wie die folgenden stellen:

Haben wir vielleicht bei unserer Anwendung der überlieferten Lehre zu viele Fragen ohne Antwort gelassen? Oder hat die zweite oder dritte Generation von Missionaren es vielleicht versäumt, die Methode der Kulturerforschung der bewährten Pioniermissionare zu würdigen, die den ersten Kontakt zu den Menschen ihres Bezirks schafften? Wenn ich Missionsgebiete besuche, stelle ich gelegentlich fest, daß manche Missionare, die die angefangene Arbeit anderer übernahmen, überhaupt nie daran gedacht haben, zu fragen, welche Art der Verständigung mit den Leuten ihre Vorgänger am wirksamsten fanden. Wenn diese Nachfolgekräfte nicht weise vorgehen und zuviel als gegeben voraussetzen, dann werden sie Neubekehrte unnötig vor den Kopf stoßen und der Gemeinde Christi entfremden. Wenn dann diese Bekehrten die Leere in ihrem Leben auszufüllen suchen, indem sie sich wieder ihrer alten Lehre zuwenden, weil sie instinktiv spüren, daß da irgendeine Beziehung zum Evangelium besteht, dann wird solche Überlieferung vielleicht ungerechterweise hingestellt als „Werkzeug des Teufels zur Täuschung von Neubekehrten".

Noch eine Frage: Ist es nicht demütigend für Volksstämme wie die Gedeo oder die Mbaka, über Magano/Koro zu wissen und doch Jahrhunderte darauf warten zu müssen, bis Ausländer in irgendeinem anderen Teil der Welt schließlich entscheiden, daß es „vielleicht Zeit ist, hinzugehen und ihnen zu sagen, wie sie Gott persönlich kennenlernen können"?

Die Antwort ist zuallererst einmal: Ja! Völker wie die Gedeo oder die Mbaka haben Missionare oft in Verlegenheit gebracht mit ihren Fragen: „Kannte euer Urgroßvater den Weg zu Gott? Er kannte ihn? Warum ist er dann nicht gekommen, um es meinem Urgroßvater zu erzählen?"

Aber eine vollständigere Antwort erfordert auch die folgende Anmerkung: Denken Sie an die eingebildetsten, arrogantesten Personen, die Sie kennen (zählen Sie sich selbst dabei nicht mit). Und fragen Sie jetzt: Welcher gemeinsame Nenner lauert hinter dieser Einbildung und Arroganz? Ohne Frage, dieser gemeinsame Nenner ist ganz einfach eine Selbsttäuschung über die Unabhängigkeit, eine trügerische Zuversicht in die eigene Fähigkeit, sein Schicksal selbst zu meistern.

Und wenn Sie unter den eingebildeten Leuten jemanden finden, der denkt, er habe sich selbst so weit gebracht, daß er sogar Gott gefallen könne, dann ist er zweifellos der eingebildetste Mensch überhaupt! Kein Wunder also, daß Gottes Antwort gegenüber der menschlichen Einbildung darin liegt, uns alle für abhängig zu erklären! Abhängig nicht von unseren eigenen „guten Werken", sondern vom guten Werk seines Sohnes auf Golgatha! Da bleibt uns überhaupt kein bißchen Grund mehr zum Rühmen! Aber Gott scheint sogar noch weiter gegangen zu sein...

Außer der Abhängigkeit von seinem Sohn im Blick auf die Erlösung hat er uns so klein gemacht, daß wir darüber hinaus abhängig sind von unseren Mitmenschen, daß er uns die Frohe Botschaft der Erlösung bringt! Jesus selbst hat niemals ein Buch geschrieben. In der Tat hinterließ er uns nicht einen einzigen Brief in seiner eigenen Handschrift! Auch hat er keine Engel beauftragt, in diesem Zeitalter das Evangelium – anstelle von Menschen oder zusammen mit ihnen – zu verkündigen!

Wenn er die Engel mit einbezogen hätte in diese große Aufgabe der Verkündigung des Evangeliums und der Gründung von Gemeinden, dann können Sie sich vielleicht vorstellen, was passiert wäre: Gemeinden, die durch den Dienst von Engeln gegründet wurden, hätten ihre Überlegenheit über die Gemeinden verkündigt, die nur durch den Dienst von Menschen gegründet sind – oder umgekehrt!

In Gottes Haushalt jedenfalls laufen die Dinge so, daß der menschliche Stolz nicht hochwuchern kann. „...Gott widersteht den Hoffärtigen, aber den Demütigen gibt er Gnade" (1. Petr. 5,5). Deshalb, wenn es für einen Juden demütigend sein wird, daß ein Samariter ihm eine geistliche Lektion erteilt, wird Gott gern genau eine solche Situation schaffen (vgl. Luk. 10, 25-37; 17, 11-17). Genauso demütigt Gott manchmal stolze Weiße, indem er ihnen seine Wahrheit durch braune oder schwarze Brüder aus Asien oder Afrika verkündigen läßt. Umgekehrt mag es das Beste für die Seele eines rachedurstigen Anhängers einer „Befreiungsbewegung" sein, wenn er den Weg zur wahren Befreiung durch ein Mitglied der von ihm gehaßten herrschenden Rasse findet.

Wenn ich diese Grundwahrheiten bedenke, wage ich Gott nicht zu fragen, weshalb er gerade unmöglich scheinende Botschafter gebraucht, um verschiedenartige Völker zu erreichen. Ich bin gewiß, daß er auch weiterhin Boten gebraucht, über die sich manche wundern werden!

Wenden wir uns nun zwei weiteren Beispielen vorbereiteter Völker zu.

Die Chinesen und die Koreaner

Die Chinesen nennen ihn *Shang Ti* – den Herrn des Himmels. Einige Sprachwissenschaftler vermuten sogar, daß Shang Ti in sprachlichem Zusammenhang mit dem hebräischen Begriff *Shaddai* stehen könnte, wie in *El Shaddai* mit der Bedeutung „der Allmächtige".

In Korea ist er bekannt als *Hananim* – der Große. Der Glaube an Shang Ti/Hananim bestand schon jahrhundertelang vor dem Konfuzianismus, Taoismus und Buddhismus. In der Tat kennzeichnet gemäß der *Encyclopedia of Religion and Ethics* (vgl. Bd. 6, S. 272) der erste Hinweis in der chinesischen Geschichte auf irgendeine Art religiösen Glaubens Shang Ti allein als Gegenstand dieses Glaubens. Dieser Hinweis stammt aus der Vorzeit – schätzungsweise 2.600 Jahre vor Christus![36] Das ist mehr als zweitausend Jahre, bevor es den Konfuzianismus oder irgendeine andere, in bestimmte Ordnungen gegliederte Religion in China gab!

Sowohl in China als auch in Korea müssen die Anbeter von Anfang an anscheinend verstanden haben, daß Shang Ti/Hananim niemals durch Götzen dargestellt werden darf. Das chinesische Volk scheint jedenfalls Shang Ti gehuldigt zu haben bis zum Beginn der Zhou-Dynastie (1066-770 v. Chr.). Um diese Zeit verloren die religiösen Führer Chinas, übereifrig die Majestät und Heiligkeit Shang Tis betonend, die Sicht für seine Liebe und Barmherzigkeit den Menschen gegenüber. Bald hatten sie sich selbst so stark in die Ecke gedrängt, daß schließlich nur noch der Kaiser für „gut genug“ gehalten wurde, Shang Ti anzubeten, und das auch nur einmal im Jahr!

Dem gewöhnlichen Volk war es von jener Zeit an verboten, ihren Schöpfergott unmittelbar zu verehren. Der Kaiser als Vater werde allein Sorge für alles tragen, wurde ihnen gesagt.

Hier lassen sich tragische Parallelen finden zwischen dem Vorgehen der alten Chinesen und dem des Pachacuti bei den Inkas. Dieser hatte ebenfalls beschlossen, die Anbetung Viracochas auf die Herrenkaste seines Volkes zu beschränken. Die Entscheidung Pachacutis ließ dabei nicht nur die Massen ohne Viracocha, sondern sie ließ auch Viracocha ohne Nachfolger unter den Inkas, als nämlich die spanischen Eroberer die Führungsschicht ausrotteten. So war es auch im chinesischen Kaiserreich. Nicht nur blieben die Massen ohne Shang Ti, auch Shang Ti blieb ohne wirkliche Anhängerschaft unter den Chinesen wegen dem, was dann folgte:[36a]

Weil man nämlich die Massen von der Anbetung Shang Tis in bisher gewohnten religiösen Gebräuchen trennte, entstand in China ein geistliches Vakuum. Dieses Vakuum konnte zwangsläufig nicht lange bestehen, ohne von etwas anderem, das hereinbrach, ausgefüllt zu werden. Es ist höchst bezeichnend, daß innerhalb von nur drei Jahrhunderten am Ende der Zhou-Dynastie drei völlig neue Religionen sozusagen aus dem Nichts auftauchten und dieses Vakuum ausfüllten.

Die erste, der Konfuzianismus, begann mit der Belehrung der Massen, die religiöse Verehrung auf die Anbetung der Ahnen zu beschränken. Die Entwicklung einer besseren Gesellschaft hier auf Erden sei viel wichtiger! Um Shang Ti brauche man sich nicht zu sorgen, meinte Konfuzius. Er sei viel zu hochstehend und unerreichbar für gewöhnliche Sterbliche. Überlaßt nur Shang Ti dem Kaiser allein. Nur dieser ist in der Lage, für euch bei Shang Ti der Mittler zu sein! Mit anderen Worten: der Konfuzianismus versuchte einfach, eine humanistische Struktur um die schon vorhandene Inhaltslosigkeit zu errichten. Die Anbetung der Ahnen war eine Art Beruhigungsmittel, das der Konfuzianismus gebrauchte, um den religiösen Instinkt der Menschen zu täuschen, nicht aber, um ihn zu befriedigen!

Verständlicherweise faßte der Konfuzianismus unter den herrschenden Klassen Fuß. Die Lehre des Konfuzius konnte die religiösen Bedürfnisse der großen Mehrheit Chinas nicht befriedigen. Die Folge: der Taoismus kam auf als eine volkstümliche Alternative zum Konfuzianismus.

Die Lösung des Taoismus für die hungrige Sehnsucht in den Herzen der Chinesen lag in dem Rezept einer Mischung aus Magie, Philosophie und Mystik. Der Taoismus machte das Streben des Konfuzius nach einer idealen menschlichen Gesellschaft lächerlich. Die Ordnung der Welt erfordere unbeirrbar, so erklärten die Taoisten, daß die bestehenden Formen beibehalten würden, und jedem, der hier etwas verbessern oder entwickeln wolle, müsse widerstanden werden!

So faßte der Taoismus allmählich Fuß, jedoch der geistliche Hunger der Chinesen war nach wie vor ungestillt. Und dann kam es – über den Himalaya, von Indien her: eine neue Religion, der Buddhismus. Es scheint unglaublich, daß man den Buddhismus in China willkommen hieß; denn der Buddhismus betonte den Zölibat. Nichts konnte dem Chinesen abscheulicher bei ihrer Idealisierung der Ehe und der Kinderzeugung sein. Aber trotzdem breitete der Buddhismus sich rasch im Volk aus und überragte schließlich sowohl den Konfuzianismus als auch den Taoismus als vorherrschende Religion Chinas.[37] Weshalb hatte der Buddhismus Erfolg?

Erstens vermieden die buddhistischen Lehrer eine Konfrontation mit gegensätzlichen einheimischen Modellen. Vielmehr veränderten oder glichen sie ständig ihre Lehre der einheimischen Überlieferung an, um sie so für den Chinesen annehmbar zu machen. Der Buddhismus schmolz in die chinesische Gesellschaft ein wie heiße Butter in frisches Brot. Für die eigensinnige Mehrheit, die zölibatäres Leben verachtete, dachten sich die buddhistischen Priester andere Möglichkeiten aus, die auch verheirateten Chinesen Punkte für die Ewigkeit einbringen konnten.

Aber der Hauptgrund, weshalb Chinas Millionen den Buddhismus annahmen, war ganz unverblümt in dessen Bereitschaft zu finden, ihnen Götter zu geben, die die Chinesen anbeten konnten!

Nicht, daß Gautama, der Begründer des Buddhismus, wollte, seine Nachfolger sollten Götzendienst lehren. Nein, er warnte sogar davor, eine neue Religion einzuführen! Der Buddhismus begann einfach nur als Reaktion auf die Exzesse innerhalb des Hinduismus. Der ursprüngliche Buddhismus war genauso auf den Menschen ausgerichtet wie der Konfuzianismus, wenn nicht noch stärker!

Gautamas Nachfolger kamen jedoch sehr bald zu dem sehr praktischen Schluß, daß die nach Anbetung hungernden Massen Chinas sich Gottheiten wünschten, denen sie sich huldigend unterwerfen konnten, nicht nur menschliche Idealgestalten, um zu ihnen aufzuschauen. Buddhistische Priester sahen eine Gelegenheit, nicht nur den humanistischen Konfuzianismus auszustechen, sondern auch den mystischen Taoismus mit Philosophie, Magie und sonstigem Brimborium.

Aber traten sie für eine Rückkehr zur Anbetung Shang Tis ein? Das zu tun, hätte einen Einbruch in den Machtbereich des Kaisers bedeutet. Es gab jedoch eine sehr verlockende Alternative.

Sie ermutigten die Chinesen, Gautama selbst als *Buddha* anzubeten, das heißt als „den Erleuchteten"! Gautamas Asche muß sich darüber in Lauge verwandelt und ätzend durch den Boden seines Grabmals gefressen haben! Da die Chinesen Schwierigkeiten hatten, sich im Geist einen indischen Gautama vorzustellen, machten buddhistische Priester Statuen eines Buddha mit Schlitzaugen. Natürlich nur als Hilfe zur Anbetung! Irgendwann trat dann jemand dafür ein, Weihrauch vor den Gedenkstatuen zu verbrennen. Auch das selbstverständlich ganz einfach nur als Hilfe zur Anbetung. Kein Grund zur Aufregung. Es dauerte gar nicht lange, bis jedermann wußte, daß die Statuen Götzen geworden waren, aber nun sorgte sich niemand mehr darum.

Der Buddhismus beschaffte Götter, ja, aber nicht *den* Gott. Shang Ti, der Gott, zu dem viele der Urväter Chinas gebetet hatten, hatte keinen Platz im Buddhismus – und er wünschte das auch gar nicht. Laut Chinas eigenen Geschichtsschreibern hatte Shang Ti das Volk zu einer großen Nation gemacht, aber man zählte ihn nicht mehr als einen Gott, zu dem gewöhnliche Leute beten durften.

Es war ebenso wie bei der Inti-Anbetung: der Sodom-Faktor unter den Inkas hatte die Erinnerung an Viracocha fast völlig ausgelöscht. So war es auch mit dem Buddhismus, der zum Sodom-Faktor in China wurde und die Volksmehrheit fast völlig von Shang Ti und eine Zeit später in Korea von Hananim wegführte. Wie gesagt – fast!

Trotz der gemeinschaftlichen Ablenkung durch diese drei konkurrierenden Religionen blieb unterschwellig die sehnsüchtige Erinnerung an Shang Ti bestehen. Selbst zweieinhalb Jahrtausende nach dem Erscheinen des Konfuzianismus, Taoismus und Buddhismus sprach man in China und Korea gelegentlich noch von Shang Ti/Hananim mit Wißbegier und einer gewissen Ehrerbietung. Hin und wieder sagten auch Kinder in China: „Papa, erzähl' uns etwas über Shang Ti." Und Kinder in Korea baten: „Papa, erzähl' uns etwas über Hananim." Und jedesmal pflegten sowohl die chinesischen wie die koreanischen Väter ihren Kopf zu schütteln und zu sagen: „Wir wissen so wenig darüber. Er ist weit weg."

Wie Viracocha, sollte auch Shang Ti oder Hananim seinen Pachacuti haben. Aber wo sollte er in diesem Fall Fürsprecher finden, die sich für die Rückkehr ungetreuer Völker einsetzen würden?

Diesmal geschah es durch Sendboten, die eine besondere Offenbarung von Shang Ti/Hananim brachten, nämlich das jüdisch-christliche Zeugnis. Ihr Zeugnis wurde jedoch oft unterbrochen. Und nicht immer identifizierten diese Sendboten ihre Botschaft mit den Überresten der vorhandenen monotheistischen Erkenntnis, die bei Chinesen und Koreanern schon als gültig anerkannt war.

Anstatt ihre Zuhörer aufzufordern, in Buße vor Shang Ti/Hananim – dem Gott, der von den Gründungsvätern beider Nationen noch vor einer geschichtlichen, schriftlichen Überlieferung verehrt wurde – zu knien, drängten die Botschafter ihnen manchmal ganz bewußt einen völlig fremden Namen für den Allmächtigen auf. Zuweilen betonten sie sehr nachdrücklich, daß dieser „ausländische" Gott keinem gleich sei, von dem Chinesen oder Koreaner je gehört hätten. Jene, die eine solche Position bezogen, mißverstanden die wirkliche Situation total. Sie verfehlten dabei auch den tatsächlich springenden Punkt ihrer eigenen Verkündigung. Es war genauso, als wenn Abraham *El Elyon* abgelehnt hätte.

Zuerst kamen die Nestorianer – im 8. Jahrhundert nach Christus. Später sandte Dschingis Khan, der von dem fasziniert war, was er über das Evangelium durch Marco Polo erfahren hatte, Botschafter zum Papst mit der Bitte um Missionare, die die gute Botschaft über Jesus Christus allen Völkern seines Reiches verkündigen sollten. Dieses Reich schloß zu jener Zeit China mit ein. Aber erst verspätet schickte der Papst vier Priester in das Gebiet Dschingis Khans. Einige starben unterwegs, und andere kehrten aus Furcht wieder zurück. Überzeugt davon, daß der Monotheismus dem Götzendienst überlegen sei, wandte Dschingis Khan sich statt dessen dem Islam zu. Das hatte zur Folge, daß die meisten Mongolenvölker schließlich Moslems wurden.

Noch später erreichten römisch-katholische Ordensleute China und Korea mit gemischten Ergebnissen. Römische Katholiken übernahmen Bezeichnungen wie *Tien Ju* (Herr des Himmels) oder *Tien Laoye,* um Gott in der chinesischen Sprache zu bezeichnen. In Korea ignorierte man später viele Jahrzehnte lang die heimische Bezeichnung *Hananim* und übernahm an ihrer Stelle die gleichen chinesischen Namen.

Als schließlich evangelische Missionare China erreichten, stritten sie heftig miteinander, ob sie den Namen „Shang Ti" gebrauchen sollten, irgendein anderes chinesisches Wort oder lieber eine ausländische Bezeichnung für den Allmächtigen. Eine Partei argumentierte dahingehend, es sei besser, „einen neuen Namen für eine neue Sache" zu verwenden. Jene, die „Shang Ti" verwendeten, schöpften nicht die ganze Kraftwirkung dieses Namens aus, die in dem uralten Zusammenhang mit den chinesischen Wurzeln lag. Mangelnde Einmütigkeit in dieser lebenswichtigen Frage war wahrscheinlich der Hauptgrund, weshalb die Protestanten in China verhältnismäßig geringeren Erfolg hatten als in Korea.

Denn als evangelische Missionare im Jahre 1884 Korea betraten, waren sie sich völlig einig! Aus den Berichten geht hervor, daß die evangelischen Missionare davon überzeugt waren

– nachdem sie die koreanischen Erkenntnisse über das Jenseits untersucht hatten –, daß Jahwe in Korea nur mit einem einzigen Namen bezeichnet werden könne, nämlich mit „Hananim“! Einige hatten vielleicht auch etwas „unfreundliche“ Überlegungen, als sie sich für diesen Namen entschieden. Sie stellten fest, daß er ihnen helfen könnte, den Vorsprung der römisch-katholischen Missionare abzubremsen, den diese gegenüber den Protestanten in einigen Teilen Koreas hatten, wobei sie den Leuten aber einen ganz fremden Namen für Gott aufzwangen.

Auf jeden Fall schrieb schon 1890 ein protestantischer Pioniermissionar: „Der Name Hananim ist so charakteristisch und so allgemein gebraucht, daß in zukünftigen Übersetzungen und Predigten keine derart unziemlichen Zänkereien zu befürchten sind, wie es vor langer Zeit unter Missionaren in China der Fall war, obwohl die Katholiken den Namen eingeführt haben, den sie in China benutzen.“[38]

Ob aus Überzeugung oder als Gegensatz verwendet – die Wahl des Namens Hananim für die evangelische Mission in Korea war wirklich eine göttliche Fügung. Mit flammenden Predigten in Großstädten, Kleinstädten, Dörfern oder auf dem Land begannen evangelische Missionare ihre Arbeit mit der Bestätigung der Richtigkeit des koreanischen Glaubens an Hananim. Indem sie auf dieser uralten Erkenntnis aufbauten, gelang es ihnen meisterhaft, die natürliche Abneigung der Koreaner gegen die Verehrung eines ausländischen Gottes zu überwinden. Da die Öffentlichkeit sich sowieso schon sehnsüchtig fragend für Hananim interessierte, war es leicht, direkt und eindeutig zu den Koreanern zu sprechen. So verkündigten die protestantischen Missionare das, was schon Paulus in Lystra aussprach: „Zwar hat er (*Theos*) in den vergangenen Zeiten alle Völker (einschließlich der Koreaner) ihre eigenen Wege gehen lassen (indem sie Shamanismus, Konfuzianismus oder Buddhismus vorzogen); und doch hat er sich selbst nicht unbezeugt gelassen“ (vgl. Apg. 14, 16-17).

Die evangelischen Missionare erklärten, daß Hananim sich durch die Zeiten hindurch nicht untätig verhalten habe. Er legte die Grundlagen für die zukünftige Aussöhnung mit bußfertigen Völkern, indem er sich selbst auf eine neue Weise einem bestimmten Volk gegenüber offenbarte, nämlich den Juden. Er erwählte die Juden nicht deshalb, weil sie größer an Zahl oder besser in ihrer Qualität waren als andere Völker, sondern ganz einfach deshalb, weil er eine „Spezial-Linse“ brauchte, um eine neue Offenbarung seiner selbst auf dem „Bildschirm“ menschlicher Geschichte aufleuchten zu lassen.

Auch gab er diese Offenbarung in konkreter schriftlicher Form durch bestimmte Menschen – Mose, die Propheten und die Apostel. Und am wichtigsten von allem ist die Menschwerdung seines eigenen Sohnes unter dem Volk der Juden. Jesus der Messias, das Ewige Wort, der einzige gerechte Mensch, starb für die Sünden aller Völker. Dann erstand er vom Tod und bewies so allen Menschen gegenüber, daß Hananim seine Sühne angenommen hatte. Dann folgte der Auftrag, daß Verkündiger diese frohe Botschaft der Erlösung allen Völkern bringen sollten. Alle Völker sollten den Ruf zur Buße, zur Umkehr und zum Glauben an den Namen Jesus, des Sohnes Hananims, hören.

In ehrfurchtsvoller Scheu lauschten die Koreaner zu Tausenden den evangelischen Missionaren. Hier waren also Männer und Frauen, die viel mehr über den wahren Gott wußten als ihr eigener König, der ihm jedes Jahr auf einer heiligen Insel im Fluß in der Nähe von Pjöngjang, der Hauptstadt Koreas, Verehrung erwies und ihm huldigte.[39] Hier waren Menschen, die ganz frei und direkt zu Hananim im Namen Jesu beteten – und sogar Antwort auf ihre Gebete bekamen.

Die Koreaner waren beeindruckt. Eine ihrer eigenen *Tan'gun*-Überlieferungen bestätigte, daß Hananim einen Sohn hatte, der unter den Menschen zu leben wünschte.[40] Katholische Missionare, die Gott noch immer mit chinesischen Ausdrücken wie *Tien Ju* oder *Tien Laoye* bezeichneten, schienen den Koreanern andeuten zu wollen, die chinesische Kultur sei der koreanischen überlegen. Zu jener Zeit hatten es die Koreaner ohnehin schwer genug, sich nicht minderwertiger zu fühlen als die hochgebildeten Chinesen mit ihren literarischen und wissenschaftlichen Kenntnissen. In zunehmendem Maße öffneten die Koreaner den protestantischen Missionaren ihr

Ohr. Bald schon gab es starken Widerhall auf das Evangelium von Jesus Christus, wodurch Korea zum großen Teil erschüttert wurde!

Heute, ein Jahrhundert nachdem die ersten evangelischen Missionare nach Korea kamen, gehören ungefähr drei Millionen Koreaner zu protestantischen Kirchengemeinden. Jeden Tag öffnen in Südkorea durchschnittlich zehn neue evangelische Kirchen ihre Türen zum ersten Mal, um der immer noch wachsenden Flut von Bekehrten eine geistliche Heimat zu geben.

Und es gab noch etwas, was die Protestanten in Korea richtig machten. Sie bestanden darauf, daß die koreanischen Kirchen von Anfang an sich selbst verwalteten, sich finanziell selbst unterhielten und selbst für weiteres Wachstum sorgten. Einem Baby kann, wenn es richtig behandelt wird, wenige Minuten nach der Geburt die Nabelschnur durchtrennt werden. Ein Baby kann sogar, wenn es richtig betreut wird, in den ersten Wochen seines Lebens schwimmen lernen! So können auch „neugeborene Gemeinden" bei entsprechend guter Unterweisung und ebensolchen Vorbildern in einer verhältnismäßig kurzen Zeit auf eigenen Füßen stehen.

Die ersten Missionare in Korea dienten den jungen Gemeinden sehr sorgfältig. Was dabei herauskam, waren sehr kraftvolle Gemeinden.

Die zweitgrößte Gemeinde evangelischer Prägung in der Welt, Young Nuk Presbyterian, Seoul, hat zur Zeit die Zahl von 30.000 Mitgliedern überschritten. Entsprechend der Aussage von Dr. Sam Moffat Jr. ist Young Nuk auch eine fruchtbare „Mutter-Gemeinde". Annähernd 200 „Tochter-Gemeinden" in Seoul und in den umliegenden Vororten gehen ursprünglich auf das Zeugnis von Young Nuk zurück.

Und wie ist es mit den römisch-katholischen Kirchen in Korea? Laut Dr. Sam Moffat Jr. beriefen die römisch-katholischen Priester in Korea, als sie sahen, wie die protestantischen Kirchen aufblühten und im Vergleich dazu ihre Gemeinden nur langsam wuchsen, eine Konferenz ein und fragten sich dabei: „Was machen wir falsch?" Interessanterweise fanden sie heraus, daß sie einen Fehler gemacht hatten, indem sie den

Namen *Hananim* ablehnten zugunsten von nichtkoreanischen Namen für den Allmächtigen. Von jenem Zeitpunkt an entschlossen sie sich, ebenfalls den Namen *Hananim* für Gott zu gebrauchen.

Sie beriefen mehr Priester und veranlaßten einen neuen Predigtfeldzug durch ganz Korea. Ihre Absicht: auch wenn es schon spät war, sich dennoch selbst ganz entschieden zu Hananim zu bekennen! Von da an wuchs auch der Katholizismus in Korea schnell. Inzwischen haben die römisch-katholischen Gemeinden in Süd-Korea ungefähr eine Million Mitglieder. Damit erreichen die Christen insgesamt in Süd-Korea – nach nur etwa neunzigjährigem, ununterbrochenem Wachstum – etwa 23 Prozent der Bevölkerung. Es ist allerdings sehr fraglich, ob der Katholizismus jemals in der Lage sein wird, den Protestantismus zahlenmäßig zu überholen, nur weil er einen koreanischen Namen für Gott wählte und dann so früh wie möglich die Leitung der Kirche in koreanische Hände gab!

Da der Herr noch zögert mit seiner Wiederkunft, mag Süd-Korea durchaus die erste Nation der Erde werden, die mehr als 50 Prozent ihrer Gesamtbevölkerung als eingetragene Mitglieder in protestantischen Kirchen hat. Wenn die koreanischen Christen weiterhin das Evangelium mit gleichbleibendem Eifer verkündigen, dann könnte das sogar noch vor dem Jahr 2000 der Fall sein! Und unsere koreanischen Brüder verlassen sich nicht auf „den Arm des Fleisches"! Gebetsstunden am frühen Morgen sind charakteristisch für die koreanischen Gemeinden. Tausende ernster Christen nehmen daran teil. Ihr Hauptgebetsanliegen ist die Bekehrung ihrer Brüder und Schwestern in Nord-Korea vom Kommunismus hin zu Christus!

Und wann immer der Wind von Süden nach Norden entlang der entmilitarisierten Zone weht, stehen koreanische Christen auf Bergeshöhen und lassen Luftballons, mit Bibeln beladen, zu ihren Brüdern jenseits der Zone fliegen. Hananim muß dort ebenso bezeugt werden![41]

Anmerkungen

1) Ein Schreiber namens Petronius besuchte Athen im ersten Jahrhundert und war verblüfft über die außergewöhnliche Zahl von Göttern in der Stadt. Später schrieb er, daß es leichter sei, in Athen einen Gott zu finden als einen Menschen! Vgl. Albert Barnes: Notes on the Old & New Testaments (Grand Rapids: Baker Book House), bezogen auf Apg. 17,16.

2) Ebd.

2 a) Neben den zahlreichen im Text genannten Quellen und Literaturangaben vergleiche zum „unbekannten Gott" noch folgende Werke mit zahlreichen Quellenverweisen: W. Bauer, Wörterbuch zum NT (Berlin 1971), 5. Aufl., Sp. 23; F. F. Bruce, The Acts of the Apostles, Leicester: IVP, 1952; 2. Aufl., S. 335–339. Während noch Bultmann die Echtheit der Altäre ablehnte (Kittel, Theol. Wörterbuch zum NT, Band I, S. 120–122), besteht inzwischen kein Zweifel mehr daran, daß Konzept und Altäre des unbekannten Gottes in Athen verbreitet waren.

2 b) Apostelgeschichte 17, 34 zeigt, daß Paulus hier in Athen nicht falsch handelte, wie viele meinen, weil er anschließend in Korinth so gegen die menschliche Weisheit predigte. Vgl. dazu: W. de Boor, Die Apostelgeschichte, Wuppertaler Studienbibel (Wuppertal 1977), 4. Aufl., S. 316, Anm. 397.

3) Victor W. von Hagen: The Ancient Sun Kingdoms of the Americas (New York: World Publishing Co., 1957), S. 497; und: H. Trimkorn: Das alte Amerika (Stuttgart 1959), S. 108–110.

4) Philip Ainsworth Means: „The Incas: Empire Builders of the Andes", Indians of the Americas, rev. 1965 (Washington D.C.: National Geographic Society, 1955), S. 307.

5) Alfred Metraux: History of the Incas (Westminster, MD: Pantheon Books, Random House, Inc., 1969), S. 123. und: von Wedemeyer: Sonnengott und Sonnenmenschen, Kunst und Kult, Mythos und Magie im alten Peru (Tübingen 1970), S. 77 ff.

7) Hiram Bingham: „Discovering Machu Picchu", Indians of the Americas, S. 317.
8) Metraux: History of the Incas, S. 126.
9) Ebd. S. 128.
10) Ebd.
11) Means: „The Incas", S. 306.
11 a) Zu Viracocha vgl. die Quellen in: von Wedemeyer: Sonnengott und Sonnenmenschen, Kunst und Kult, Mythos und Magie im alten Peru (Tübingen 1970), S. 244 ff.
12) B.C. Brundage: Empire of the Inca (Norman, OK: University of Oklahoma Press, 1963), S. 164 f.
13) Metraux, S. 128.
13 a) Vgl. die Beispiele in: W. Friedl/B. Schwengeler: „Die Matsingenka-Indianer", ETHOS, Nr. 1:1982 (Berneck), S. 7–15; sowie: W. Krickeberg u. a.: „Die Religionen des alten Amerika", in: Die Religionen der Menschheit, Bd. 7 (Stuttgart 1961), Stichworte „Hochgott" und „Himmelsgott"; und: I. Nocholson: Mexikanische Mythologie (Wiesbaden 1967), Stichwort „Ometeotl".
14) Brundage, S. 162.
15) Ebd. S. 163.
16) Ebd. S. 165.
17) Means, S. 306, 305.
18) Brundage, S. 165.
19) Metraux, S. 126.
19 a) Echnaton wird in der ägyptologischen Literatur meist als Amenophis IV. geführt; vgl. U. Mann: Schöpfungsmythen, Reihe Symbole (Stuttgart: Kreuz Verlag, 1982) S. 73.
20) Leonard Cottrell, ed.: The Horizon Book of Lost Worlds (New York: American Heritage Publishing Co., 1962), S. 115.
20 a) Zu Skrefsrud vgl. die Literatur bei: E. Amdahl Skrefsrud: Sp. 105 in RGG^3, Bd. VI.
21) Lars Skrefsrud: Traditions and Institutions of the Santal, 1887.
22) Ebd.
23) Helen Gebuhr Ludvigsen: All Heart (Blair, NE: Lutheran Publishing House, 1952).

24) B.C. Brundage: Lords of the Cuzco (Norman, OK: University of Oklahoma Press, 1967), S. 143.
25) Andrew Lang: „Are Savage Gods Borrowed from Missionaries?“, The Nineteenth Century (Januar 1899), S. 132.
26) Ebd.
26 a) Zur Literatur Wilhelm Schmidts vgl.: W. E. Mühlmann: Wilhelm Schmidt, Sp. 1459–1460, in: RGG³, Bd. V. Neben dem Mammutwerk Vom Ursprung der Gottesidee (Bd. 1, 2. Aufl. 1912, Bd. 6/12 posthum 1955) siehe die Zusammenfassung in: Handbuch der vergleichenden Religionswissenschaft (Stuttgart 1930). W. Schmidt ist heute in Religionswissenschaft und Ethnologie zwar verpönt, jedoch nie widerlegt worden. Selbst der evolutionistisch denkende Ulrich Mann gesteht Schmidt seine Wissenschaftlichkeit und Genauigkeit zu und meint, man könne so viel Material nicht einfach beiseite schieben, s. U. Mann: Schöpfungsmythen, Reihe Symbole (Stuttgart: Kreuz Verlag, 1982) S. 86–87.
27) Gordon Fraser: „The Gentile Names of God“, Symposium on Creation V, Donald W. Patten, Hrsg. (Grand Rapids: Baker Book House, 1975), S. 13.
28) G. Foucart: Encyclopedia of Religion and Ethics, Bd. 11, S. 580; zitiert bei Fraser, s. o.
28 a) Die Lutherübersetzung von 1912 übersetzt hier falsch, alle anderen (einschließlich Lutherübersetzung von 1964) richtig.
29) W. Schmidt: Menschheitswege zum Gotterkennen (München: Kösel & Pustet, 1923) I. Teil.
30) Encyclopaedia Britannica, Bd. 5., S. 495.
31) Aus einem Brief, den Darwin an den österreichischen Forscher Karl von Scherzer am 26. Dezember 1869 schrieb.
32) The Collected Works of Lenin, übersetzt aus dem Deutschen von H. Paulsen, Bd. 12., S. 245.
32 a) Vgl. W. Kuhn: Die Schattenseite eines Mythos, Darwinismus als Wegbereiter des Neofaschismus, FACTUM, Nr. 11/12, S. 22–26, 1982 (Berneck); sowie: B. Schwengeler, Religion – Opium für das Volk? FACTUM Nr. 10/82, S. 18–20; und: A. E. Wilder Smith: Ein vergessener Aspekt des Neo-Darwinismus, FACTUM, Nr. 5/83, S. 3-5.
33) Michael Parks: „Chinese Communists Falter in 'Crises of Faith'“, Los Angeles Times, 4. Januar, 1981, Teil 4, S. 3.

33 a) Vgl. z. B. W. Gitt (Hrsg): Struktur und Information in Technik und Natur (jetzt: Am Anfang war die Information), Vorträge des 37. Seminars der Phys.-Techn. Bundesanstalt (PTB-ATWD – 18), (Braunschweig 1981); und: A. E. Wilder-Smith: Die Naturwissenschaften kennen keine Evolution (Basel: 1982) Schwabe Verlag, 4. Aufl.

34) Hugh A. Mulligan: „Apes Vs. Big Bang Theorists Slugging It Out", Los Angeles Times, Dezember 1980.

35) Encyclopaedia Britannica, unter „Boaz".

35 a) Weitere Beispiele zu Afrika: H. Baumann: Schöpfung und Urzeit des Menschen im Mythos der afrikanischen Völker (Berlin 1936; Nachdruck 1964); J. F. Thiel, Ahnen/Geister, höchste Wesen (Zaire), Studia Instituti Anthropos, Bd. 26 (St. Augustin 1977), S. 31 ff; Thomas Schirrmacher: Urzeitmythen der afrikanischen Völker, als Manuskript gedruckt (Bonn 1982); E. Dammann: Die Religionen Afrikas (Stuttgart 1963), Die Religionen der Menschheit, Bd. 6, bes. S. 25 ff, 172 ff; T. Adeyemo, Salvation in African Tradition (Nairobi 1979).

36) Fraser: Symposium on Creation V, S. 26.

36 a) Vgl. zu China das Material in W. Eichhorn: „Die Religionen Chinas", in: Die Religionen der Völker, Bd. 21 (Stuttgart 1973), Stichwort „Shang-Ti".

37) Kommentare zum Konfuzianismus, Taoismus und Buddhismus sind entnommen aus der Encyclopaedia Britannica.

38) John Ross: History of Corea (London: Elliot Stock, 62, Paternoster Row, 1891), S. 356.

39) Aus einem persönlichen Interview mit Mrs. John Tolliver in Three Hills, Alberta, April 1978. Sie wuchs in Korea auf und hörte dort vielfach, wie über diesen Altar gesprochen wurde.

40) Spencer J. Palmer: Corea and Christianity (Corea: Hollym Corporation, 1967), S. 9.

41) Ein weiteres Beispiel für Menschen, die eine Vorahnung des „Unbekannten Gottes" hatten, ist zu finden in Bruce Olson: Ich schwör's bei diesem Kreuz – ich töte euch! (Hurlach 1981). Vgl. weiteres Material zu Kap. 2 im 36bändigen Sammelwerk: C. M. Schröder: Die Religionen der Menschheit (Stuttgart 1961–1983); in: Die Schöpfungsmythen, Quellen des Alten Orients (Darmstadt 1980), 1. Aufl., S. 1–184, sowie bei W. Schmidt.

Kapitel 2

Völker des Verlorenen Buches

Die Karen von Burma

In der Nähe von Rangoon, Burma, fand im Jahre 1975 eine Begegnung auf folgende Weise statt:

„Wenn die Einwohner dieses Dorfs nicht Burmesen sind“, fragte ein tropenbehelmter englischer Diplomat, „wie nennen sie sich dann?“

„Karen“, antwortete der burmesische Fremdenführer des Diplomaten. „Carian“, sprach der Engländer falsch aus. Der Führer ließ den Fehler unkorrigiert. Ein Schotte hätte die asiatische flach rollende Aussprache des „r“ kräftig verstärkt, aber der Fremdenführer hatte es inzwischen aufgegeben, Engländern beizubringen, es sei der Mühe durchaus wert, Ausspracheunterschiede zu beachten. So sagte er nichts. „Sehr gut“, sagte der Brite. „Wollen mal schauen, wie diese 'Carianer' aussehen.“

Die „Carianer“, so zeigte sich, waren noch mehr daran interessiert, herauszufinden, wie dieser Engländer aussah! Diese erste Begegnung mit dem weißen Gesicht eines Europäers elektrisierte die Leute in jenem Dorf. Wie die Motten um die Lampe, so schwirrten die Dorfbewohner um den Diplomaten herum, der leicht zurückschreckte, als ihn drahtige braune Hände an Armen und Wangen berührten.

Der burmesische Fremdenführer sprach derweil verächtlich von den Karen: „Seien Sie vorsichtig! Das sind alles Wilde aus den Bergen, die nichts anderes tun als stehlen und streiten“, spottete er.

Das entsprach nicht ganz der Wahrheit. Die Karen waren in Wirklichkeit der fortgeschrittenste Stamm unter den zahlreichen Stämmen Burmas. Die Burmesen hatten jedoch die

Karen seit Jahrhunderten mißbraucht und ausgebeutet und erfüllten damit selbst ihre Beschreibung. Außerdem konnten die burmesischen Buddhisten der Minderheit der Karen das eigensinnige Festhalten an ihrer eigenen Volksreligion trotz der unablässigen Versuche durch die Burmesen, Buddhisten aus ihnen zu machen, nicht verzeihen!

Jedenfalls hörte der Engländer nicht länger auf seinen Führer. Muntere karenische Stimmen bezauberten seine Ohren. Jeder Mann, jede Frau und jedes Kind um ihn her begrüßte ihn strahlend! Wie erfrischend anders, dachte er, als die übliche kühle Distanz, wie die Mehrheit der Burmesen sie gegen Ausländer an den Tag legt.

Ein Karen, der burmesisch sprach, erklärte dem Fremdenführer etwas.

„Das ist äußerst interessant", sagte der Führer. „Diese Stammesleute denken, Sie seien womöglich ein gewisser 'weißer Bruder', den sie als Volk schon seit undenklichen Zeiten erwartet haben!"

„Wie merkwürdig", antwortete der Diplomat. „Fragen Sie sie, was von diesem 'weißen Bruder' erwartet wird, wenn er kommt."

„Man erwartet, daß er ihnen ein Buch mitbringt", sagte der Führer. „Ein Buch ganz von der Art, wie die Vorväter es vor langer Zeit verloren haben. Sie fragen mit angehaltenem Atem: 'Hat er es nicht mitgebracht?'"

"Ho! Ho!" lachte der Engländer wiehernd. „Und wer, bitte, ist der Verfasser, dessen Buch die Kraft hat, solche leseunkundigen Leute zu begeistern?"

„Sie sagen, der Autor sei *Y'wa,* der allerhöchste Gott. Sie sagen auch..." – hier begann sich das Gesicht des Burmesen vor Unbehagen zu verdunkeln, „... daß der weiße Bruder, wenn er ihnen das verlorene Buch gegeben hat, sie dadurch befreien werde von allen, die sie bedrücken."

Der Burmese wurde ganz nervös. Diese Karen hatten vielleicht Nerven! Dieser englische Diplomat war Mitglied einer Abordnung, die einen Streit zwischen Großbritannien und Burma schlichten sollte. Burma fürchtete, dieser Streit könnte Großbritannien den Vorwand liefern, Burma seinem Weltreich einzugliedern. Und nun luden diese listigen Karen praktisch die Briten ein, genau das zu tun! Wer hätte je erwartet, dachte er zornig, daß einfache Stammesleute zu solcher Verschlagenheit fähig wären?

Das Mißvergnügen des Führers spürend, fing auch der Engländer an, sich unbehaglich zu winden. Ein Wort vom Fremdenführer, und die burmesischen Behörden könnten mit Schwertern und Speeren über diese bescheidenen Dorfbewohner herfallen.

„Sagen Sie ihnen, sie irren sich", ordnete er an, in der Hoffnung, der Burmese würde sich auf diese Weise beruhigen. „Ich kenne diesen Gott, der *Y'wa* genannt wird, überhaupt nicht. Ich habe auch nicht die leiseste Ahnung, wer ihr 'weißer Bruder' sein könnte."

Gefolgt von dem Fremdenführer, verließ der Diplomat das Dorf. Hunderte von Karen beobachteten seinen Weggang mit tiefster Enttäuschung. Sie hatten keinerlei politische Absichten gehabt. Sie hatten lediglich in aller Aufrichtigkeit an eine alte Tradition erinnert, die ihnen seit Urzeiten bedeutsam war.

„Könnten sich unsere Vorväter geirrt haben?" fragte ein junger Karen.

„Gräme dich nicht", antwortete ein Ältester, und es gelang ihm ein hoffnungsvolles Lächeln. „Eines Tages wird er kommen. Andere Weissagungen mögen sich nicht erfüllen, aber diese ganz bestimmt!"

Der Diplomat kehrte zurück nach Rangoon in die neu eingerichtete britische Botschaft. Dort berichtete er seinem Vorgesetzten, Oberstleutnant Michael Symes, von dieser seltsamen Erfahrung im Karen-Dorf. Symes erwähnte es in einem Manuskript mit dem Titel *„An Account of an Embassy to the Kingdom of Ava in the Year 1795"* (Bericht einer Gesandtschaftsreise ins Königreich Ava im Jahre 1795). Es wurde 32 Jahre später in Edinburgh, Schottland, veröffentlicht.

In den folgenden 175 Jahren gab es gelegentlich Leute, die in Symes' Bericht blätterten, dem seltsamen Bezug zur Karen-Tradition aber kaum Aufmerksamkeit schenkten. Da diese

Erwähnung eher die Natur einer Anekdote hatte, wurde ihre historische Bedeutsamkeit erfolgreich verdeckt. Im 19. Jahrhundert waren die Briten ganz und gar nicht interessiert daran, Asiaten als „weißer Bruder“ gegenüber zu treten. Weiße Herren zu sein, das war eine Rolle, die sie lieber mochten. Tatsächlich begannen im Jahre 1824 die Briten eine Reihe von Angriffen gegen Burma und wurden etwa ein Jahrhundert lang Beherrscher jenes fremdartigen Landes.

Jedoch noch vor der ersten britischen Invasion berichtet die Geschichte von einer zweiten Begegnung eines Ausländers mit der Tradition des verlorenen Buches bei den Karen.

Im Jahre 1816 geschah es, daß ein muslimischer Reisender ein abgelegenes Karen-Dorf ungefähr 450 Kilometer südlich von Rangoon betrat. Die Karen prüften ihn sorgfältig, wie sie alle Ausländer prüften, die ihnen je in die Quere kamen – besonders die hellhäutigen –, ob er vielleicht ihr „weißer Bruder“ sein könnte. Nun, der Muslim war zwar nicht sehr hellhäutig, aber er besaß tatsächlich ein Buch. Und er sagte, das Buch enthalte Schriften über den wahren Gott.

Als er ihre intensive Faszination für dieses Buch sah, schenkte der Muslim es einem älteren Weisen unter den Karen. Später sagten die Leute, er hätte ihnen gesagt, sie sollten das Buch anbeten. Doch es scheint unwahrscheinlich, daß ein Muslim eine solche Anweisung gäbe. Vielleicht hatte er sie nur dringend gebeten, sorgfältig mit dem Buch umzugehen, bis hoffentlich eines Tages ein Lehrer zu ihnen käme, der es ihnen erklären könne.

Der Muslim setzte seine Reise fort und kehrte nie zurück.

Der Weise, der das Buch erhalten hatte, packte es in Musselin und legte es in einen besonderen Korb. Nach und nach entwickelten die Leute bestimmte Rituale zur Verehrung des heiligen Buches. Der Weise selbst legte verzierte Gewänder an, wie es seiner Rolle als Hüter des Buches entsprach. Er trug eine besondere Keule als Symbol seiner geistlichen Autorität. Und, was das Bewegendste von allem war, er und seine Leute hielten Tag und Nacht beständig Ausschau nach dem Lehrer, der eines Tages in ihr Dorf kommen würde, um ihrem Verständnis den Inhalt des heiligen Buches zu erschließen.[1]

Aber das ist noch nicht alles. In vielleicht tausend oder mehr Dörfern der Karen in Burma gab es *Bukhos,* besondere Lehrer, die sich nicht Dämonen, sondern Y'wa verpflichtet wußten. Jawohl, die Karen betrachteten sie tatsächlich als Propheten des wahren Gottes! Diese Lehrer erinnerten die Karen unermüdlich daran, daß die Art und Weise von Y'wa und die Art und Weise der Nats (böse Geister) nicht dieselbe seien. Eines Tages, so bestätigten diese Bukhos, müßten die Karen ganz und gar zu den Wegen Y'was heimkehren.

Die Propheten der Karen lehrten ihr Volk tatsächlich geistliche Gesänge, die von Generation zu Generation nur mündlich überliefert wurden. Wie Hymnen Pachacutis an Viracocha, so offenbaren auch die Hymnen der Karen, wie erstaunlich klar die Vorstellung des einen wahren Gottes in einer Volksreligion sein kann! Durch den Inhalt dieser Gesänge blieb die Ehrfurcht und Hochachtung für Y'wa, den wahren Gott, lebendig in den Herzen des Volkes der Karen, so daß sie vom Buddhismus und seinem Götzendienst nicht verführt werden konnten. Eine dieser Hymnen preist und erhebt das ewige Sein Y'was besonders schön:

Y'wa ist ewig, sein Leben ist lang.
Ein Zeitalter – er stirbt nicht!
Zwei Zeitalter – er stirbt nicht!
Er ist vollkommen an verdienstvollen Eigenschaften.
Zeitalter folgen Zeitaltern – er stirbt nicht! [2]

Ein weiteres Lied preist Y'wa als Schöpfer.

Wer schuf die Welt im Anfang?
Y'wa schuf die Welt im Anfang!
Y'wa bestimmte alles!
Y'wa ist unerforschlich! [3]

Noch ein weiterer Gesang vermittelt tiefe Würdigung von Y'was Allmacht und Allwissenheit, verbunden mit der Erkenntnis, was es bedeutet, seine Gemeinschaft nicht zu haben:

Der Allmächtige ist Y'wa; ihm haben wir nicht geglaubt.
Y'wa schuf die Menschen der Vorzeit.
Er hat ein vollkommenes Wissen von allem!
Y'wa schuf die Menschen am Anfang;
er weiß alle Dinge bis zur Gegenwart!
O meine Kinder und Enkel!
Die Erde ist der Standort für die Füße Y'was.
Und der Himmel ist der Ort, wo er sitzt.
Er sieht alle Dinge, und wir sind vor ihm offenbar. [4]

Die Geschichte der Karen über den Abfall des Menschen von Gott enthält bemerkenswerte Parallelen zu 1. Mose 1:

Y'wa bildete ursprünglich die Welt.
Er bestimmte Essen und Trinken.
Er bestimmte die „Frucht der Versuchung".
Er gab genaueste Anweisungen.
Mu-kaw-lee täuschte und betrog zwei Personen.
Er veranlaßte sie,
die Frucht vom Baum der Versuchung zu essen.
Sie waren ungehorsam und glaubten Y'wa nicht...
Als sie die Frucht der Versuchung aßen,
wurden sie der Krankheit, dem Altern
und dem Tod unterworfen... [5]

Ein Autor mit Namen Alonzo Bunker, der 30 Jahre lang unter den Karen gegen Ende des 19. Jahrhunderts lebte, beschreibt eine typische Zusammenkunft am späten Abend, die der Belehrung diente und im Urwald in der Nähe von Toungoo, Burma, von Karen-Bukhos geleitet wurde:

„Es ist völlig unmöglich, die feierliche und ehrfürchtige Art zu beschreiben, mit der diese weißhaarigen Ältesten die Eigenschaften Y'was vortrugen, und mit welcher hochachtungsvollen Aufmerksamkeit die Kinder zuhörten... Sie wurden von diesem Rat der Ältesten angezogen wie von einem Magneten. Eine Zeitlang herrschte Schweigen, abgesehen vom Knistern des Bambus und des Reisigs im Feuer. Und dann erhob sich der alte Prophet des Dorfes... streckte seine Hände aus wie zum Segnen und sagte:

'O ihr Kinder und Enkelkinder, früher liebte Y'wa das Volk der Karen mehr als alle anderen. Aber sie übertraten seine Gebote, und die Folge war ... wir leiden wie jetzt. Weil Y'wa uns verflucht hat, sind wir in unserem gegenwärtigen betrüblichen Zustand und haben keine Bücher.'

Dann schien eine große Hoffnung sein Gesicht zu erleuchten, als er zu den Sternen aufschaute... und ausrief: 'Aber Y'wa wird uns wieder Barmherzigkeit erweisen, und er wird uns wieder mehr lieben als alle anderen. Y'wa wird uns wieder erretten. Es ist, (weil wir hörten) auf die Rede Mu-kaw-lees (Satans), daß wir leiden...'

Dann folgte ... (ein) leidenschaftlicher Vortrag in dem lyrischen Versmaß seiner Vorfahren... Der alte Mann ... sprach mit einer angeborenen Beredsamkeit, die man nur fühlen, aber nicht beschreiben kann:

'Als Y'wa Tha-nai und Ee-u erschuf, setzte er sie in einen Garten ... und sagte: In diesem Garten habe ich sieben verschiedene Arten von Bäumen für euch gemacht, die sieben ... verschiedene Arten Früchte tragen. Unter den sieben ist einer nicht gut, um davon zu essen ... Wenn ihr eßt, werdet ihr alt werden, ihr werdet siech werden, ihr werdet sterben... Eßt und trinkt mit Bedacht. Alle sieben Tage werde ich euch besuchen...'

Nach einer Zeit kam Mu-kaw-lee zu dem Mann und zu der Frau und sagte: 'Warum seid ihr hier?'

'Unser Vater hat uns hierher gesetzt', antworteten sie.

'Was eßt ihr hier?' fragte Mu-kaw-lee.

'Unser Herr Y'wa hat Nahrung für uns geschaffen, Nahrung in Fülle.'

'Zeigt mir eure Nahrung', sagte Mu-kaw-lee.

... Sie zeigten auf die verschiedenen Früchte und sagten: 'Diese Frucht wirkt zusammenziehend, diese schmeckt süß, diese sauer, diese bitter, diese saftig, diese feurig; aber was diesen Baum betrifft, da wissen wir nicht, ob die Früchte sauer oder süß schmecken. Unser Vater, der Herr Y'wa, sagte zu uns: 'Eßt nicht die Frucht dieses Baumes. Wenn ihr eßt, werdet ihr sterben.'

... Da antwortete Mu-kaw-lee: 'Das ist nicht so, o meine

Kinder. Das Herz eures Vaters Y'wa schlägt nicht wirklich für euch. Diese hier ist die reichste und süßeste... Wenn ihr sie eßt, dann werdet ihr wunderbare Kräfte besitzen. Ihr werdet sogar zum Himmel aufsteigen können... Ich liebe euch, und ich sage euch die Wahrheit und verheimliche euch nichts. Wenn ihr mir nicht glaubt, dann eßt von der Frucht nicht. Wenn ihr die Frucht versucht, dann werdet ihr alles wissen...' "

In den folgenden Abschnitten lehnt der Mann Tha-nai die Verlockung ab und geht weg. Die Frau Ee-u zögert sehnsuchtsvoll, erliegt der Versuchung, ißt die Frucht und verführt dann ihren Mann, der nun auch ißt. Alonzo Bunkers Übersetzung geht dann so weiter: ,,... Die Frau kehrte zu Mu-kaw-lee zurück und sagte: 'Mein Mann hat die Frucht gegessen.'

(Mu-kaw-lee) lachte unbändig und sagte: 'Jetzt, o besiegter Mann und besiegte Frau, habt ihr auf meine Stimme gehört und mir gehorcht.'

Am nächsten Morgen kam Y'wa zu ihnen zu Besuch, aber sie folgten ihm diesmal nicht mit Lobgesängen wie sonst. Er kam näher zu ihnen und sagte: 'Warum habt ihr von der Frucht des Baumes gegessen, die ich euch verboten hatte? ... Deshalb sollt ihr nun alt und krank werden, und ihr werdet sterben.'

... Als Y'wa den Menschen verflucht hatte, verließ er ihn ... Und im Lauf der Zeit kam wirklich Krankheit auf. Eins von Tha-nais und Ee-us Kindern wurde krank. Dann sagten sie zueinander· 'Y'wa hat uns weggejagt. Wir wissen nicht, was wir tun sollen. Wir müssen zu Mu-kaw-lee gehen und ihn um Rat bitten.'

So ... gingen sie zu ihm und sagten: '... Wir haben deinen Worten gehorcht und haben gegessen. Nun ist unser Kind krank... Was rätst du uns?'

...Mu-kaw-lee antwortete: 'Ihr habt eurem Vater nicht gehorcht, dem Herrn Y'wa. Ihr hörtet auf mich. Jetzt, nachdem ihr mir einmal gehorcht habt, gehorcht mir auch bis ans Ende.'

Dann fuhr der alte Prophet fort, in der alten Verskunst seiner Vorfahren zu erzählen, wie Mu-kaw-lee sie in der Darbringung der hauptsächlichen Opfer für die unterschiedlichen

Krankheitsfälle unterwies. Diese Opfer sollten seinen Dienern, den Nats (Dämonen) gebracht werden, die den Vorsitz über bestimmte Krankheiten, Leiden und Unfälle führten.

Er erzählte auch, wie Mu-kaw-lee ihnen Anweisungen gab, wie sie aus Geflügelknochen wahrsagen konnten. Dies Tun wurde für das Bergvolk die Richtschnur für fast alle Lebensentscheidungen."

Alonzo Bunker zitiert auch einen karenischen „Gesang der Hoffnung", der ihre Sehnsucht nach einer endlichen Rückkehr Y'was ausdrückt:

Zum vorherbestimmten Zeitpunkt wird Y'wa kommen.
... Tote Bäume werden knospen und blühen...
Modernde Bäume werden wieder knospen und blühen.
Y'wa wird kommen und den großen Thau-thee bringen...
(„Thau-thee" scheint der Name eines heiligen Berges zu sein.)
Laßt uns hinaufsteigen und anbeten.

Ein zweites Lied der Hoffnung spricht von einem König, der zurückkehren wird:

Gute Personen, die Guten,
werden zur Silberstadt gehen, zur silbernen Stadt.
Gerechte Personen, die Gerechten,
werden zur neuen Stadt gehen, zur neuen Stadt.
Personen, die ihrem Vater und ihrer Mutter glauben,
werden sich im goldenen Palast erfreuen.
Wenn der Karen-König eintrifft,
dann wird es nur einen Herrscher geben.
Wenn der Karen-König kommt,
dann wird es weder Reiche noch Arme geben. [6]

Trotz dem immer gegenwärtigen und durchdringenden Einfluß der buddhistischen Abgötterei bestärkten die Karen-Propheten ihr Volk innerlich gegen den Götzendienst durch Aussprüche wie die folgenden:

O ihr Kinder und Enkelkinder!
Betet Götzen oder Priester nicht an!
Wenn ihr sie anbetet, werdet ihr dadurch
keine Vorteile haben, sondern eure Sünden
werden sich überaus vermehren.

Seine Eltern zu ehren, war auch eine heilige Verpflichtung:

O ihr Kinder und Enkelkinder! Achtet und ehrt
eure Mutter und euren Vater!
Denn als ihr klein waret, duldeten sie nicht einmal,
daß ein Moskito euch stach.
Gegen eure Eltern zu sündigen,
ist ein abscheuliches Verbrechen.

Solche Propheten Gottes unter den Karen betonten auch die Verpflichtungen des Menschen, Gott und den Nächsten zu lieben:

O ihr Kinder und Enkelkinder! Liebt Y'wa und
sprecht seinen Namen niemals leichtfertig aus.
Wenn ihr seinen Namen leichtfertig aussprecht,
dann wird er sich mehr und mehr von uns entfernen!
O Ihr Kinder und Enkelkinder! Laßt nicht Zank und
Streit unter euch sein, sondern liebt einander!
Y'wa im Himmel schaut auf uns herunter.
Und wenn wir einander nicht lieben,
dann ist es genauso, als wenn wir Y'wa nicht lieben!

Karen, die das Gesetz brachen, wurden zur Reue und Buße gerufen mit der Verheißung auf die Barmherzigkeit Y'was:

O ihr Kinder und Enkelkinder!
Wenn wir unsere Sünden bereuen und aufhören,
Böses zu tun – indem wir unsere Leidenschaften beherrschen –
und zu Y'wa beten, dann wird er
sich wieder unser erbarmen.

Wenn Y'wa sich nicht unser erbarmt,
dann gibt es niemanden, der das noch könnte.
Er, der uns errettet, ist der einzige: Y'wa!

Die Wichtigkeit des Gebets wurde nicht übersehen:

> O ihr Kinder und Enkelkinder!
> Betet ständig zu Y'wa Tag und Nacht! [7]

Das Volk der Karen bildet eine auffallende Ungewöhnlichkeit für Theologen. Jesus, soweit es im Evangelium berichtet wird, erwähnt lobend das religiöse Bewußtsein von etwa einer Handvoll Heiden: einen römischen Statthalter, eine syrophönizische Frau, die Königin von Saba, Naeman, den Syrer, die Witwe von Zarpath, die Leute von Ninive etc. Ähnlich erging es auch Petrus, der ganz überrascht war von der unerwarteten Frömmigkeit eines Heiden namens Cornelius (vgl. Apg. 10,34). Der Karen-Stamm stellt uns statt dessen Hunderttausende von Einzelpersonen gegenüber, deren Aufmerksamkeit und Aufgeschlossenheit für geistliche Wahrheiten die des aus der Weltgeschichte bekannten Durchschnitts von Juden oder Christen wahrscheinlich übertrifft!

Die Frömmigkeit der in der Bibel erwähnten Heiden scheint außerdem in jedem Fall direkt auf jüdischen Einfluß zurückzugehen. In zwei Fällen war der Dienst Jesu selbst das Werkzeug. Aber die Karen leben rund 7.000 Kilometer von Jerusalem entfernt. Selbst wenn man annimmt, daß ihr Name für Gott – Y'wa – durch das jüdische "Jahwe" beeinflußt wäre, so gibt es dennoch keine Entsprechung für Abraham und Mose, die zweit- und drittwichtigsten Gestalten im Judentum. Sie werden von den Sammlern der Karen-Tradition nie und nirgends erwähnt. Sicherlich hätte jüdischer Einfluß auch Abraham und Mose hervorgehoben.

Wenn man ebenso die Karen-Traditionen beispielsweise zurückverfolgen wollte auf den Einfluß der nestorianischen Christen im 8. Jahrhundert oder später auf den Einfluß römisch-katholischer missionarischer Kontakte im 16., 17. oder 18. Jahrhundert, dann würde man doch erwarten, irgendeine Erwähnung einer Fleischwerdung Gottes oder eines Erlösers, der für die Sünden der Menschheit stirbt und aufersteht, zu finden.

Nochmals: Solche Vorstellungen sind von Erforschern der Karen-Tradition niemals berichtet worden.

Und wenn wir einmal theoretisch annehmen, daß jüdischer und/oder christlicher Einfluß die Karen berührt habe, jedoch so flüchtig, daß nur die Grundzüge des Wissens über Gott, die Schöpfung und der Fall des Menschen haften blieben, dann stehen wir einer schwierigen Frage gegenüber. Wie konnte ein so flüchtiger Einfluß solch tiefe und nachhaltige Spuren hinterlassen bei einem ganzen Volk, besonders wenn der Buddhismus und ihr eigener Stammesokkultismus über lange Zeitspannen sich derart stark jenen Eindrücken widersetzten?

Die Geschichte lehrt, daß nur sehr starke und sehr langfristige Einflüsse in der Lage sind, über alle kulturellen Barrieren hinaus neue religiöse Vorstellungen einzuführen, besonders, wenn andere Einflüsse – in diesem Fall Buddhismus und Okkultismus – zu jenen Vorstellungen in völligem Kontrast stehen.

Könnte es sein, daß der Glaube der Karen an Y'wa früher bestand als sowohl das Judentum wie auch das Christentum? Entsprang solcher Glaube jener alten Wurzel des Monotheismus, der das Zeitalter der frühen Patriarchen kennzeichnete? Die Antwort ist beinahe sicher: Ja!

Die bei weitem erstaunlichste Seite des Monotheismus der Karen war sein freimütiges Eingeständnis der eigenen Unvollständigkeit. Und im Blick auf die natürliche weltweite Neigung der meisten Völker, Ausländer nicht zu mögen oder ihnen zu mißtrauen – besonders, wenn sie eine andere Hautfarbe haben –, ist die Erwartung der Karen fast ebenso erstaunlich, daß die Vollständigkeit durch „weiße Ausländer" zu ihnen kommen werde. In einem ihrer Gesänge heißt es:

> Die Söhne Y'was, die weißen Ausländer,
> erhielten die Worte Y'was.
> Die weißen Ausländer, die Kinder Y'was,
> erhielten die Worte Y'was vor langer Zeit. [8]

In den Jahren um 1830 hielt ein Karen namens Sau-qua-la vor dem englischen Generalgouverneur von Burma eine Ansprache. Er sagte, daß die Europäer, die „weißen Ausländer“, ursprünglich jüngere Brüder des Karen-Volkes seien! Die Karen als die älteren Brüder (diese Racker) verloren aus Unachtsamkeit ihr Exemplar von Y'was Buch. Die weißen Brüder dagegen bewahrten ihr Buch sorgfältig auf. Das hatte zur Folge, daß die Weißen „gerecht“ wurden und bekannt sind als „Führer zu Gott“. Sie lernten es auch, in Schiffen mit „weißen Flügeln“ (Segeln) über die Meere zu fahren. [9]

Alonzo Bunker faßt die Überlieferungen folgendermaßen zusammen: “Der Befreier (der Karen) ... mußte ein 'weißer Ausländer' sein und mußte übers Meer von Westen mit 'weißen Flügeln' herkommen (Segeln) und Y'was 'weißes Buch' bringen.“ [10]

Einige Fassungen der Überlieferung besagten, das Buch wäre aus Gold oder Silber.

Das Volk der Karen stand also wie eine 800.000 Mitglieder zählende Willkommens-Gruppe bereit für den ersten ahnungslosen Missionar, der ihnen mit einer Bibel und einer Botschaft der Befreiung durch Gott entgegentrat. Wer immer es auch sein sollte, er war dazu bestimmt, eines der größten Vorrechte der Geschichte zu genießen!

Bevor wir diesen bevorzugten Menschen entdecken und was nötig war, ihn dorthin zu bringen, wollen wir den Horizont Burmas und der angrenzenden Länder absuchen und schauen, wer dort außerdem noch mit angehaltenem Atem auf die Botschaft des Allmächtigen wartete...

Die Kachin

Hoch im Norden Burmas leben weitere leidenschaftlich unabhängige Menschen – eine halbe Million mit roten Turbanen. Es sind die *Kachin.* Auch sie kennen ihren Schöpfergott. In ihrer Volksreligion wird er *Karai Kasang* genannt – ein wohlwollendes übernatürliches Wesen, „dessen Gestalt oder Form über die Fähigkeit menschlichen Begreifens hinausgeht". Manchmal nannten die Kachin ihn *Hpan Wa Ningsang* – den Herrlichen, der erschafft, oder *Che Wa Ning-chang* – den Einen, der weiß. [11]

Dr. Herman Tegenfeldt, der etwa 20 Jahre unter den Kachin lebte und ihre Sprache erlernte, schrieb: „Die Kachin-Animisten bringen Karai Kasang keine Opfer dar. Von einem Kachin wurde dieses Verhalten so begründet: 'Warum sollten wir? Er hat uns doch nie etwas Böses zugefügt.' Auch gibt es keinen Brauch der Anbetung ihm gegenüber. In Zeiten außerordentlicher Not jedoch, wenn Opfer für Dämonen keine Erleichterung gebracht haben, sind die Kachin dafür bekannt, daß sie diesen fernen Großen Geist anrufen." [12] Und die Kachin glaubten genauso wie die Karen, daß Karai Kasang einst ihren Vorvätern ein Buch gab, das sie verloren. Der Glaube der Kachin enthält keine Angaben darüber, wie dieses verlorene Buch zu ihnen zurückgebracht werden sollte, aber offensichtlich sind sie für die Möglichkeit aufgeschlossen, daß es eines Tages geschehen werde. [13]

Wer würde den Kachin das verlorene Buch zurückbringen?

Die Lahu

Südöstlich von den Kachin und nordöstlich von den Karen – in der Region, wo Burma zwischen China und Thailand eingequetscht ist und mit einer rund 1.800 Kilometer langen Grenze Laos berührt – leben ungefähr eine Viertel Million Menschen, die Lahu.

Für wer weiß wie viele Jahrhunderte hegten auch die Lahu eine Überlieferung, die besagte, daß *Gui'Sha* – der Schöpfer aller Dinge – ihren Vorvätern sein Gesetz, auf Reiskuchen geschrieben, gegeben hätte! Eine Hungersnot kam, und die Vorväter aßen die Reiskuchen auf, um zu überleben. Sie erklärten diese Tat damit, daß sie sagten, Gui'Shas Gesetz sei nun in ihnen! In der Tat glaubten die Lahu, daß eine Spur oder ein Verständnis für Gui'Shas Gesetz noch immer in ihnen sei, weil ihre Vorfahren diese heiligen Reiskuchen gegessen hatten. Jedoch konnten sie ihrem Schöpfergott nun nicht mehr vollkommenen Gehorsam leisten. Das war erst dann möglich, wenn die genaue, geschriebene Form des göttlichen Gesetzes wieder vorlag!

Wie die Karen, so hatte auch das Lahu-Volk „Propheten Gui'Shas". Ihr Auftrag: die Erwartung der Hilfe von Gui'Sha in den Herzen des Lahu-Volkes beständig lebendig zu erhalten. Deshalb wiederholten die Propheten Spruchweisheiten wie diese: „Wenn ein Mann zehn Armladungen von Wanderstäben hätte und ginge damit so lange, bis die Stäbe alle bis auf einen Stumpen verbraucht wären, so würde er Gui'Sha doch nicht finden (den wahren Gott). Aber wenn die richtige Zeit kommt, wird Gui'Sha selbst uns einen weißen Bruder senden („Kaukasiergegner" mögen sich wehren, aber die Geschichte muß berichtet werden, wie sie geschehen ist). Er wird ein weißes Buch mitbringen, in dem die weißen Gesetze Gui'Shas enthalten sind, die Worte, die unsere Ahnen vor solch langer Zeit verloren haben! Dieser weiße Bruder wird das verlorene Buch unmittelbar zu unseren Herdfeuern bringen!" [14]

Einige Lahu trugen sogar Kordeln um ihre Handgelenke, um sowohl ihre Gebundenheit an die Dämonen zu symbolisieren als auch das Bedürfnis für einen göttlich bestimmten Befreier, der eines Tages diese Schnüre von ihren Handgelenken wegschneiden werde! [15]

In den Lahu-Bergen von Burma, China und Thailand war die Bühne für ein ehrfurchteinflößendes Drama bereit. Aber wo waren die weißen Brüder, die allein in der Lage waren, den Vorhang zu dieser Bühne aufzuziehen?

Aber das ist noch nicht alles...

Die Wa

In den Bergen zerstreut, die sich zwischen den Herrschaftsbereichen der Kachin und der Lahu erheben, lebten weitere

100.000 Angehörige eines Stammes, nämlich die Wa. Die Wa waren bekannt als Kopfjäger – aber nicht wahl- und ziellos! Nur einmal im Jahr, in der Pflanzzeit, fühlten sich die Wa-Stammesleute durch blutdürstige Dämonen gezwungen, Menschenköpfe auf ihre Felder zu pflanzen zusammen mit ihrer Saat, um einer guten Ernte sicher zu sein, wohlgemerkt! Sie wollten gar nicht wirklich jemanden verletzen.

Die Nachbarstämme wären am liebsten immer in Urlaub gefahren, wenn die Wa ihre Felder bepflanzten, aber unglücklicherweise war es genau die Zeit, wo auch sie pflanzen mußten!

Immerhin herrschte ein wohltuender Einfluß innerhalb der Volksreligion des Wa-Volkes. Von Zeit zu Zeit traten Propheten des wahren Gottes auf, den die Wa *Siyeh* nannten, um die Kopfjägerei und Beschwichtigung der Dämonen zu verdammen! Ein solcher Prophet stand auf in den Jahren nach 1880. Von dem Shan-Volk wurde er Pu Chan genannt (sein Wa-Name ist heute unbekannt). Pu Chan überredete mehrere tausend Wa-Stammesleute im Dorf Pong-Lai und in der umliegenden Gegend, Kopfjägerei und Dämonenbesänftigung aufzugeben. Aus welchen Gründen? Siyeh, der wahre Gott, so sagte Pu Chan, sei im Begriff, einen langerwarteten „weißen Bruder mit einem Exemplar des verlorenen Buches" zu schicken. Wenn er sich dem Gebiet der Wa nähere und erführe, daß sie üble Dinge täten, könnte er sie für unwürdig halten, das Buch des wahren Gottes zu empfangen, und sich wieder von ihnen abwenden! Geschähe das, warnte Pu Chan, würden die Wa niemals mehr eine Chance erhalten, in den Besitz des verlorenen Buches zu gelangen.

Eines Morgens sattelte Pu Chan ein Wa-Pony. „Folgt diesem Pony", sagte er zu einigen seiner Nachfolger. „Gestern abend hat Siyeh mir gesagt, der weiße Bruder sei endlich ganz nahegekommen! Siyeh will dieses Pony veranlassen, euch zu ihm zu führen. Wenn ihr den weißen Bruder findet, laßt ihn dieses Pony besteigen. Wir wären ein undankbares Volk, ließen wir ihn das letzte Stück seiner Reise zu uns zu Fuß machen!" [16]

Während Pu Chans Anhänger erstaunt den Mund aufrissen, setzte sich das Pony in Bewegung. Sie erwarteten, es werde am nächsten Fluß oder an der nächsten Weide anhalten, und folgten ihm. Würde es sie zu einem „weißen Bruder“ führen? Zu dem richtigen?

Die Shan- und Palaung-Völker

Sogar einige buddhistische Völker in Südost-Asien bekundeten eine starke Erwartung eines kommenden Messias. Ihr Messias sollte jedoch nicht der Sohn Gottes sein, sondern eine „fünfte Erscheinung Buddhas“, genannt *Phra-Ariya-Metrai* – der Herr der Barmherzigkeit. Auf alle Fälle zeigt die Tatsache, daß solche Völker sich nach einem „Herrn der Barmherzigkeit“ sehnten, daß sie eine grundsätzliche menschliche Bedürftigkeit zugaben. Das Evangelium spricht genau dieses Bedürfnis an, obgleich der „Herr der Barmherzigkeit“, der im Evangelium bezeugt wird, in keiner Weise eine fünfte Erscheinung Buddhas ist.

Anscheinend zitierten buddhistische Schriften den Gautama Buddha, der gesagt habe: „Nach mir wird Phra-Ariya-Metrai kommen, der Herr der Barmherzigkeit. Wenn er erscheint, müssen meine Anhänger ihm alle folgen!“ Einer Theorie nach seien diese Schriften bei Kriegswirren in Laos vernichtet worden[17], doch die mündliche Überlieferung bleibt verbreitet, nicht nur in Laos und Nord-Thailand, sondern auch unter den Shan- und Palaung-Stämmen im Osten Burmas, wo Phra-Ariya-Metrai, gemäß Alexander MacLeish *Are-Metaya* genannt wird. [18]

MacLeish schreibt mit Bezug auf die frühe Beschäftigung der Shan und Palaung mit Are-Metaya, daß „keine Gestalt ihres ganzen religiösen Umkreises ihr Interesse schneller weckt. In einem ihrer Bücher (Are-Metaya betreffend) findet sich ein Vers, sehr ähnlich einem aus dem Buch Jesaja, der etwa so heißt: 'Jedes Tal soll erhöht und jeder Berg erniedrigt werden, und was uneben ist, soll gerade, und was hügelig ist, soll eben werden', und sie erwarten, daß Are-Metaya diese Weisung buchstäblich erfüllt, wenn er kommt." [19]

MacLeish weiß ferner zu berichten, daß die Palaung, wenn sie ein neues Haus bauen, immer einen gesonderten Raum anfügen, der für Are-Metaya bestimmt ist. Regelmäßig wird dieses Zimmer geputzt, obgleich niemand aus der Familie es benutzt. Nachts wird es immer von einer kleinen Lampe erleuchtet.[20] Niemand wußte anscheinend, wann der „Herr der Barmherzigkeit" kommen und welche Wohnung er sich als Unterkunft aussuchen werde. Deshalb müssen immer alle Wohnungen für ihn bereitstehen!

So wie jedes jüdische Mädchen zur Zeit des Alten Testaments hoffte, sie werde einst die Mutter des Messias werden, so scheint es, hoffte jeder Palaung-Haushalt, daß dieser buddhistische „Herr der Barmherzigkeit" eines Tages bei ihm Unterkunft nehmen werde! [20a]

Die Kui in Thailand und Burma

MacLeish berichtet, daß die Kui-Stammesleute, die entlang der Thai-Burma-Grenze wohnen, tatsächlich Anbetungshäuser gebaut haben, die dem wahren Gott geweiht sind, und zwar im Blick auf die Zeit, wenn ein Bote dieses Gottes solche Anbetungsstätten betreten wird, das verlorene Buch in der Hand, um das Volk zu lehren! An diesen Anbetungsstätten gab es niemals Götzen, sondern das Kui-Volk „kam zusammen, um den großen, erhabenen Gott in unklarer und verschwommener Weise anzubeten". [21]

Die Lisu in China

Auch jenseits der Grenze, in der Provinz Yunnan im Südwesten Chinas, warteten einige hunderttausend Lisu-Bergbewohner geduldig auf einen weißen Bruder mit einem Buch des wahren Gottes, das in der Lisu-Sprache geschrieben sei! Das ist deshalb besonders interessant, wenn man bedenkt, daß die Sprache der Lisu noch nicht einmal ein Alphabet besaß, geschweige denn gedrucktes Material! Das machte aber nichts! Die Lisu waren sicher, daß er eines Tages kommen werde, um ihnen ein Buch von Gott zu bringen, das in ihrer eigenen Sprache geschrieben sei.

Und wenn sie dieses Buch erhielten, so sagten sie, würden die Lisu einen eigenen König bekommen, der über sie regiert. (Während vieler Generationen waren sie Untertanen bedrükkender chinesischer Herrschaft gewesen).[22]

Wir sind immer noch nicht fertig...

Die indischen Naga

Jenseits der Berge, die die nordwestliche Grenze Burmas schützen, besaßen 24 Stämme der indischen Naga, insgesamt etwa eine Million Menschen, bereits ein klares Wissen von „einer Gottheit mit hohem Persönlichkeitscharakter, die mehr mit dem Himmel als mit der Erde verbunden ist" und die „über allen anderen steht". Im Chakesang-Dialekt wurde dieser Gott *Chepo-Thuru* genannt, das heißt der Gott, der alles erhält. Im Konyak-Dialekt lautet sein Name *Gwang.*[23]

Mindestens einer dieser 24 Naga-Stämme – die Rengma – hatte die Vorstellung, daß das allerhöchste Wesen seine Worte ihren Vorvätern gab, indem er sie auf Tierhäute schrieb. Aber ihre Vorfahren gingen mit diesen Häuten nicht sorgfältig um. Hunde fraßen sie auf! [24]

Von Zeit zu Zeit traten unter den Naga auch Propheten auf. Ein Autor namens Phyveyi Dozo, selbst ein Chakesang-Naga, beschreibt eine Prophetin namens Khamhinatulu, von der man annimmt, daß sie um 1600 gelebt hat. Einzelheiten ihrer Weissagungen lassen bemerkenswerte Übereinstimmung mit biblischen Leitsätzen erkennen, ebenso eine Vorschau von Ereignissen, die sich unter den Naga zu Beginn des 20. Jahrhunderts zu verwirklichen begannen. Aber wir greifen unserer Geschichte vor...

Dozo schreibt auch, daß die Kultur der Naga erstaunlich biblische Sitten enthält, wie zum Beispiel die Errichtung von Gedenksteinen an bestimmten Orten, „Erstlingsfrucht"-Opfer, Blutopfer, heilige Tier-Opfer, das Essen ungesäuerten Brotes, Durchstechen der Ohrläppchen, die ständige Unterhaltung eines „heiligen Feuers", besondere Beachtung der Zahl sieben, Erntefeste und Posaunenblasen nach der Ernte!

Und sie stellten Chepo-Thuru niemals als Götzenfigur dar!

Das Alte Testament zeigt in seiner Geschichte, daß die Juden, obwohl sie sogar das geschriebene Gesetz Gottes in ihren Händen hatten, es doch nicht leicht fanden, diesem Gesetz stets Gehorsam zu leisten. Fast während der ganzen Zeit des Alten Testamentes trieben die meisten der Nachkommen Abrahams Götzendienst! Einige gingen sogar so weit, daß sie *ihre eigenen Kinder lebendig* vor dem Götzen Moloch *verbrannten!*

Auch die Nagas hatten ihre Probleme. Sklaverei war üblich unter ihnen – aber die wurde ja sogar von manchen Christen noch in der Mitte des 19. Jahrhunderts geübt – und ist in vielen islamischen Ländern noch heute legal! Die Kopfjägerei der Naga verursachte unnötige Verluste. Opiumrauchen (das die Briten eingeführt hatten, um das Naga-Militär zu schwächen) unterminierte den Unternehmungsgeist der Naga.

Wenn man bedenkt, daß diese Analphabeten einerseits vom Spiritismus und andererseits vom Götzendienst der Hindu und Buddhisten bedrängt wurden, dann ist es höchst erstaunlich, daß die Naga durch die Jahrhunderte hindurch ein solches Bewußtsein für Gott bewahrt haben. Wie wären die Naga gewesen, wenn sie die Heilige Schrift Gottes nicht verloren hätten?

Die indischen Mizo

Etwa 300 Meilen südwestlich des Naga-Gebiets und beiderseits der Indien-Burma-Grenze lebt ein weiterer Stamm, etwa 350.000 an der Zahl, den man in Indien Mizo und in Burma Lushai nennt.

Ein Schriftsteller namens Hminga, selbst ein Mizo, beschreibt die Erkenntnis seines Volkes über *Pathian* – den einen allerhöchsten Gott: *Pa,* so sagt er, bedeutet „Vater", und *Thian* kann vielleicht mit „heilig" übersetzt werden. Pathian bedeutet wahrscheinlich „heiliger Vater". Pathian wurde angesehen als „der Schöpfer aller Dinge ... ein wohlwollendes Wesen, das aber nur wenig Interesse an Menschen zeigt". Hminga zitiert einen Schriftsteller namens MacCall, der sagt: „Die (Mizo) glaubten an die Existenz eines allerhöchsten Gottes, eines Gottes voll Menschlichkeit und Güte."

Brachten die Kachin keinerlei Opfer für Karai Kasang – ihr Name für den allerhöchsten Gott –, so brachten die Mizo Pathian Opfer dar – aber nur ihm allein!

Hminga berichtet, daß ein Mizo-Mann mit Namen Darphawka einen prophetischen und stark beeinflussenden Traum irgendwann im 19. Jahrhundert hatte: „In der Nacht sprach eine Stimme zu ihm und sagte: 'Ein großes Licht wird von Westen kommen und auf das Mizoland scheinen. Folgt dem Licht; denn die Leute, die es bringen, werden der Herrscherstamm sein...' (Dann sagte der Prophet zu seinem Volk:) 'Dieses Licht wird vielleicht nicht mehr in meiner Lebenszeit scheinen; aber wenn es kommt, dann folgt ihm! Folgt ihm!'" [25]

Tegenfeldt zitiert einen Schriftsteller namens Hanson, der berichtet, daß das Mizo-Volk auch Überlieferungen über ein heiliges Buch besäße. Pathian gab es ursprünglich ihren Vorvätern, aber im Lauf der Zeit verloren sie es. [26]

Zehn ganze Völker! Alle außergewöhnlich ausgerüstet, die Bedeutsamkeit des Evangeliums von Jesus Christus zu verstehen, hätten sie nur um dessen Existenz gewußt! Zehn Völker, insgesamt mehr als drei Millionen Männer und Frauen! Zehn

Völker, die in einem Teil Süd-Ost-Asiens so groß wie Texas leben! Wartend... wartend... wartend... während Y'was Leute in anderen Ländern ein Jahrhundert nach dem andern vorbeigehen ließen! Dann endlich brach ein neuer Tag an!

Im Jahre 1817 landete ein eifriger, opferbereiter amerikanischer Missionar, ein Baptist namens Adoniram Judson, nach langer Seefahrt in der Nähe von Rangoon, Burma. Natürlich trug er unter dem Arm eine Bibel, doch besaß er nicht die leiseste Ahnung von der unglaublichen Bedeutung, die dieses Buch für mehr als drei Millionen Menschen haben sollte, die dort im Umkreis von 1.500 Kilometern lebten.

In Rangoon fand Judson Unterkunft. Mit größter Sorgfalt lernte er die burmesische Sprache. In einem gelben Gewand, ähnlich dem der buddhistischen Lehrer in Burma, wagte er sich schließlich auf die Marktplätze und predigte den buddhistischen Burmesen das Evangelium.

Ach, wie gering war die Resonanz auf seine Bemühungen! Oft kämpfte er gegen ein übermächtiges Gefühl der Entmutigung. Erst nach sieben Jahren der Verkündigung fand Judson den ersten Bekehrten unter den buddhistischen Burmesen!

Täglich kamen Karen-Leute an seinem Haus vorbei, doch Judson wußte nichts von ihnen. [27] Oft sangen sie, wie es ihrer Sitte entsprach, Hymnen für Y'wa, den wahren Gott. Hätte Judson nur auch ihre Sprache lernen können, dann wäre er höchst erstaunt gewesen über den Inhalt dieser Gesänge! Und sicherlich hätte er unter diesen einfachen Karen-Leuten mehr Widerhall gefunden, als er in seinen kühnsten Träumen erwartet hätte. Ohne im geringsten um die staunenswerte Erkenntnisfülle der Karen zu wissen, wandte Judson sich statt dessen oft trostlos und bedrückt zunehmend der Aufgabe zu, die Bibel in die burmesische Sprache zu übersetzen, da er zu wenige Gläubige hatte, um seine Zeit seelsorgerisch auszufüllen. [28]

Aber das lohnte sich. Später zeigte sich nämlich, daß Judson mit seiner Bibelübersetzung in die burmesische Sprache das wichtigste Fundament geschaffen hatte für alle späteren Missionare, die unter den vielen Minderheiten Burmas arbeiteten. Wenn Judson gleich überall einer Aufgeschlossenheit wie bei den Karen begegnet wäre, hätte er wahrscheinlich nie mehr die Zeit für eine solche Übersetzung gefunden!

Dann geschah es nach Gottes vorausschauendem Willen, daß eines Tages ein Karen direkt zu Judson in die Wohnung kam. Er suchte Arbeit, um eine Schuld bezahlen zu können. Judson beschaffte ihm eine Anstellung. Dieser Mann war Ko Thah-byu. Er hatte ein heftiges Temperament und meinte selbst, daß er in seiner früheren Laufbahn als Räuber etwa 30 Menschen getötet hätte! [29]

Nach und nach versuchten Judson und seine Hausgenossen Ko Thah-byu mit dem Evangelium von Jesus Christus bekanntzumachen. Zuerst schien es, als ob diese Botschaft nicht in sein dumpfes Gehirn eindringen könne. Aber dann trat eine Veränderung ein. Ko Thah-byu fing an, Fragen über den Ursprung des Evangeliums zu stellen und über diese „weißen Fremden", die die Botschaft und das Buch, in dem diese Botschaft enthalten war, aus dem Westen gebracht hatten. Plötzlich wurde Ko Thah-byu alles klar. Sein Herz nahm die Liebe Jesu Christi auf wie trockenes Land den Regen!

Um jene Zeit kam ein neues Missionsehepaar – George und Sarah Boardman – in Rangoon an, um Judson zu helfen. George Boardman eröffnete eine Schule für Gläubige, die nicht schreiben und lesen konnten. Ko Thah-byu hatte niemals davon geträumt, eine Schule besuchen zu können. Jetzt aber meldete er sich gleich an. Er war fest entschlossen, die burmesische Bibel lesen zu lernen – so schnell wie Judson sie überhaupt übersetzen konnte! Zum Erstaunen Judsons und Boardmans zeigte Ko Thah-byu sich völlig überwältigt von der Bibel und ihrer Botschaft.

Denn es war Ko Thah-byu bereits gedämmert, daß er der allererste seines Volkes war, der erfuhr, daß das „verlorene Buch" tatsächlich in Burma eingetroffen war! Und dementsprechend übernahm er auch seine eigene Verantwortung, diese gute Botschaft zu verkündigen, die zu hören jeder Karen doch schon so lange wartete. Als dann George und Sarah Boardman ankündigten, sie hätten Pläne für eine neue Missionsstation in der Stadt Tavoy im Süden Burmas, sagte Ko Thah-Byu eifrig: "Nehmt mich mit!"

Sie nahmen ihn mit. Sobald sie in Tavoy ankamen, bat Ko Thah-byu Boardman um die Taufe. Boardman erfüllte ihm diesen Wunsch. Sofort danach machte sich Ko Thah-byu auf die Reise in die Berge Süd-Burmas. Immer wenn er in ein Karen-Dorf kam, verkündigte er das Evangelium. Und beinahe jedesmal, wenn er das Evangelium predigte, nahm das ganze Dorf die Botschaft im Glauben an! Bald schon kamen Hunderte der durch Ko Thah-byus Zeugnis Bekehrten herunter nach Tavoy, um den „weißen Bruder" zu sehen, der endlich mit dem verlorenen Buch gekommen war!

George und Sarah konnten ihren Augen und Ohren kaum trauen! Das ganze Hügelland jenseits von Tavoy war voller Erregung. Bald schon wurde Boardman mit Einladungen überschüttet, den Dienst von Ko Thah-byu in den Karen-Dörfern durch genauere Unterweisung aus „Y'was Buch" zu vertiefen. In der Zwischenzeit machte Ko Thah-byu weitere missionarische Vorstöße. Er überquerte Flüsse, überstieg Gebirge, hielt Monsunstürmen stand und nahm es mit Banditen auf wie die, mit denen er selbst einst umhergestreift war.

So wanderte er von Karen-Dorf zu Karen-Dorf und verkündigte das Evangelium. Schließlich hörte er auch von jenem Dorf, in dem vor zwölf Jahren das bereits erwähnte heilige Buch des durchreisenden Muslim angenommen worden war. Ko Thah-byu bat Boardman dringend, in jenes Dorf zu gehen, um herauszufinden, ob es sich wirklich um ein Buch über Gott handle. Mrs. Wylie beschreibt in ihrem 1859 veröffentlichten Bericht, was geschah, als Boardman in dem Dorf ankam:

„Mit einem großen Gefolge erschien der Häuptling, der das heilige Andenken bei sich hatte. Der Korb wurde geöffnet, die Stoffumhüllung abgewickelt, und herausgenommen wurde ein altes, abgegriffenes Buch, das er ehrerbietig Mr. Boardman reichte.

Es erwies sich als das 'Book of Common Prayer' mit den Psalmen (das heute noch gebräuchliche Gebetbuch der englischen Hochkirche), das in Oxford gedruckt worden war. 'Das ist ein gutes Buch', sagte Mr. Boardman. 'Es lehrt, daß ein Gott im Himmel ist, den wir allein anbeten sollen. Ihr habt dieses Buch angebetet, weil ihr das nicht wußtet. Das ist nicht gut. Ich will euch lehren, wie man den Gott anbetet, der sich in diesem Buch offenbart.'

Das Gesicht jedes Karen zeigte abwechselnd ein Lächeln der Freude und eine betrübte Miene darüber, daß sie irrtümlich ein Buch angebetet hatten statt den Gott, der sich darin offenbart... (Nach dem Hören von Mr. Boardmans Unterweisung) erkannte der alte Zauberer, der während zwölf Jahren das kostbare Buch mit größter Sorgfalt gehütet hatte, daß seine Aufgabe beendet war. Das Phantasie-Gewand und die Keule, die er zur Unterstreichung seiner geistlichen Autorität getragen hatte, legte er ab. In der Folgezeit wurde er ein demütig an den Herrn Jesus Christus Glaubender." [30]

„Als Ergebnis von Ko Thah-byus unermüdlicher Arbeit", so schrieb Mrs. Wylie an anderer Stelle, „kamen viele Karen aus weit zerstreuten Dörfern der Tavoy-Berge und aus weit entlegenen Urwäldern, um mit neugierigem Interesse den weißen Lehrer zu sehen und den wunderbaren Wahrheiten zu lauschen. Mr. Boardman entdeckte, daß sie trotz ihres rauhen Äußeren ein ungemein empfängliches Gemüt für lebhafte Eindrücke und eine bemerkenswerte Lernfähigkeit für geistliche Dinge besaßen..." [31] „Als Mr. Boardman selbst in der Lage war, die Karen in ihren eigenen Dörfern zu besuchen, empfingen sie ihn mit großer Freude und Ehrerbietung und jubelten ihm zu als einem, der, wie sie glaubten, ihnen einen weit besseren Weg zeigen werde. Von da ab finden wir in seinen Reiseberichten ständig Bemerkungen wie diese: 'Eine große Anzahl Karen sind jetzt bei uns, und Ko Thah-byu verbringt Nacht und Tag damit, das Wort des Lebens ihnen vorzulesen und zu erklären. Es scheint, als sei für dieses Volk nun eine Gnadenzeit angebrochen.'" [32] Halleluja!

In der Zwischenzeit erlebte ein erst vor kurzem angekommener Mitarbeiter von Adoniram Judson, Jonathan Wade, einen weiteren jubilierenden Widerhall auf die gute Botschaft etwa 350 Kilometer nördlich von Tavoy! Beinahe so schnell, wie die Karen sich bekehrten und taufen ließen, wurden sie auch Missionare, die die Frohe Botschaft noch weiter in ihrem eigenen Volk verbreiteten. Einige dieser Karen-Missionare gingen in einen Ort namens Bassein, 550 Kilometer nordwestlich von Tavoy, und predigten dort. Als später amerikanische Missionare nach Bassein kamen, fanden sie 5.000 Gläubige unter den Karen, die bereit waren, getauft zu werden!

Die buddhistischen Burmesen waren höchst erstaunt. „Was", so fragten sie ständig, „ist das Geheimnis des Christentums? Wir Buddhisten haben durch die Jahrhunderte hindurch versucht, die Karen für den Buddhismus zu gewinnen – ohne Erfolg. Christliche Missionare hingegen erreichen das in wenigen Jahrzehnten, was uns in Jahrhunderten nicht möglich war!"

Mittlerweile verließ Ko Thah-byu Tavoy, wo er buchstäblich die gesamte Bevölkerung durch das Evangelium wachgerüttelt hatte, und warf sich einem Feuerbrand gleich mitten in ähnliche, wie Zunder aufflammende Karen-Bevölkerungen in Zentralburma. Kaum jemals nahm er sich Zeit zum hinreichenden Ausruhen. In wenigen Jahren brannte er völlig aus und starb an den Folgen seines rastlosen Mühens. Aber die Feuer, die er entfacht hatte in seinem Volk, brennen in Burma auch noch anderthalb Jahrhunderte später weiter.

Ein anderer von Judsons Mitbrüdern, Francis Mason, nannte Ko Thah-byu den „Karen-Apostel" und schrieb in Erinnerung an ihn ein Buch mit diesem Titel. Masons Buch müßte eigentlich neu aufgelegt werden zur Erbauung der gläubigen Christen unserer Zeit.

Etwa um 1858 wurden sich Zehntausende der Karen-Christen bewußt, daß sie für die Verbreitung der guten Nachricht des „verlorenen, wiederentdeckten Buches" verantwortlich seien, nicht nur bei ihrem eigenen Volk, sondern auch unter den anderen ethnischen Minderheiten von Burma. Die Karen-Christen aus Bassein waren führend in der neuen Phase dieses „Kulturaustausches", indem sie Teams von Karen-Missionaren, gelegentlich zusammen mit einem amerikanischen Missionar als Teil dieses Teams, zu den 500.000 Kachin schickten, die auf der nördlichsten Höhe von Burma leben.

Die Karen-Missionare waren erstaunt, daß die Kachin auch ihren eigenen Namen für den Allmächtigen hatten – *Karai Kasang* –, und nicht nur das, die Kachin glaubten auch, daß ihre Vorfahren einmal die heilige Schrift von Karai Kasang besaßen! Wie die Karen, so hatten auch die Kachin den bud dhistischen Götzendienst über Jahrhunderte hin mit der Begründung abgelehnt, Karai Kasang würde dem nicht zustimmen. Wie die Karen, sahen auch die Kachin im Christentum die Erfüllung ihres eigenen Glaubens über Karai Kasang und handelten dementsprechend.

Innerhalb der folgenden 90 Jahre wurden etwa 250.000 Kachin zur Gemeinde Jesu Christi hinzugefügt!

Karen – Kachin ... Was geschah mit den Lahu und den Wa? Später, in den Jahren um 1890, beauftragten die amerikanischen Missionare einen der Ihren, einen gewissen William Marcus Young, das Evangelium zum Shan-Volk im äußersten Osten Burmas zu bringen. Natürlich gingen die Karen-Missionare mit ihm. Young und seine Karen-Mitarbeiter gründeten eine Niederlassung in Kengtung, der Hauptstadt der Shan-Region.

Eines Tages ging Young auf den Marktplatz, um den Shan zu predigen. Die meisten von ihnen waren Buddhisten. Young las mit lauter Stimme die Zehn Gebote vor. Dann hielt er seine Bibel hoch – die Sonne schien auf die weißen Seiten – und sprach über die Gesetze des ,,Wahren Gottes".

Als er predigte, bemerkte Young fremdartig gekleidete Männer, die aus der Menge des Marktes auf ihn zustrebten. Offensichtlich waren sie keine Shan. Später entdeckte er, daß sie Lahu waren, die sich diesen Tag ausgewählt hatten, um aus den fernen Bergen herabzusteigen und ihre Waren auf den Markt von Kengtung zu bringen. Bald hatten sie William Marcus Young völlig umringt: Ungläubig starrten sie in sein weißes Gesicht, auf die weißen Blätter des Buches in seiner Hand, und lauschten seiner Beschreibung – in der Shan Sprache – der Gesetze Gottes, die dieses Buch enthielt.

Dann, in einem starken Gefühlsausbruch, baten die Lahu William Marcus Young inständig, ihnen hinauf in die Berge zu folgen. Ja, praktisch kidnappten sie ihn: ,,Wir haben als Volk jahrhundertelang auf dich gewartet", erklärten sie. „Wir haben sogar Versammlungshäuser in einigen unserer Dörfer gebaut, um bereit zu sein für dein Kommen."

Einige der Lahu zeigten ihm Armbänder aus groben Strikken, die ihnen wie Fesseln von den Handgelenken herunterhingen. „Wir Lahu haben seit undenklichen Zeiten solche Strickfesseln getragen. Sie symbolisieren unser Versklavtsein an böse Geister. Du allein als der Botschafter von *Gui'Sha* kannst diese Fesseln von unseren Handgelenken lösen – aber erst, nachdem du das verlorene Buch von Gui'Sha wirklich zu unseren Herdfeuern gebracht hast!"

Fast sprachlos vor ehrfürchtigem Staunen gingen Young und die Karen-Missionare mit ihnen. Was dann folgte, klingt wie eine Apostelgeschichte des 19. Jahrhunderts. Zehntausende der Lahu wurden Christen. Young und seine Karen-Helfer konnten dem Wunsch nach Unterweisung der Lahu kaum mehr nachkommen, so daß Young seine beiden kleinen Söhne Harold und Vincent schnellstens in diesen Dienst mit einspannen mußte. Harold und Vincent trugen so von Kindheit an die Tracht der Lahu. Sie nahmen an Lahu-Volkstänzen teil. Sie arbeiteten und lachten und spielten mit den Lahu und beherrschten die Sprache der Lahu besser als Englisch. Später übersetzte Vincent das ganze Neue Testament großartig in die Umgangssprache der Lahu.

Im Jahre 1904 tauften William M. Young, die Karen-Missionare, Harold und Vincent 2.200 Lahu-Bekehrte, die die Grundlagen christlichen Lebens und Glaubens gelernt hatten. Von da ab bis 1936, als Young, noch in der Arbeit stehend, unter den Lahu starb, sah er mindestens 2.000 Lahu pro Jahr ins Taufwasser hinabsteigen. In einem Jahr taufte er, seine Söhne und seine Karen-Helfer sogar mehr als 4.500!

Mehrere hundert Millionen Christen in westlichen Ländern sind beeinflußt von einer Klischeevorstellung missionarischer Arbeit als eines im Grunde unwirksamen und unproduktiven Unternehmens, das sich nicht lohnt. Die meisten Christen denken, daß fünf Bekehrte in 20 Jahren Missionsarbeit die Norm sei. Nichts könnte weiter von der Wahrheit entfernt sein! Es ist gerade die Missionsarbeit, die Ergebnisse gebracht hat, über die Missionare selbst oft höchst überrascht waren, weil alle Erwartungen übertroffen wurden. Durchbrüche, wie sie die Boardmans, Wades und Youngs erlebt haben, sind keineswegs ungewöhnlich im Erfahrungsbereich christlicher Missionare. Der ,,Himmelsgott" nämlich wußte, daß sie in ein weiteres seiner vielen Herrschaftsbereiche kommen würden – und hatte den Weg bereits vorbereitet. So einfach ist das!

Die erstaunliche Tatsache, daß missionarische Durchbrüche unter den Karen, Kachin und Lahu-Stämmen *infolge* ihrer jeweiligen Volksreligionen stattfanden – nicht trotz dieser –, ist bei weltlichen Ethnologen völlig übersehen worden. Der deutsche Völkerkundler Hugo Adolf Bernatzik zum Beispiel reiste durch die Kengtung-Region in der Zeit von 1936-37 und veröffentlichte später eine Reisebeschreibung mit dem Titel ,,Die Geister der gelben Blätter". Niedergeschmettert und verärgert darüber, daß ,,mehr als die Hälfte der Bergdörfer jetzt Christen sind", kommentiert in diesem Buch Bernatzik diesen Wechsel und wie er glaubt, daß es dazu gekommen sei:

„Katschin und Lahu versammelten sich sonntäglich in ihren ‚Kirchen', strohgedeckten Pfahlhäusern, um den Christengott zu preisen."

In der Art, wie er die Anführungszeichen setzt, bringt Bernatzik verächtlich zum Ausdruck, daß Gebäude mit Blätterdach und auf Pfählen nicht als wirkliche Kirchen betrachtet werden können. Nie hätte er sich träumen lassen, daß die Lahu ähnliche Bauten errichtet hatten in steter Erwartung des Evangeliums, längst bevor es zu ihnen gekommen war! Und wenn er sich nur danach erkundigt hätte, dann hätte er erfahren, daß der Gott, den die Kachin und Lahu in diesen Kirchen anbeteten, kein anderer war als Karai Kasang – der allerhöchste Gott der Vorväter der Karen –, entsprechend Gui'Sha unter den Lahu! Hier wird deutlich, wie Bernatzik, Doktor der Ethnologie, beeinflußt von Tylors Ansichten, die tatsächliche Situation in betrüblicher Weise völlig verkannte. Er fährt fort:

„Wie hier nun die Missionare stehen und einen neuen Gott verkündigen, die Schwächen und Machtlosigkeit der alten Götter predigen, ... so mögen auch einst die ersten Christen auf dem Boden des alten Europa vor unseren Vorfahren gestanden sein."

Natürlich war Bernatzik nicht zugegen, als die Lahu William Marcus Young baten, die alten Stricke von ihren Handfesseln zu schneiden und damit die Befreiung von den bösen Geistern, den Nats, zu symbolisieren.

Weiter lesen wir in Bernatziks ,,aufklärendem" Kommentar:

„Im alten Asien aber, das schon alt war, als Europa noch schlummerte, in dem nicht nur das Heidentum, sondern auch Brahma, Buddha, Mohammed und Konfuzius seit Tausenden von Jahren Wurzeln geschlagen haben, ist heute das Christentum keine Glaubensangelegenheit mehr, sondern untrennbar mit der europäischen Zivilisation verbunden, die in Asiens unermeßlich weiten Bergen und Tälern immer ein Fremdkörper sein wird."

Was würde Bernatzik denken, wenn er heute im ,,alten Asien" leben würde, wo Tausende von Karen-, Kachin- und Lahu-Kirchengemeinden wachsen und gedeihen und ein lebendiges, beständiges Zeugnis von Jesus Christus sind, ohne daß auch nur ein einziger europäischer Missionar dort als Berater oder gar als ,,Überwacher" tätig ist? Wie konnte auch ein so in Vorurteilen gefangener Mann überhaupt begreifen, daß eine von Asiens ,,anerkannteren Religionen", der Buddhismus, trotz intensivierter Bemühungen es nicht geschafft hatte, diese besonderen Minderheitenvölker von Burma zu bekehren, wohingegen das Christentum innerhalb weniger Jahrzehnte, ohne staatliche burmesische Unterstützung, ihre Herzen gewonnen hat!

Bernatzik ist typisch für viele Intellektuelle, die selbstgefällig prophezeien, das Christentum hätte in Asien und Afrika nur Fuß gefaßt, indem es sich am Mantelzipfel der Kolonial-Regierungen festhielt – es werde aber bald ,,weg vom Fenster" sein, sobald nationalistische Bewegungen die Kolonialregierungen zum Rückzug gezwungen hätten.

Zum Hohn von solchen Meinungen wächst und breitet sich das Christentum gerade in den früheren Kolonialgebieten besonders aus – und zwar schneller als selbst in Amerika oder Europa!

Bernatzik führt weiter aus: ,,So überwältigend die weltumfassenden Ziele der Christenheit auch sein mögen, so bewundernswert die Arbeit mancher Missionare ist, ... so konnten wir dennoch ihr Werk nicht anders als mit den Augen des ‚bekehrten‘ Volkes betrachten.”

Praktisch vermitteln alle weltlichen Ethnologen liebend gerne den Eindruck – wie Bernatzik es hier durch seine Anführungszeichen tut –, daß die Bekehrung weit in der Ferne lebender Völker zum Christentum nicht echt sei. Die Anhänger der Kirchen geben ganz einfach vor, Christen zu sein, um den Missionar zufriedenzustellen. Das ist die bei Ethnologen vorherrschende Meinung. In Wirklichkeit seien diese Völker völlig in der Lage, die Missionare herauszufordern, zu schmähen und zu töten, wann immer sie sich entscheiden werden, den Weg des Christentums zurückzuweisen!

Als ich weiterlas, um herauszufinden, was mit diesem „Standpunkt des ‚bekehrten' Volkes” gemeint sein könnte und was Bernatzik verspricht, uns zu erklären, belustigte es mich, kein einziges Zitat von irgendeinem mutmaßlich heuchlerischen oder eingeschüchterten Kachin oder Lahu-Gemeindeglied zu entdecken! Bernatzik möchte uns ganz einfach seine gänzlich unbelegten Meinungen eintrichtern und verlangt von uns, diese als den „Standpunkt des ‚bekehrten' Volkes” zu akzeptieren. Dann offenbart er seine ungenierte Bevormundung mit folgenden Worten: „Zudem sind diese Naturvölker zumeist nicht einmal psychisch imstande, diese abstrakte Ethik zu erfassen, und nehmen daher nur belanglose Äußerlichkeiten an, die in keinem Verhältnis zu den Schwächen stehen, die ihnen durch die Vernichtung ihrer autoritären Geisterwelt und somit ihres sozialen Gefüges zugefügt werden.” [33]

Armer Professor Bernatzik! Getäuscht von dem, was Mrs. Wylie das „rauhe Äußere” der Kachin- und Lahu-Leute nennt, und irregeleitet von Tylors und Morgans Theorien, kann er die Existenz der unglaublichen geistlichen Kräfte nicht einmal vermuten, die zu jener Zeit in der Kachin/Lahu-Welt am Werke waren – geschweige denn, diese Kräfte verstehen! Er ist typisch für Millionen von „Intellektuellen”, deren Ausbildung wegführte von der Entdeckung solcher Kräfte, statt sie zu ihnen hinzuführen. Ihre Lehrer haben ihnen einen schlechten Dienst erwiesen, und sie selbst tun denen, die sie ihrerseits beeinflussen, wiederum den gleichen schlechten Dienst.

Gelegentlich jedoch findet beispielsweise ein C. S. Lewis den Weg von diesem Denken weg hinein in die Welt geistlicher Kräfte und ist ,,überwältigt von Freude"! Würde das nur öfter geschehen!

Im letzten Teil des Kapitels dingt Professor Bernatzik einen nichtchristlichen Lahu, der ihn in Lahu-Dörfer führen soll, von denen er hofft, daß sie den „Zwängen“ des Christentums noch Widerstand leisten. Der Professor erklärt, daß sein Fortschritt stark behindert wurde, weil sein nichtchristlicher Lahu-Führer auf dem Weg immer haltmachte, um Opium zu rauchen. Schließlich mußte der Professor mit dem ,,Feind" sozusagen einen Kompromiß schließen, indem er sich einen *christlichen* Führer nahm, um seinen Reiseplan einhalten zu können. Natürlich fällt es dem Professor nicht ein, wie dankbar er dem Evangelium sein müßte allein schon deshalb, daß es ihm erleichterte, einen Führer zu finden, der nicht opiumsüchtig war!

Schließlich fand der Professor ein nichtchristliches Lahu-Dorf. Die Dorfbewohner jedoch trachteten ihm nach dem Leben, so daß er weichen mußte. So ging er in ein anderes Dorf, und wieder in ein anderes, und wieder weiter und immer so weiter – denn jedes nichtchristliche Lahu-Dorf außer einem wies ihn total ab und hieß seine Reisegruppe nicht willkommen. Und selbst das eine Dorf nahm ihn nur widerwillig auf. Bernatzik gelingt es, mit philosophischer Ruhe die Situation anzunehmen und die nichtchristlichen Lahu zu loben wegen ihres ,,unabhängigen Geistes".

Offensichtlich kam dem Professor niemals die Frage, wieso es den Missionaren gelang, diese gleiche Barriere glühender Unabhängigkeit zu durchbrechen. Wenn Bernatzik vielleicht zuerst selbst Frieden mit dem ,,Himmelsgott" gemacht hätte, hätte er wohl das Geheimnis der Missionare entdeckt.

Es war während der Anfangszeit des Einzugs des Evangeliums bei den Lahu, daß Pu Chan, Gottes Befürworter unter den Wa-Kopfjägern, das kleine Pony sattelte und seinen Anhängern befahl, dem Pony zu folgen, um nach einem ,,weißen Bruder zu suchen, der das Buch von *Siyeh,* dem wahren Gott, bei sich hat".

Das Pony führte diese staunenden Anhänger über etwa 350 Kilometer Bergpfade hinunter in die Stadt Kengtung. Dann wandte es sich in das Tor eines Missionsgrundstücks hinein und ging geradewegs zu einem Brunnen.

Neben dem Brunnen hielt das Pony an. Pu Chans Jünger schauten in alle Richtungen, aber sie konnten keine Spur eines weißen Bruders oder eines Buches entdecken.

Nelda Widlund, die Tochter von Vincent Young, die Enkelin von William Marcus Young, erzählte mir persönlich, was dann geschah. Denn sie war auf diesem Missionsgelände aufgewachsen und trank oft aus diesem Brunnen. Die Einzelheiten, die folgen, bilden eine kostbare Erinnerung der ganzen Young-Familie. Die Wa-Stammesangehörigen hörten Geräusche in dem Brunnen. Sie schauten hinein und sahen kein Wasser, sondern nur zwei klare blaue Augen, die aus einem freundlichen, bärtigen, weißen Gesicht herausschauten.

,,Hallo, Fremde!" Die Stimme – sie sprach in der Sprache der Shan – erschallte aus dem Brunnen. ,,Kann ich euch helfen?" William Marcus Young kletterte aus dem Brunnen heraus, der noch nicht im Gebrauch war (er war noch dabei, ihn zu graben). Während er sich den Staub von den Händen klopfte und sie anschaute, fragten die Wa-Botschafter: ,,Hast du ein Buch von Gott mitgebracht?" Young nickte. Überwältigt von tiefer Gemütsbewegung fielen die Wa-Männer zu seinen Füßen nieder und platzten mit Pu Chans Anliegen heraus. Dann fügten sie hinzu: ,,Dieses Pony ist besonders für dich gesattelt worden. Unsere Leute warten alle. Nimm das Buch! Wir müssen jetzt gehen!"

Young starrte sie an. ,,Ich kann jetzt nicht weg", antwortete er. ,,Tausende von Lahu kommen fast täglich hierher, um unterwiesen zu werden. Was soll ich tun?"

Young breitete die Situation vor Lahu-Christen aus. Gemeinsam beschlossen sie, den Wa-Männern Unterkunft in Kengtung zu beschaffen, damit sie hier christliche Unterweisung bekommen könnten. Danach sollten sie dann mit dem Gelernten zurückkehren in ihr Wa-Gebiet und ihr eigenes Volk lehren. Auf diese Weise wurden Pu Chan und Tausende seines Volkes Christen, ohne daß William Marcus Young auch nur ein einziges Mal bei ihnen gewesen wäre!

Als Folge dieser Arbeitseinteilung hörte der kleine Vincent Young, Neldas Vater, in seiner Kindheit um sich herum die Wa-Sprache fast ebensoviel wie die Lahu-Sprache. Später, als Jugendlicher, unternahm Vincent wiederholt Reisen in die Wa-Berge – ein Gebiet, das Reisende mieden wegen der Kopfjägerei –, um den Leuten dort mehr ins einzelne gehende Unterweisung „vor Ort" zukommen zu lassen. Ein Ergebnis dieser Besuche war, daß Vincent die Wa-Sprache so gründlich lernte, daß er später das Neue Testament nicht nur in die Lahu-, sondern dann auch in die Wa-Sprache übersetzte!

Die Youngs und ihre Karen-Mitarbeiter, die mehr als 60.000 Lahu getauft hatten, fanden sich bald schon verbunden mit weiteren 10.000 getauften Wa-Gläubigen, die ihrerseits das Evangelium ausbreiteten, und zwar noch weiter in den Osten Burmas und in den Südwesten Chinas hinein.

Am Schluß meines Interviews mit ihr sagte Mrs. Widlund: „Don, möchten Sie gerne meinen Vater kennenlernen, Vincent Young, und ein altes Foto anschauen, das mein Großvater von jenem kleinen Pony der Wa mit dem Sattel auf dem Rücken gemacht hat?"

„Wollen Sie damit sagen, daß Ihr Vater noch lebt?" rief ich aus.

„Er ist jetzt 80 Jahre alt und lebt in Mentone (Kalifornien), nur ein paar Kilometer von hier entfernt", antwortete sie.

Später traf ich sie dort in der bescheidenen Wohnung ihres Vaters in Mentone. Sie machte mich mit Vincent Young persönlich bekannt, der mir dann nicht nur das Foto mit dem Pony zeigte, sondern Album für Album anderer alter Fotos! Da war William Marcus Young in den verschiedensten Abschnitten seines Lebens und Dienstes zu sehen und die Karen-Männer und -Frauen, die mit ihm zusammenarbeiteten! Ich sah Hunderte von Lahu- und Wa-Leuten, die in seichten Ufergewässern von Flüssen standen und auf ihre Taufe warteten.

Tausende standen ringsherum auf den Hügeln, um der Taufe zuzuschauen. Mit großer Freude nahm ich diese sieghaften Eindrücke in mich auf, bis ich glaubte, das Herz müsse mir zerspringen! Halleluja!

Zweifelt jemand daran, daß Gott ein Pony dazu bringen kann, diese Wa-Leute unbeirrt über eine so weite Entfernung zum richtigen Ziel zu führen? Ganz sicher konnte Gott, der einen Stern gebrauchte, um die Weisen zur Krippe nach Bethlehem zu führen, einfach ein Pony benutzen, um die Wa zu einem bestimmten Brunnen nach Kengtung zu bringen.

Jenseits der Grenze zu Südwest-China arbeitete ein Engländer mit Namen James Outram Frazer, ein Missionar der China-Inland-Mission. Er entdeckte dort den Lisu-Stamm, lernte ihre Sprache und fing an, unter ihnen das Evangelium zu verkündigen. Als Schwierigkeiten aufkamen, ging Frazer über die Grenze hinein nach Burma, um zu schauen, was er über kulturübergreifende Einflüsse von den amerikanischen baptistischen Missionaren lernen konnte, von denen er gehört hatte, daß sie überwältigenden Erfolg unter ähnlichen Stämmen wie den Lisu hatten.

Nach einer schwierigen Reise fand Frazer schließlich den Außenposten der baptistischen Mission, aber es waren nur Karen-Missionare dort! So wie der Apostel Paulus sozusagen christliche Gemeinschaften „ausbeutete", um aus ihrer Mitte Leute wie Timotheus, Silas und Lukas auszusenden, um seine Arbeit auszudehnen, so drängte auch Frazer die Karen-Christen in Burma, von jenem Außenposten der Baptisten einen aus ihrer Mitte mitzusenden, weil er ihn brauchte zur geistlichen Stärkung der fernen Lisu.

Die Karen, in der ihnen eigenen großartigen geistlichen Haltung, stimmten zu. Rasch kehrte Frazer mit seinem Karen-Helfer zurück ins Lisuland, wo dieser bald die Lisu-Sprache erlernte.

Nach seiner Rückkehr übersetzte Frazer das Markus-Evangelium in die Lisu-Sprache. Als die ersten gedruckten Exemplare erschienen, die in einer Missionsdruckerei in Shanghai hergestellt worden waren, reiste Frazer von Dorf zu Dorf und las aus dem Markus-Evangelium vor.

Offensichtlich hatte Frazer zuerst keine Ahnung von der Lisu-Überlieferung, die nämlich auch seit langem einen weißen Lehrer vorhergesagt hatte: Er werde das längst verloren geglaubte Buch Gottes wiederbringen – in ihrer eigenen Sprache. Es ist anzunehmen, daß die Karen-Kollegen Frazers, die aus Burma kamen, ganz gewiß die richtige Wellenlänge gehabt hätten, diesen ursprünglichen Glauben der Lisu zu entdecken, falls Frazer noch nichts gewußt hätte. Auf jeden Fall entschieden sich die Lisu in großen Scharen für das Evangelium von Jesus Christus. Viele Kenner dieses geschichtlichen Hintergrundes glauben, daß die uralte Lisu-Überlieferung in Verbindung mit der Gegenwart eines Karen, der sich genau darin auskannte, eine große Rolle spielte in der tief beeindruckenden Bewegung, die Zehntausende von Lisu-Männern und -Frauen ins Reich Gottes führten.

Burma, Südwest-China – und dann Ostindien! Wenige Christen in anderen Teilen der Welt wissen, daß zwei vollständige Staaten des überwiegend hinduistischen Indiens – Nagaland und Mizoram – über eine größere Prozentzahl getaufter Christen verfügen als irgendein anderes Land von gleicher Größe in der Dritten Welt!

Die Kirchen in Nagaland, der Heimat von mehr als einer Million Naga-Leuten, umfassen 76 Prozent der Gesamtbevölkerung als Mitglieder! In Mizoram zählen 95 Prozent der Gesamtbevölkerung zur Kirche! Der Prozentsatz ist in Mizoram deshalb höher, weil die meisten Gemeinden dort die Kindertaufe praktizieren, wohingegen die meisten Kirchen in Nagaland die Taufe nur bei Jugendlichen und Erwachsenen vornehmen.

Die Mizo-Christen haben sich kürzlich dadurch ausgezeichnet, daß sie 400 ihrer eigenen Mizo-Missionare in überwiegend hinduistische Gebiete Nord-Indiens geschickt haben!

Es ist höchst bedeutsam, daß die Überlieferungen von einem verlorenen Buch Gottes in Verbindung mit alten Weissagungen, wie jene aus dem 17. Jahrhundert der Prophetin Khamhinatulu, eine große Rolle spielen in der Aufgeschlossenheit der Naga- und Mizo-Bevölkerung für das Evangelium Jesu Christi.

Reisende, die aus solchen Gebieten des östlichen Indiens zurückkehren, berichten oft, daß sie fast überall Kirchen sahen und in Hörweite von Gebetsstunden und Lobgesängen waren!

Bis heute danken die Naga- und Mizo-Christen Gott von Herzen dafür, daß er ihnen genug Zeugnis über ihn selbst gab durch ihre eigenen früheren Volksreligionen, um sie vom Götzendienst der Hindus in Indien zurückzuhalten – ebenso wie die Karen, Kachin, Lahu und Wa genug Licht hatten, um den buddhistischen Götzendienst in Burma abzuweisen, und das Lisu-Volk genug Verständnis besaß, den Taoismus und Konfuzianismus in China abzulehnen!

Wäre es nicht so gewesen, dann wäre der Fortgang des Evangeliums unter ihnen mit Sicherheit viel mühsamer gewesen.

Wenn wir auf die Religionsgeschichte zurückschauen, wird uns deutlich, daß der Böse es immer darauf angelegt hat, in Formalismus erstarrte Religionen den Volksreligionen aufzudrängen, um – wenn das Evangelium kommt – die Volksreligionen davon abzuhalten, ihre verblüffende Rolle als Verbündete desselben zu erfüllen. Diese Strategie des Bösen ging leider in vielen Völkern auf, die ursprünglich Volksreligionen angehörten.

Weil die Christen so lange auf sich warten ließen, bis sie endlich ernsthaft daran gingen, Missionare hinauszuschicken, unterlagen solche Völker schließlich dem Druck des Hinduismus, Buddhismus, Islam und anderer formalistischer Religionen. Dabei verloren sie viel an Aufnahmebereitschaft, die durch die Gnade Gottes unter den Karen und ähnlichen Völkern um sie her noch immer vorhanden war.

Und trotzdem ist es nicht unmöglich, die Anhänger der vielen formalistischen Religionen für Christus zu gewinnen! Es gibt ständig Fortschritte, und wir gewinnen an Boden. In einem späteren Buch werde ich mich in Einzelheiten damit befassen.

Epimenides, der Prophet aus Kreta; Pachacuti, der Verteidiger Viracochas; Kolean, der Weise aus Santal; Pu Chan, der Prophet der Wa; Khamhinatulu, die Prophetin der Mizo; Worasa, der Seher aus Äthiopien – wie sollen wir sie einstufen? Hat die Heilige Schrift die Existenz dieser einzigartigen Gruppe von Gottesfürchtigen inmitten der anderen Heidenvölker vorausgesehen?

Ich glaube, die Heilige Schrift hat sie nicht nur in ihrer Existenz vorausgesehen, sondern stellt uns sogar mindestens zwei davon vor!

Abraham war genau solch eine Person, als Jahwe zum erstenmal zu ihm in Ur in Chaldäa sprach. Jahwes spätere Wahl Abrahams als Vater einer besonderen Menschenrasse, als besondere Zeugen für die ganze Welt, war natürlich ganz einzigartig. Aber die Tatsache, daß Abraham persönlich den wahren Gott kannte, war nicht einzigartig! Denn als Abraham in Kanaan ankam, fand er einen Mann mit Namen Melchisedek, den König der Stadt Salem, der auch als „Priester des allerhöchsten Gottes diente" (vgl. 1. Mose 14, 18-20; Ps. 110,4; Hebr. 7,1-22).

Die Heilige Schrift bestätigt tatsächlich, daß Melchisedek in Gottes Reich einen höheren Rang hatte als Abraham! Denn Abraham gab Melchisedek den Zehnten, und Melchisedek „segnete" Abraham, nicht etwa umgekehrt. Die Tatsache, daß der Schreiber der Genesis nicht die kleinste Erklärung darüber gibt, wie Melchisedek auf einmal da war, läßt darauf schließen, daß es dem Schreiber keineswegs ungewöhnlich erschien, daß ein Mann wie Melchisedek unter den Kanaanitern gefunden werden sollte.

Vielleicht sollten auch wir nicht zu überrascht sein, wenn wir Nachweise von Gottesfürchtigen, die unter Heidenvölkern leben, finden – und das in neuester Zeit! Vielleicht bezog Jesus selbst sich schon darauf, als er sagte: „Und ich habe noch andere Schafe, die sind nicht aus diesem Stall; und auch diese muß ich herführen" (Joh. 10,16).

Anmerkungen:

1) Mrs. Macleod Wylie: The Gospel in Burma (London: W. H. Dalton, 1859), S. 52-54.
2) Francis Mason: The Karen Apostel (Boston: Gould and Lincoln, 1861), S. 10.
3) Wylie: The Gospel in Burma, S. 22.
4) Mason: The Karen Apostel, S. 97.
5) Wylie, S. 6.
6) Alonzo Bunker: Soo Thah, A Tale of the Karens (New York: Fleming H. Revell Co., 1902), S. 84-93.
7) Mason, S. 99.
8) Ebd., S. 21.
9) Ebd., S. 15-27.
10) Bunker: A Tale of the Karen, S. 82.
11) Herman G. Tegenfeldt: A Century of Growth, The Kachin Baptist Church of Burma (Pasadena, CA: William Carey Library, 1974), S. 44.
12) Ebd., S. 45.
13) Ebd., S. 46.
14) Aus einem persönlichen Interview mit Nelda Widlund im Jahre 1980. Mrs. Widlund ist die Enkelin von William Marcus Young.
15) Alexander MacLeish: Christian Progress in Burma (London: World Dominion Press, 1929), S. 52.
16) Aus einem persönlichen Interview mit Nelda Widlund und ihrem Vater Vincent Young.
17) Aus einem persönlichen Interview mit Alex C. Smith, Doktor der Missiologie, Überseeische Missions-Gemeinschaft.
18) MacLeish: Christian Progress, S. 51.
19) Ebd.
20) Ebd.
20 a) Vgl. die Kritik oben, solche Beispiele vorschnell im biblischen Sinn zu deuten.
21) Ebd.
22) Phyllis Thompson: James Frazer and the King of the Lisu (Chicago: Moody Press, 1962), S. 64.

23) Tegenfeldt: A Century of Growth, S. 45.
24) Ebd., S. 46.
25) Hminga: The Life and Witness of Churches in Mizoram (Pasadena, CA: William Carey Library, 1976), S. 31, 42.
26) Tegenfeldt, S. 46.
27) Mason, S. 9, 10.
28) Wylie, S. 86.
29) Mason, S. 12.
30) Wylie, S. 52, 53.
31) Ebd., S. 52.
32) Ebd., S. 54.
33) Hugo Adolf Bernatzik: Die Geister der gelben Blätter (Gütersloh: C. Bertelsmann Verlag), 41.-50. Tsd. 1951, S. 180-182.

Kapitel 3

Völker mit fremdartigen Sitten

Leser, die mit meinen beiden ersten Büchern – ,,Friedens-Kind" und ,,Herren der Erde" – vertraut sind, haben bereits eine Ahnung von dem, was ich mit ,,fremdartigen Sitten" meine. Für diejenigen, die ,,Friedens-Kind" nicht gelesen haben, gebe ich hier eine kurze Zusammenfassung:

Im Jahr 1962 reisten meine Frau Carol und ich zusammen mit unserem acht Monate alten Sohn Stephen nach Neuguinea und lebten als Missionare unter den Sawi, einem der etwa tausend Stämme, die es auf dem rund 2500 Kilometer großen Halb-Kontinent gibt. Die Sawi erwiesen sich als einer der fünf oder sechs Stämme auf diesem Planeten, die *sowohl* Kannibalismus *als auch* Kopfjägerei praktizierten. Später wurden uns noch drei weitere Kinder geboren – Shannon, Paul und Valerie –, die die ersten Jahre ihres Lebens mit uns unter den Sawi verbrachten.

Unsere anfänglichen Versuche, den Sawi das Evangelium zu bringen, wurden erheblich erschwert durch ihre Bewunderung der ,,Meister der Treulosigkeit" – gerissene Betrüger, die über einen Zeitraum von mehreren Monaten eine Freundschaft vortäuschen konnten, während sie in Wirklichkeit ihre ahnungslosen Opfer ,,mästeten" durch diese freundschaftliche Beziehung, bis sie plötzlich ein ,,Schlachtfest" veranstalteten!

Wegen dieser ungewöhnlichen Art der Helden-Verehrung geschah es auch, daß die Sawi, als sie meinen ersten Versuchen der Evangeliums-Verkündigung lauschten, die Sache mit Judas Ischariot, der Jesus verriet, völlig mißverstanden. Judas war nach ihrem Verständnis der Held der Geschichte! Jesus war hingegen in den Augen der Sawi einfach der Tölpel, den man auslachte!

Plötzlich merkten Carol und ich, daß wir in erhebliche Verständigungsschwierigkeiten geraten waren. Erstens, wie konnten wir die tatsächliche Bedeutung des Evangeliums diesen Leuten klarmachen, die ein Wertsystem hatten, das der neutestamentlichen Ethik völlig entgegengesetzt war? Zweitens, wie konnten wir sicher sein, daß die Sawi uns nicht auch durch ihre freundschaftlichen Beziehungen „mästeten" und eines Tages abschlachten würden?

Wir beteten um Gottes besondere Hilfe und fanden schließlich heraus, daß die Sawi eine einzigartige Weise hatten, Frieden zu schließen und solchen Betrugsfällen zuvorzukommen. Wenn ein Sawi-Vater seinen Sohn einer anderen Gruppe als „Friedenskind" anbot, dann waren nicht nur vergangene Kränkungen erledigt, sondern auch zukünftige Betrügereien verhindert, aber nur solange das Friedenskind am Leben blieb! Nun hatten wir den Schlüssel zur Lösung dieses Verständnis-Problems gefunden. Wir schilderten den Sawi nun Jesus Christus als das endgültige „Friedenskind". Dabei stützten wir uns auf Jesaja 9,6, Johannes 3,16, Römer 5,10 und Hebräer 7,25 als die wichtigsten Bibelstellen, die von der Macht dieses Friedenskindes zeugten.

Diese Auslegung brachte den Durchbruch des Evangeliums unter den Sawi! Als ihnen klar wurde, daß derjenige, den Judas verriet, ein Friedenskind war, sahen sie Judas nicht mehr als Helden an. Denn ein Friedenskind zu verraten, das war nach Ansicht der Sawi das schlimmste Verbrechen überhaupt!

Seit jenen Tagen haben nahezu zwei Drittel des Sawi-Volkes – wie sie selbst sagen – „ihre Hände im Glauben auf Gottes Friedenskind Jesus Christus gelegt", was ihrer eigenen Sitte entspricht, daß Leute, die das Friedenskind empfingen, einer nach dem andern seine Hände auf den übergebenen Sohn legten mit den Worten: „Wir empfangen dieses Kind als Grundlage des Friedens!"

Andere Völker haben gleichwertige fremdartige Bräuche, die sich ebenso bedeutungsvoll mit dem Evangelium verknüpfen lassen. Die folgenden Kapitel zeigen eine ganze Anzahl solcher Beispiele. Beachten Sie jedoch auf jeden Fall zuerst die folgende biblische Grundlage, solche Sitten zu entdecken und zu gebrauchen, um sie als ,,Augen-Öffner" für die geistliche Wahrheit zu benutzen:

Saulus von Tarsus, der spätere Apostel Paulus, war Juden gegenüber, die nur in Palästina gelebt hatten, im Vorteil. Er hatte viel mehr Gelegenheit, die Heiden und ihre Lebensweise zu beobachten. Geboren in einer überwiegend heidnischen Stadt, in einem entschieden heidnischen Land, vertraut mit mindestens einer heidnischen Sprache und Bürger einer wahrhaft weltoffenen heidnischen Regierung, kam Paulus zu einigen interessanten Schlußfolgerungen über die Heiden.

Hier ist eine: Paulus beobachtete, daß die Heiden sich oft so benahmen, als stimmten sie völlig mit dem Gesetz Moses überein, obwohl sie niemals etwas über Mose oder über sein Gesetz gehört hatten! Wie kann das sein? fragte er sich. Später führte der Geist Gottes ihn zu einer erstaunlichen Antwort: ,,Denn wenn die Heiden, die das Gesetz nicht haben, doch von Natur tun des Gesetzes Werk, so sind sie, obwohl sie das Gesetz nicht haben, sich selbst ein Gesetz" (Röm. 2, 14). Mit anderen Worten: Das Gesetz, das sich in der Natur des heidnischen Menschen ausdrückt, nimmt sozusagen die Stelle eines vorläufigen Alten Testaments ein. Gewiß ist das unzulänglich, aber es ist immerhin besser, als überhaupt kein Gesetz zu haben!

Paulus fährt fort: ,,... denn sie beweisen, des Gesetzes Werk sei geschrieben in ihrem Herzen, da ja ihr Gewissen es ihnen bezeugt, dazu auch die Gedanken, die sich untereinander verklagen oder auch entschuldigen" (Röm. 2,15).

Paulus war den Heiden gegenüber offen und gerecht. Er gestand den Heiden – selbst den ungeschliffensten – zu, daß sie unabhängig von judenchristlicher Offenbarung im Besitz eines gottgegebenen Moralverständnisses waren. Salomo, wie wir bereits sahen, erkannte, daß Gott ,,die Ewigkeit in ihr Herz gelegt" hat (Pred. 3,11). Nun fügt Paulus hinzu, daß Gott die Forderungen seines Gesetzes in die gleiche Stelle eingegraben hat!

Armer Mensch! Er wird doppelt verfolgt! Erstens hat er den Sinn eines merkwürdigen Bestimmtseins für die Ewigkeit bekommen, auf die er sich hinbewegt, obwohl er ja nur Staub und vergänglich ist. Und dann findet er in seinem Herzen ein Gesetz geschrieben, das ihn dazu verdammt, seine ewige Bestimmung zu verfehlen!

Kein Wunder, daß Paulus an anderer Stelle schrieb: „Wehe mir, wenn ich das Evangelium nicht predigte!" (1. Kor. 9, 16). Nichts anderes kann jenes doppelte Gejagt-Sein des Menschen beenden!

Solche unter uns, die die Wege des Apostels weitergegangen sind in heidnische Gebiete, haben seine Beobachtungen in einer Weise bestätigt gefunden, die er selbst wohl nie erwartet hatte. Zum Beispiel: Eine Forderung des mosaischen Gesetzes war ein seltsamer jährlicher Ritus, bei dem zwei Ziegenböcke zur Verfügung stehen mußten. Beide Böcke – beachten Sie dies – mußten „ohne Flecken und Fehler" sein, also Reinheit symbolisieren. Der jüdische Hohepriester legte zuerst seine Hand auf das Haupt des einen Bocks, womit symbolisch alle Sünden des jüdischen Volkes auf dieses kleine Tier gelegt wurden. Dieser Bock wurde dann als Opfer auf einem jüdischen Altar geschlachtet.

Und was geschah mit dem anderen Bock? Während Tausende gespannt zuschauten, führten die Juden dieses zweite Tier einfach in die Wüste hinaus und ließen es dort los! Und sie nannten diesen zweiten Ziegenbock „Sündenbock". Sobald der Sündenbock nicht mehr zu sehen war, erhoben die Juden ihre Hände zu Jahwe und priesen ihn für die Wegnahme ihrer Sünden.

Als Johannes der Täufer auf Jesus zeigte und ausrief: „Siehe, das ist Gottes Lamm, welches der Welt Sünde trägt!" (Joh. 1, 29), stellte er Jesus Christus dar als die vollkommene, persönliche Erfüllung dieser jüdischen Sündenbock-Symbolik. Es bedurfte zweier Tiere, um das darzustellen, was Christus alleine erfüllte, als er für unsere Sünden starb. Nicht nur, daß er die Versöhnung für unsere Schuld bewirkte, er nahm schon das bloße Vorhandensein unserer Sünde hinweg!

Eine bestimmte Sekte hat dem eine andere Deutung zu geben versucht. Sie ist damit einverstanden, daß das erste Tier eine Vorschattung Jesu Christi ist, jedoch besteht sie darauf, daß der Sündenbock Satan darstellt. Der Urheber der Sünde, so meinen sie in dieser Sekte, muß sie am letzten Ende auch wegtragen. Diese Theorie muß scheitern, denn sie übersieht eine Einzelheit, die wie ein Riff aufragt: daß *beide* Tiere, nicht nur das erste, makellos und ohne Flecken sein mußten!

Gegen diesen Hintergrund gesehen überlegen Sie einmal die folgende Zeremonie, wie sie jährlich in gewissen Stammessippen stattfindet, so etwa bei den …

Dyaks auf Borneo

Dyak-Älteste beobachten, eng zusammengedrängt, wie Bootsbauer gerade letzte Hand an die Fertigstellung eines winzigen Bootes legen. Die Handwerker reichen den Ältesten das Boot, die es vorsichtig an den Rand des Flußufers in der Nähe ihres Dorfes namens Anik bringen. Während die ganze Bevölkerung des Ortes näher zusammenrückt, wählt ein Ältester zwei Hähnchen aus der Hühnerschar des Dorfes. Dann vergewissert er sich, daß beide Hähnchen völlig gesund sind, schlachtet eines und sprengt das Blut am Uferrand entlang. Das andere Hähnchen wird lebendig an dem einen Deckende des Bootes angebunden. Damit es ruhig bleibt, erhält es einige Reiskörner. Jemand bringt eine kleine Laterne, bindet sie am entgegengesetzten Ende des Decks fest und zündet sie an. Jetzt nähert sich nacheinander jeder Bewohner des Dorfes dem kleinen Boot und legt noch etwas Unsichtbares aufs Deck, genau in die Mitte zwischen der leuchtenden Laterne und dem lebendigen Hähnchen.

Fragt man einen Dyak, was er dort zwischen die leuchtende Laterne und das lebendige, makellose Hähnchen hingelegt hat, dann wird er antworten: „*Dosaku!*" (meine Sünde).

Wenn jeder Bewohner aus Anik seine oder ihre *dosa* auf das kleine Boot gelegt hat, heben die Dorfältesten es vorsichtig vom Boden auf und waten hinaus in den Fluß. Dann wird das Boot in die Strömung entlassen.

Während es sich flußabwärts bewegt, schauen die Dyaks

mit wachsender Spannung zu. Die Ältesten stehen brusttief im Fluß und halten den Atem an. Wenn das kleine Boot zum Ufer zurücktreibt oder an irgendeinem Hindernis hängenbleibt und in Sichtweite ihres Dorfes umkippt, dann leben die Anik-Leute unter einer Wolke dunkler Angst, bis die Zeremonie im nächsten Jahr wiederholt werden kann!

Aber wenn das kleine Boot in einer Flußbiegung verschwindet, dann hebt immer die ganze Versammlung ihre Arme zum Himmel und ruft: *Selamat! Selamat! Selamat!* (Wir sind gerettet! Wir sind gerettet!) [1]

Jedoch nur bis zum nächsten Jahr.

Die Juden hatten ihren Sündenbock. Die Dyaks hatten ihr Sündenboot.

Welches von beiden konnte wirklich die Sünde wegtragen? Antwort: keines! Der Apostel, der den Hebräer-Brief schrieb, sagte: „Vielmehr geschieht dadurch alle Jahre nur eine Erinnerung an die Sünden ... In diesem Willen sind wir geheiligt ein für allemal durch das Opfer des Leibes Jesu Christi" (Hebr. 10, 3.10).

Wenn selbst das von Gott angeordnete jüdische Opfer nur Gültigkeit hatte als Vorschattung von etwas, das noch kommen würde, dann muß nicht betont werden, daß das Sündenboot der Dyaks auch nicht die Sünden wegtragen konnte. Hat das Ganze dann überhaupt keine Bedeutung? Aber gewiß! Das Dyak-Sündenboot verkörpert einige stichhaltige Vorstellungen. Die Sünde des Menschen muß weggetragen werden! Die Beseitigung der Sünde bedarf nicht nur des Todes, sondern auch der lebendigen Gegenwart von etwas ganz Reinem! Die Erleuchtung der Wahrheit (symbolisiert durch die angezündete Laterne) ist eine notwendige Voraussetzung für die Beseitigung von Sünde!

Wer hätte sich je träumen lassen, daß die Dyaks, einst gefürchtete Kopfjäger, sich erweisen sollten als schon zum voraus auf die stark biblische Wellenlänge solcher Gedankengänge eingestellte Leute!

Aber Vorsicht: die Buddhisten in Kambodscha schicken auch kleine Boote den Mekong-Fluß hinunter zu bestimmten Zeiten im Jahr, aber mit völlig anderer Zielsetzung. Dutzende dieser kleinen, mit Lampen versehenen Boote sind auf dem Mekong nachts gesehen worden. Die Boote der Kambodschaner dienen entweder dazu, die Geister der Toten wegzubringen oder Speiseopfer an die Toten zu vermitteln.

Man muß bei jeder vorhandenen Sitte die dahinter stehende Absicht genau studieren, bevor man Schlußfolgerungen im Blick auf etwa vorhandene biblische Vorstellungen zieht. Ursprünglich mögen auch die Geisterboote der Kambodschaner einem ähnlichen Zweck gedient haben wie die ,,Sündenboote" auf Borneo. Ahnen-Anbeter mögen über die Jahrhunderte hin die Originalbedeutung des Brauchs so drastisch verändert haben, daß sie keine Brücke mehr zur biblischen Wahrheit bildet.

Die Frohe Botschaft, daß Christus der Sündenträger der Menschheit wurde, ist ein Hauptinhalt des Evangeliums. Aber es ist noch nicht die ganze Botschaft. Der gleiche Christus, der unsere Sünde wegträgt, pflanzt einen neuen Geist in unser Inneres ein, damit wir nicht endlos zurückfallen in die gleichen Vergehen. Jesus sagt, daß alle, die die Gabe dieses neuen Geistes empfangen haben, ,,wiedergeboren" sind (Joh. 3,3).

Die tatsächliche Bedeutung der ,,neuen Geburt" ist für die meisten Menschen nur sehr schwer zu begreifen. Der erste, mit dem Jesus über die Wiedergeburt sprach, war ein theologisch gebildeter, intellektueller Jude namens Nikodemus, ein Mitglied des jüdischen Rates, nichts weniger! Wenn überhaupt jemand in Jerusalem in der Lage gewesen wäre zu verstehen, was Jesus mit ,,Wiedergeburt" meinte, dann war es Nikodemus. Und doch...

Sobald Jesus sagte: ,,...Es sei denn, daß jemand von neuem geboren werde, so kann er das Reich Gottes nicht sehen" (Joh. 3,3), reagierte Nikodemus mit einer naiv wörtlichen, fast kindischen Frage: ,,Wie kann ein Mensch geboren werden, wenn er alt ist? Kann er auch wiederum in seiner Mutter Leib gehen und geboren werden?" (Joh. 3,4).

Wenn schon ein so kluger Gelehrter wie Nikodemus Schwierigkeiten hatte zu verstehen, was Jesus mit der neuen Geburt meinte, wieviel schwerer mögen es dann ,,unwissende

Heiden" damit haben! Wirklich? Würde das nicht bedeuten, daß Jesus ganz offen gesagt über die Köpfe hinweg redet?

Keineswegs!

Nehmen wir einmal einen der schwierigsten Fälle auf Erden...

Das Asmat-Volk in Neuguinea

Schauen Sie sich Neuguinea auf dem Globus an. Schon seine Form scheint die Warnung auszustrahlen: Betreten nur auf eigene Gefahr! Denn Neuguinea sieht fast genauso aus wie ein riesiger Tyrannosaurus, der mit offenem Maul auf dem Äquator unserer Welt in der Sonne liegt.

Die Warnung verdient Aufmerksamkeit. Die Liste der Reisenden, deren Leben von jenem 2.700 Kilometer langen Urweltgetier verschlungen worden ist, liest sich wie eine wahre „Who's Who"-Liste (wer ist wer?): Register, Buchstabe „R"! Richtig: der „Saurier" hatte nicht einmal Respekt vor einem so erhabenen Namen wie Rockefeller.

Bergspitzen, die wie gepanzerte Schuppen von jenem Reptilrücken aufragen, durchziehen die ganze Länge Neuguineas. Einige Dutzend Gipfel übertreffen sogar das Matterhorn an Höhe! Aber zum Süden hin erstreckt sich ein Sumpfgebiet so ungeheuer weit, daß Floridas Everglades sich dagegen ausnehmen wie ein kleiner Ententeich. Hunderttausend Quadratkilometer Regenwald! Unendlich sich schlängelnde Flüsse, von denen viele mit schwimmenden Grasinseln verstopft sind. Alles wird unterstützt und erhalten durch ungefähr sieben Meter Regenhöhe jährlich!

Nahezu eintausend Stämme bewohnen Neuguinea. Und einer dieser Stämme hat es sich ausgesucht, im nassesten, dichtesten, feuchtesten und seuchenreichsten Teil jenes Sumpfgebiets zu wohnen: die Asmat.

Die Völkerkundler haben eine Faustregel, und zwar daß Kopfjäger, wo immer sie zu finden sind, nicht auch noch Kannibalismus praktizieren; Kannibalismus andererseits ist nicht mit Kopfjägerei verbunden. Diese beiden Bräuche, so die Faustregel, schließen einander aus. Man mag die eine oder die andere Sitte vorfinden, niemals aber beide in der gleichen Kultur.

Leider hatten die Asmat von dieser Regel keine Ahnung; denn sie waren nicht zufrieden damit, nur die Schädel ihrer Jagdopfer als Trophäen zu erhalten, sie verspeisten auch das Fleisch ihrer Opfer! [2]

Die Asmat hatten noch weitere interessante Bräuche für Teile des menschlichen Körpers. Manchmal nahm ein Asmat einen menschlichen Schädel unter seinen Kopf als Kissen. Die Asmat-Kinder spielten mit Menschenschädeln als Spielzeug. Einige Krieger spitzten menschliche Oberschenkelknochen zu, daß sie als Dolche gebraucht werden konnten; Kieferknochen dienten zuweilen als Halsschmuck. Und Menschenblut bildete den Leim für die Asmat, mit dem sie die schwarze Eidechsenhaut als Trommelfell auf ihren Trommeln befestigten!

Wenn Sie diese Beschreibung der Asmat lesen, dann hüten Sie sich bitte vor der Versuchung zu denken, sie seien irgendwie nicht wirklich menschlich. Denn wenn Menschen, die solche Dinge tun, als Untermenschen betrachtet werden, dann sollten wir uns fragen, was wir zum Beispiel von den Kelten und Angelsachsen zu halten haben, von denen viele, die dieses Buch lesen, doch abstammen.

Der Historiker Dr. Ralph Winter stellt fest, daß Kopfjägerei auch unter den Stämmen der Kelten in Irland vorkam. Und kräftige Angelsachsen, Bewohner der Wälder in Nordeuropa, tranken, so sagte er, noch bis zum Jahre 600 n. Chr. aus menschlichen Schädeln!

Erst durch das Evangelium von Jesus Christus ergab sich für die Kelten und Angelsachsen etwas völlig Neues. Und das will es genauso auch für die Kopfjäger-Kannibalen der Asmat tun! Alles, was wir zu tun haben, ist, zu ihnen zu gehen, unter ihnen zu leben und die bestmögliche Weise zu finden, den Asmat das Evangelium verständlich zu machen – wie es jemand einst den Kelten und Angelsachsen überbrachte.

Das ist doch wirklich nicht zuviel verlangt! Jesus sagte: „...Umsonst habt ihr's empfangen, umsonst gebt es auch" (Matth. 10,8).

Nein, das ist tatsächlich nicht zuviel verlangt! Aber das ist auch keineswegs leicht auszuführen! Doch nur ein Teil dieser Schwierigkeit ist sichtbar. Malen Sie sich doch einmal aus, Sie wären selbst zu dieser Aufgabe der Missionierung bestimmt.

Wie wäre es, wenn Sie sich jetzt in einer kleinen strohgedeckten Hütte am Rande eines Asmat-Dorfes namens Ochanep befänden. Ihnen wird berichtet, daß im Oktober 1961 Michael, der Sohn des New Yorker Gouverneurs Nelson Rockefeller, plötzlich wie vom Erdboden verschwunden ist, ein paar Meilen von Ihrem Heim entfernt. Sie haben Gerüchte darüber gehört, daß Ihre Asmat-Nachbarn mit dem Verschwinden von Michael zu tun hätten. Und doch, zu Ihrer Erleichterung, zeigen sich die Asmat recht freundlich.

Sie haben Ihnen nicht nur geholfen, Ihr neues Zuhause aufzubauen, sie helfen Ihnen sogar bei der täglichen Nahrungsbeschaffung, indem sie Ihnen viel Fisch, Garnelen und Wildschweinfleisch bringen – als Gegenleistung für Angelhaken, Angelleinen, Rasierklingen, Streichhölzer, Salz, Messer, Äxte und Macheten. Dann gibt es solche, die Ihnen beim Erlernen der Sprache behilflich sind. Zunächst erleben Sie die Asmat-Sprache als eine unmögliche Mischung unverständlichen Geschnatters und Kauderwelschs. Und dann taucht allmählich der Sinn dafür auf. Sie bekommen das aufregende Gefühl, den Durchbruch zu schaffen!

Und dann kommt der Schock! Außer dem Zusammentreffen von Kopfjägerei und Kannibalismus geschieht es auch, daß Asmat-Männer sogar ihre eigenen Frauen derart entmenschlichen, daß sie sie zwingen, gelegentlich öffentlich mit sich Handel treiben zu lassen. Zu anderen Zeiten „würdigen" sie ihre verstorbenen Verwandten, indem sie mit dem verwesenden Fleisch ihrer Leichen Handel treiben.

Versuche, die Asmat zu überreden, ihren Sinn zu ändern und solche Dinge zu lassen, erscheinen genauso einfach, wie ein Rad an einem großen Lastwagen zu wechseln, während dieser einen Hügel hinunterrast. Zu versuchen, ihnen das

Evangelium ins Gemüt einzuschreiben, ist fruchtlos wie der Versuch, Sülze an einen Baum zu nageln!

Nach und nach erzwingt sich die Entmutigung ihren Weg und überschwemmt Ihren anfänglichen Optimismus – wie Wasser durch Risse in ein Boot dringt. Und Ihre Niedergeschlagenheit wird sich noch verstärken, wenn Sie Briefe von anderen Missionaren in anderen Teilen Neuguineas erhalten, in denen es beispielsweise heißt: ,,Freut euch mit uns! Wir haben allein in diesem Tal schon 6.000 Gläubige getauft! Weitere 2.000 haben sich zu Lese-Schreib-Klassen angemeldet!"

Grimmig murmeln Sie: ,,Klingt, als ob die dort Hilfe brauchen!" Bald schreiben Sie einen Brief an den Feldleiter Ihrer Missionsgesellschaft und äußern die Bitte, zu Menschen in Neuguinea geschickt zu werden, die aufgeschlossener für das Evangelium sind. ,,Unter diesen Leuten hier habe ich alles versucht und doch nichts erreicht", schreiben Sie. ,,Offensichtlich ist das nicht Gottes Zeitpunkt, jetzt hier etwas in Bewegung zu bringen."

Doch in Ochanep gibt es keinen Briefkasten (ganz zu schweigen von einem Postamt). So können Sie Ihren Brief erst aufgeben, wenn mal wieder ein Missionspilot mit seinem kleinen Wasserflugzeug auf dem Fluß in Ihrer Gegend landet, denn das ist die einzige Kontaktmöglichkeit mit der Außenwelt.

Während Sie Ihren Brief auf den Kaffeetisch legen, bricht draußen in Ochanep ein Aufruhr los. Sie eilen zur Haustür und schauen in die Richtung des Dorfes. Hunderte von Asmat-Männern, -Frauen und -Kindern strömen herunter aus ihren auf hohen Stelzen erbauten Lang-Häusern und bilden eine lange Reihe den Fluß entlang. Alle schauen aufgeregt flußabwärts.

Sie selbst rasen zum Ufer und schauen ebenfalls flußabwärts. Zu Ihrem Entsetzen sehen Sie, daß der Fluß in jener Richtung schwarz ist von Kanus des Basim-Stammes – Todfeinde Ihrer Ochanep-Nachbarn! Sie hören sie kommen. Ihre Paddel schlagen gegen die Seiten ihrer Einbäume. Mit den Füßen hämmern sie auf den Boden dieser Einbäume im gleichen Takt wie das Schlagen, und wütende Schreie begleiten sowohl jenes Trampeln als auch jenes Schlagen. Ihnen schaudert. Denn Sie wissen, daß ihre Paddel gleichzeitig als Speere dienen können. Sie wissen auch, daß schwarze Palmenholzbogen und Hunderte von schußbereiten Schilfpfeilen an der Innenseite der Wände dieser Einbäume aufgereiht sind. Auch ist Ihnen bekannt, daß viele Krieger in jenen Kanus Dolche aus menschlichen Hüftknochen in ihre Armreifen eingesteckt tragen.

„Genau hier vor meinem Haus wird es ein Blutbad geben", keuchen Sie entsetzt.

,,Nein, bestimmt nicht!" antwortet ein vergnügter Asmat-Junge, der in der Nähe steht. ,,Heute kommen sie nicht, um Krieg zu machen. Sie kommen, um Frieden zu schließen!"

„Ich hoffe, das klappt!" murmeln Sie gespannt und nervös. Während Sie aus Ihrer Meinung nach sicherer Entfernung zuschauen, ziehen die Basim-Kanus an Ochanep entlang und drehen bei in Richtung Ufer. Im Uferschlamm halten sie an, aber die Leute darin kommen näher. Geradewegs den Strand hinauf! Dann stecken sie ihre Paddel aufrecht in den Schlamm, bilden eine dichte Gruppe und fangen an, auf und ab zu hüpfen, wobei sie in äußerster Heiterkeit laute Schreie ausstoßen. Diese Aktion löst eine gleiche Antwort bei den Leuten von Ochanep aus.

Plötzlich bewegen sich Männer aus beiden Gruppen, den Ochanep und den Basim, unbewaffnet aufeinander zu und vermischen sich auf einer grasigen Erhebung. Seltsamerweise trägt jeder Mann eine zusammengerollte Matte unter dem Arm. Augenblicke später breiten diese gegenseitigen Feinde ihre Matten auf dem Gras aus und legen sich, mit dem Gesicht nach unten, darauf, Seite an Seite, tatsächlich so, wie man an einem übervölkerten Strand ein Sonnenbad nimmt!

Dann gehen die Ehefrauen der ruhenden Männer schüchtern zum gleichen Hügelchen. ,,O nein!" rufen Sie angeekelt aus. ,,Nicht wieder eine Frauenhandel-Orgie!"

Diesmal irren Sie sich. Jede schüchterne Asmat-Frau nimmt Stellung neben ihrem liegenden Ehemann, breitbeinig, mit einem Fuß unter seiner Brust und dem andern unter seiner Hüfte. Dann bringen Älteste beider Gruppen Kinder zum Hügel und unterweisen sie, wie sie sich auf Hände und Knie niederlassen und sich vorwärts über die Rücken der liegenden Väter hinwinden sollen. Bei diesem Vorgang rutschen die Kinder auch zwischen den Knien ihrer Mütter durch.

Nachdem jedes Basim-Kind durch diese lebendige Passage durchgekrochen ist, wird es von Männern und Frauen aus Ochanep aufgefangen und wie ein neugeborenes Baby geschaukelt. Andere bringen Wasser und baden es, wie es nach einer Geburt auch geschieht. Die Kinder von Ochanep werden auf die gleiche Weise von den Basim-Leuten behandelt.

Als nächstes wird mehrere Tage lang zu Ehren der Kinder gefeiert. Dafür werden sie geschmückt mit Palmfaserketten und Muscheln. Jede Nacht werden die Kinder von Erwachsenen in den Schlaf gewiegt. Die Frauen singen ihnen zärtlich Wiegenlieder ins Ohr. Später kehren die Kinder ganz frei zurück in ihre eigenen Familien und Dörfer.

Von dieser Zeit an ist Frieden! Arbeitstrupps können ohne Furcht vor Überfällen tiefer in die Sagosümpfe vordringen, um sich Nahrung zu beschaffen. Die Männer und Frauen aus Ochanep und Basim tauschen nicht nur Geschenke aus, nein, sie tauschen sogar ihre Eigennamen aus, um auf diese Weise ihr Einssein und ihr gegenseitiges Vertrauen auszudrücken. [3]

In der Zwischenzeit ist in Ihnen selbst ein heftiger Kampf entbrannt. Sie haben alles aufmerksam beobachtet und Ihr Vorurteil behauptet: „Bah! Welch abstoßende heidnische Sitten! Wer kümmert sich denn um so etwas?" Doch Ihre Neugier verhilft Ihnen zu einer entscheidend wichtigen Beobachtung. Was immer dieser Brauch auch bedeutet, in jedem Fall zeigt er die Kraft, die fähig ist, das Verhalten des Asmat-Volkes zu ändern. Und genau das erhoffen Sie sich doch aus biblischer Sicht für diese Menschen!

Hoffen wir, daß die Neugier das Feld gewinnt! Wenn, dann werden Sie anfangen, Fragen zu stellen. Es wird nicht lange dauern, und Sie werden feststellen, daß die Passage, die sich aus den Rücken der Väter und den Fußgelenken der Mütter bildet, einen Geburtskanal zur Volksgemeinschaft hin darstellt. Die Kinder, die dort hindurchkriechen, werden angesehen als neu hineingeboren in die Verwandtschaft ihrer Feinde! Durch diese wechselseitig wiedergeborenen Kinder wird aus den gegenseitigen kriegführenden Gruppen eine einzige Familie – und das sichert den Frieden!

Plötzlich überfällt Sie die Erkenntnis, um was es hier geht! Niemand weiß, wie lange Zeit schon diese friedenbringende Zeremonie den Asmat einen lebenswichtigen Grundsatz verdeutlicht hat, daß nämlich echter Friede nicht durch Vereinbarung mit Worten allein entsteht. Echter Friede verlangt die Erfahrung einer neuen Geburt!

Sie kratzen sich am Kopf und fragen sich: *Wo habe ich so etwas schon einmal gehört?*

Verbissen tüfteln Sie Asmat-Hauptwörter und Zeitwörter aus, die für die schwierigen Begriffe passen, die Sie ausdrükken wollen. Sie üben, bis Sie jene Verben korrekt in allen Zeitformen der Asmat abwandeln können. Zitternd vor Aufregung wagen Sie es dann schließlich, Ihre Zehen den Kerben der Treppenpfosten zu einem Asmat-Langhaus einzupassen, klettern hinauf und treffen einen Mann namens Erypeet. Er sitzt nackt auf einer Matte und kaut zufrieden an einem Stock mit gerösteten Käferlarven. Er lädt Sie ein, sich neben ihn auf die Matte zu setzen und reicht Ihnen auch einen solchen Stock! Höflich nehmen Sie an und legen ihn neben sich auf die Matte – um gegessen zu werden, wenn Sie wieder zu Hause sind, natürlich!

„Erypeet", beginnen Sie, „ich war fasziniert, als ich sah, wie ihr aus Ochanep Frieden mit denen aus Basim geschlossen habt. Ich war auch einmal im Krieg, Erypeet. Ich stand nicht mit Menschen auf Kriegsfuß, sondern mit meinem eigenen Schöpfer. Der Schatten dieses Krieges verdunkelte mein Leben viele Monde lang. Eines Tages trat ein Botschafter meines Schöpfers an mich heran. ‚Mein Herr hat eine neue Geburt vorbereitet', sagte er, ‚du kannst in ihm ganz neu geboren werden und er in dir. Dann wirst du Frieden haben mit meinem Herrn ...' "

An diesem Punkt legt Erypeet den Überrest seines Larvensteckens hin und ruft aus: „Was! Habt ihr und euer Volk auch eine neue Geburt?" Erypeet ist verblüfft, daß Sie, als unwissender Ausländer, als Fremder, als Außenseiter, tatsächlich so gebildet sein könnten, auch nur an die Möglichkeit einer neuen Geburt zu denken. Er hatte gedacht, daß nur ein Asmat den Plan einer solch tiefgreifenden Sache begreifen könnte!

„Ja, Erypeet", antworten Sie. „Wir haben auch eine neue Geburt!" Erypeet fragt: „Ist eure Wiedergeburt genau wie unsere?" – „Da gibt es manche Gemeinsamkeiten, mein Freund; und es gibt auch einige Unterschiede. Darüber möchte ich dir jetzt gerne etwas erzählen."

Könnte es passieren, daß Erypeet Sie unterbrechen würde, um zu fragen: „Warte! Wie kann ein Mensch geboren werden, wenn er alt ist? Kann er wiederum in seiner Mutter Leib gehen und geboren werden?"

Im Grunde nicht. Wenn es um die Frage geht, die Notwendigkeit menschlicher Wiedergeburt zu begründen, dann hat Erypeet – nackt, ein Analphabet, ein Kopfjäger-Kannibale – einen Vorteil, den der Jude Nikodemus nicht besaß!

Und was wird aus dem Brief an Ihren Missionsfeldleiter? Was wird aus Ihrer Bitte, Sie an einen anderen Platz zu versetzen, wo die Aufnahmebereitschaft für die Evangeliumsverkündigung größer ist?

„O das!" höre ich Sie antworten, „nun, sehen Sie, ich habe meine Meinung geändert. Auf keinen Fall werde ich die Asmat jetzt verlassen. Ich werde selbstverständlich hierbleiben und sehen, was der Geist Gottes in den Herzen dieser Menschen tun kann, wenn er ihnen offenbart, daß es bei Jesus Christus eine *wirkliche* Neugeburt für sie gibt – und zwar nicht nur symbolisch!"

Irgendwie dachte ich's doch, daß Sie Ihre Meinung schon ändern würden – sobald Sie verstünden ...

Die Yali und die Hawaiianer

Was hatten die 35.000 schwarzhäutigen Yali-Kannibalen in

Zentral-Neuguinea mit den Juden gemeinsam? Und auch mit den braunhäutigen Polynesiern, die 9.000 Kilometer entfernt auf den Inseln von Hawaii leben?

Das soll der nachfolgende Bericht illustrieren:

„Erariek, erzähl mir eine Geschichte", bat ich, während ich meinen Kugelschreiber, zum Notieren bereit, in der Hand hielt. Erariek, ein 25jähriger Yali, grinste. Er freute sich offensichtlich über mein Interesse an seinem Volk. Dann leuchteten seine Augen auf, als ihm eine alte Erinnerung kam, ein Abenteuer, das mit seinem eigenen Bruder Sunahan und noch einem Freund namens Kahalek zu tun hatte. Erariek räusperte sich und begann...

Gerade, als sie anfingen, süße Kartoffeln in ihrem Garten auszugraben, hörten Sunahan und Kahalek einen Pfeil an ihnen vorbeizischen. Im nächsten Moment streifte ein zweiter Pfeil Kahalek. Über ihre Schultern weg sahen die beiden eine große Anzahl Feinde aus dem Hinterhalt hervorbrechen. Das Schimmern in den Augen jedes Feindes zeigte Sunahan und Kahalek unmißverständlich, daß diese Angreifer, die über den Heluk-Fluß gekommen waren, noch an diesem Tag ein Festmahl mit Menschenfleisch erwarteten – mit dem Fleisch von Sunahan und Kahalek!

Sunahan und Kahalek ließen ihre Grabstöcke fallen, griffen ihre Bogen und Pfeile und rannten um ihr Leben.

An diesem Punkt erwartete ich, Erariek würde erzählen, daß Sunahan und Kahalek einen steilen Weg aufwärts geflohen wären, um sich in ihrem Dorf hoch über der Bergkette im Gartengebiet in Sicherheit zu bringen. Statt dessen erzählte er mir, daß sie sich vom Weg abwandten und quer über ihre Gärten in Richtung einer niedrigen Steinmauer flohen. Kurz bevor sie die Mauer erreichten, trafen weitere Pfeile den bereits verwundeten Kahalek. Er fiel gerade außerhalb der Mauer und lag sterbend da.

Sunahan jedoch sprang über die Mauer, wirbelte herum, entblößte seine Brust vor seinen Feinden und lachte sie aus. Die Angreifer, nachdem sie Kahaleks Leben mit weiteren Pfeilen ausgelöscht hatten, beschlossen, nicht einmal den

Versuch zu machen, den Toten für das Festmahl abzuschleppen, denn aus dem Dorf strömten schon die Rächer den Berg herunter. Kahaleks Leiche konnte die Mörder nur bei der Flucht hindern.

Die Angreifer flohen. Sunahan ließen sie ohne einen Kratzer zurück.

Fast hätte ich meinen Kugelschreiber fallen lassen. ,,Warum haben sie denn nicht Sunahan getötet?" fragte ich. ,,Er stand doch genau vor ihnen!"

Erariek lächelte herablassend. ,,Don, das verstehst du nicht. Sunahan stand innerhalb der Steinmauer."

„Welchen Unterschied macht das?" fragte ich.

,,Der Boden innerhalb der Steinmauer", erklärte Erariek, ,,das ist, was wir Yali einen *Osuwa* nennen, einen Ort der Zuflucht. Wenn die Feinde auch nur einen Tropfen von Sunahans Blut innerhalb dieser Mauer vergossen hätten, dann hätten ihre eigenen Leute sie mit dem Tode bestraft, sobald sie nach Hause gekommen wären. Ebenso durfte Sunahan, obwohl er Waffen in seinen Händen hatte, doch nicht wagen, einen Pfeil abzuschießen, solange er sich innerhalb dieser Mauern befand. Wer immer innerhalb jener Mauer steht, darf keinem Menschen etwas Böses zufügen!"

Sie hätten mich mit einer Feder umhauen können!

Mehr Einzelheiten über Erariek und diese unglaubliche Geschichte über den Yali-Stamm kann der Leser in meinem Buch *Herren der Erde* [4] nachlesen. Nun muß ich die Frage beantworten: Was hat das alles mit den Hawaiianern zu tun, die 9.000 Kilometer entfernt von den regenkalten Yali-Tälern Neuguineas leben?

Niemand weiß, wann die Hawaiianer zuerst den geweihten umfriedeten Bezirk *Pu'uhonua-o-honaunau* für seinen besonderen Zweck bestimmten. Archäologen glauben, daß der König Keawe-ku-i-ke-káai um 1500 n. Chr. einen eigenen Tempel dort baute und ihn mit einer etwa drei Meter hohen Steinmauer umgab, von der noch viel erhalten ist. Zwei weitere Tempel kamen während des folgenden Jahrhunderts hinzu.

Pu'uhonua-o-honaunau steht immer noch an der Westküste von Hawaii, ungefähr zehn Kilometer südlich des großen

Denkmals zur Erinnerung an den Tod des englischen Entdekkers, Kapitän James Cook.

Pu'uhonua-o-honaunau war nicht einfach nur ein weiterer Tempel. Es war ein Ort der Zuflucht für „besiegte Krieger, Nichtkämpfer oder Tabu-Brecher", die seine Grenzen vor ihren Verfolgern erreichten (Broschüre des National Park Service). Sich in den Umkreis der alten Mauern Königs Keawes zu retten, war nicht nur ein Spiel; es bedeutete das Leben selbst.

Jeder Flüchtling, der eintrat, fand einen dort für ihn gebauten Schutzraum! Ein Garten und ein Wäldchen mit Kokosnuß-Palmen sorgten für Nahrung. Außerdem gab es eine Quelle, die frisches Wasser spendete. Ein Stück Meeresstrand lud zum Schwimmen und Fischen ein!

Und Pu'uhonua-o-honaunau war nur eine aus dem Netzwerk von vielleicht 20 solcher „Zufluchts-Städte", die über die Inselkette von Hawaii verstreut waren!

Yali – und Hawaiianer. Aber was hat das mit den Juden zu tun? Einst betraten die Hebräer – die Vorfahren der heutigen Juden – das verheißene Land. Josua, ihr Führer, folgte einer früheren Anweisung, die Gott ihm durch Mose gegeben hatte. Er bestimmte sechs hebräische Städte – drei auf jeder Seite des Jordans – als „Zufluchts-Städte".

Ihr Zweck? Um solchen Menschen Schutz zu bieten, die jemand getötet hatten und deshalb in Lebensgefahr fliehen mußten (5. Mose 19; Jos. 20). Die jüdischen Historiker erzählen uns, daß die Straßen, die zu den Zufluchts-Städten führten, gewöhnlich die geradesten Straßen in Palästina waren. Brücken entlang dieser Straßen wurden in bestem Zustand gehalten. Die sechs Städte selbst waren alle auf Anhöhen gebaut, so daß die Flüchtlinge sie klar und deutlich auch aus weiter Entfernung sehen konnten.

Wenn ein Flüchtling eine hebräische Zufluchts-Stadt betrat, dann war er sicher, bis der Hohepriester in seiner Sache entschied. Je nachdem, wie der Schiedsspruch ausfiel, wurde der Flüchtling entweder dem Bluträcher übergeben oder aber freigelassen.

Hebräische Dichter und Propheten haben dieses eindrucksvolle Bild und die geistliche Bedeutsamkeit des ,,Ortes der Zuflucht" nie übersehen. Zum Beispiel schreibt König David, der Psalmist: ,,Bei dir, o Herr, habe ich Zuflucht gefunden, laß mich nimmermehr zuschanden werden!" (Ps. 31,2; Schlachter-Übersetzung).

Wenn der Hohepriester nach der Untersuchung entschied, den Flüchtling seinem Verfolger zur Vollstreckung des Todesurteils auszuliefern, dann bedeutete das für den Flüchtling ,,zuschanden zu werden". Der König David, der sich dessen sehr wohl bewußt war, daß seine eigene Gerechtigkeit nicht genügen würde, sein Leben zu retten, fährt mit der Bitte fort: ,,...errette mich durch *deine* Gerechtigkeit" (Ps. 31,2).

Und genau das ist es, was Jesus Christus im Evangelium verheißt: die reumütigen Zufluchtsucher zu befreien auf Grund *seiner* Güte, nicht ihrer eigenen! Sie müssen jedoch wirklich ihre Zuflucht nur in ihm suchen, nicht sonst irgendwo! Der Schreiber des Hebräer-Briefes beschäftigte sich mit den gleichen ewigen Prinzipien göttlicher Barmherzigkeit, als er schrieb: ,,... wir , ... die wir unsere Zuflucht dazu genommen haben, festzuhalten an der angebotenen Hoffnung" (Hebr. 6,18).

Beachten Sie Gottes offenkundige Strategie! Zuerst führte er den ,,Ort der Zuflucht" in der hebräischen Kultur ein. Dann leitete er David und andere biblische Schreiber dahin, dieses Bild des ,,Ortes der Zuflucht" sozusagen als ,,Augen-Öffner" sowohl für die Hebräer als auch für Menschen wie wir zu benutzen. Kann er da nicht auch Yali und Hawaiianer veranlaßt haben, ,,von Natur aus" dieser Forderung des Gesetzes zu gehorchen, das ,,geschrieben ist in ihren Herzen"? Wenn das so ist, dann muß es sicherlich seine Absicht sein, daß wir dieses gleiche Bild als ,,Augen-Öffner" für sie verwenden.

Die Chinesen und ihr Schreibsystem

Die ersten China-Missionare begegneten einem gewaltigen Hindernis. Sie mußten das chinesische Schreibsystem erlernen. Aus dem Westen kommend, waren sie nur mit europäischen Alphabeten mit ungefähr 26 Buchstaben vertraut. Aber das hier verschlug ihnen den Atem! Die chinesische Schreibweise benutzte ein System, das auf 214 Zeichen aufbaute, den „Wurzeln"!

Sie schnappten erneut nach Luft, als sie erfuhren, daß jene 214 Wurzeln, die ja schon ein Schreckgespenst in sich selbst waren, zusammengefügt würden zu 30.000 bis 50.000 Schriftzeichen! Das reichte, um selbst den geduldigsten Heiligen zur Verzweiflung zu bringen! Warum in aller Welt ließ Gott der Allmächtige es zu, daß ein Volk ein solch „verwurzeltes" Schreibsystem entwickelte? War es Gott gleichgültig, daß die chinesische Schreibweise für die Weitergabe des Evangeliums an ein Viertel der gesamten Menschheit zu einem fast unübersteigbaren Hindernis wurde?

Eines Tages allerdings hörte einer der Missionare auf, darüber zu klagen. Er betrachtete ein chinesisches Schriftzeichen, das „gerecht" bedeutet. Er bemerkte, daß es in zwei Teile gegliedert war. Der obere Teil war einfach das chinesische Zeichen für Lamm. Direkt unter dem Lamm war ein zweites Zeichen, nämlich das persönliche Fürwort *Ich*. Plötzlich hatte dieser Missionar eine hervorragend verschlüsselte Botschaft in diesem Schriftzeichen entdeckt: *Ich unter dem Lamm bin gerecht!*

Das war nichts Geringeres als das Kernstück, das Herz des Evangeliums, weswegen er den Ozean überquert hatte, um es in China zu verkündigen! Die Chinesen waren verblüfft, als er ihre Aufmerksamkeit auf diese verborgene Botschaft lenkte. Das hatten sie niemals bemerkt, aber als er es ihnen aufzeigte, sahen sie es ganz klar. Als er sie fragte: „Unter welchem Lamm müssen wir stehen, um gerecht zu sein?" hatten sie keine Antwort. Mit tiefer Freude erzählte er ihnen von „dem Lamm, das geschlachtet ist" (Offb. 13,8), dem gleichen

„Lamm Gottes, das hinwegnimmt die Sünden der Welt" (Joh. 1,29).

Er teilte seine Entdeckung anderen Missionaren mit, und bald schon fingen auch sie an, weitere geistliche Botschaften in diesen 4.000 Jahre alten Schriftzeichen zu entschlüsseln! Das Studium der chinesischen Sprache wurde für sie plötzlich zu dem aufregendsten Abenteuer, das sie je erlebt hatten!

Ein weiteres Beispiel: Das chinesische Schriftzeichen für Schiff ist aufgebaut aus der Wurzel Boot mit dem Wurzelzeichen *Mensch* und *acht.* Acht Menschen? Noahs Arche fuhr mit genau acht Menschen an Bord! [5]

Das Wurzelzeichen für Mensch ist in der Form ähnlich einem auf den Kopf gestellten „Y". Die Bedeutung des Schriftzeichens *Baum* ist ein Kreuz mit dem Symbol Mensch darübergelegt! Und das Schriftzeichen für *kommen* besteht aus zwei Zeichen für Mensch, die an jeder Seite des Zeichens für Baum stehen, über dem das größere Zeichen für Mensch liegt. Einige Kenner der chinesischen Schrift sind der Ansicht, daß die beiden kleineren menschlichen Figuren die allgemeine Bedeutung für *Menschheit* hätten. Wenn das so ist, dann ist die verschlüsselte Bedeutung des Schriftzeichens *kommen:* „Menschheit, komm zu dem Mann auf dem Baum."

Falls jemand sich noch gründlicher mit anderen chinesischen Schriftzeichen und ihrer geistlichen Botschaft beschäftigen will, möchte ich hinweisen auf die kürzlich zu diesem Thema erschienenen Bücher von C. H. Kang und E. R. Nelson. [6] Zwar sind sich nicht alle Sprachforscher darüber einig, wie jedes einzelne Schriftzeichen zu deuten wäre. Nichtsdestoweniger sind die Chinesen (und auch viele Japaner, denn die japanische Schrift ist aus der chinesischen entwickelt) beeindruckt gewesen durch die Deutungen, die Missionare ihnen auf diese Weise vermittelt haben. Selbst wenn die Theorien nicht endgültig sind, so mag die Diskussion darüber schon genug Anlaß geben, Ungläubigen geistliche Wahrheiten nahezubringen.

Bei meiner Nachforschung habe ich festgestellt, daß viele chinesische und japanische Pastoren den Gebrauch dieser verschiedenen Schlüsselzeichen als gültigen Eingang in die Gedankenwelt ihres eigenen Volkes ansehen.

Ein aus China zurückgekehrter Missionar berichtete von einem chinesischen Soldaten, der ihm in drohender Feindseligkeit begegnet war. Der Missionar skizzierte einige der zuvor erwähnten Symbole auf einem Block und deutete ihre „verborgenen" Bedeutungen. Der Soldat riß verblüfft die Augen auf. „Man hat mir gesagt", rief er aus, „das Christentum sei die Religion eines ‚fremden Teufels'! Jetzt zeigen Sie mir, daß sie sogar vom Schreibsystem meines eigenen Landes gepredigt wird!"

Nordamerikanische Indianer

Von Alaska bis Panama und von Niederkalifornien bis Labrador – auf die eine oder andere Weise läßt sich überall Ähnliches erkennen:

Die „heiligen Vier"!

Praktisch sprechen alle Stämme von den vier Himmelsrichtungen und den vier Winden. Die Navajo zeigen auf ihre vier heiligen Berge. Die Sioux führen ihren regenbewirkenden Tanz mit vier Gruppen zu je vier Pferden auf. Jede Pferdegruppe hat die gleiche Farbe, insgesamt also vier Farben. Viele Stämme benutzen vierarmige Kreuze oder Hakenkreuze oder ein vierseitiges Muster, das „Gottes Auge" heißt, um die „heiligen Vier" zu betonen. Einige Älteste der Indianer folgen der Sitte, bei der Einführung von Kindern in die besondere Lebensweise des Stammes ihren Unterrichtsstoff in vier Teile zu gliedern. So fällt es den Indianerkindern bald leichter, sich an Dinge zu erinnern, die in dieser Vierer-Gliederung vorkommen.

Fragen Sie indianische Bewahrer von Volksüberlieferungen nach der Grundlage und dem Kern der heiligen Vier, und Sie werden übereinstimmende Antworten wie diese erhalten: Als der „Große Geist" (*Wakan Tonka* bei den Sioux, *Saharen-Tyee* bei den Yakima, usw.) die Welt erschuf, bestimmte er die heiligen Vier zur Aufrechterhaltung der Ordnung. Die heiligen Vier sind also nicht vier Götter oder vier Dämonen, sondern vier ordnungserhaltende Grundregeln, die die Welt davor bewahren, in Chaos auseinander zu brechen.

Bitten Sie Indianer, die heiligen Vier einzeln aufzuzählen und zu beschreiben – und Sie werden kein Glück haben. Wenn Indianer je wußten, wodurch sich die eine von den anderen drei unterscheidet, dann ist diese Erkenntnis doch schon lange verloren gegangen. Die Indianer sprechen über die Vier nur noch als Gesamtheit und auf keine andere Weise sonst.

Etwas ist auch bemerkenswert: Missionare, die unter verschiedenen nordamerikanischen Indianerstämmen arbeiten, berichten – ohne daß sie eine Erklärung dafür wissen –, daß die Indianer ihnen sofort höchst aufmerksam zuhören, sobald sie anfangen, die „Vier geistlichen Gesetze" zu lehren („Vier geistliche Gesetze" = eine Publikation von „Campus für Christus")! Sogar Erweckungen sind ausgebrochen, wenn derartige Lehrmittel in tiefschürfender Weise verwendet werden, besonders von jemandem, den die Indianer hoch zu achten gelernt haben.

Ed Malone, Pastor der „Whittier Christian Fellowship" in Kalifornien, besucht jährlich die Navajo-Wohngebiete, um junge Indianer als Prediger auszubilden. Pastor Malone kommentiert: „Es ist höchst erstaunlich, wieviel Interesse eine Predigt mit vier Punkten unter den Navajo findet!"

Stellen Sie sich einen Lehrer vor, der so ein Büchlein „Vier geistliche Gesetze" vor einer Indianergruppe hochhält und sagt: „Hier sind vier geistliche Gesetze. Gehorcht ihr ihnen nicht, treibt euer Leben bestimmt ins Chaos. Gehorcht ihr ihnen, dann wird Gott Beständigkeit und Ordnung in euer Leben bringen, in eure Familie, in eure Arbeit, in eure Zukunft..."

Die uralten Indianerüberlieferungen über die heiligen Vier hängen wie eine unsichtbare Schallmuschel hinter dem Lehrer und geben jedem seiner Worte ein besonders ernstes Gewicht.

Ist die Vorstellung der heiligen Vier nur eine Dichtung? Oder könnte sie eine besonders bedeutsame Gültigkeit haben? Gibt die Bibel irgendwo Hinweise darauf, daß Gott tatsächlich durch eine heilige Vierer-Regel die Ordnung im Universum aufrechterhält?

Ich glaube, daß die Antwort auf alle diese Fragen „Ja" lautet! Bedenken Sie die folgenden Hinweise:

1. Die zwölf Stämme Israels lagerten auf ihrem Weg ins verheißene Land immer in vier Gruppen von jeweils drei Stämmen. Banner wurden nicht jedem der zwölf Stämme zugewiesen, sondern immer jeder der vier Gruppierungen.

2. Jüdische Altäre wurden an allen vier Ecken mit Vorsprüngen gestaltet, die „Hörner" genannt wurden. Die Opfertiere mußten, um wirklich gültig zu sein, an allen vier Hörnern festgebunden sein und konnten nicht nur einfach auf den Altar gelegt werden.

3. Das Neue Testament enthält vier Evangelien.

4. Jesus starb an einem vierarmigen Kreuz.

5. Die Offenbarung spricht von vier Pferden in vier verschiedenen Farben und mit vier verschiedenen Reitern.

6. Schließlich scheint die Bibel ohne weiteres vorauszusetzen, daß alles im Himmel und auf Erden in vier Ebenen übereinander gestaffelt ist. Die höchste Ebene ist Gott vorbehalten, der der Herrscher über alles ist. Unter Gott liegt die Ebene der „Bürger", der rechtmäßige Ort für alle von Gott nach seinem Bild geschaffenen Wesen. Unterhalb dieser finden wir die Ebene, die wir die „Eingebürgerten-Ebene" nennen wollen, vorbehalten der Tier- und Pflanzenwelt. Schließlich, auf der untersten Ebene, finden wir die Materie, die Energie und die Naturgesetze.

Es gibt nichts, das nicht einer dieser vier kosmischen Ebenen zugehört. Solange alles innerhalb der ihm zugewiesenen Ebene bleibt, behält alles seine Ordnung! Die Sünde geschah erst, als ein von Gott geschaffenes Wesen aus seiner „Bürger-Ebene" ausbrach und den Thron, der allein Gott zusteht, an sich reißen wollte.

In der Tat: es mag weit mehr in diesem indianischen Konzept stecken, als der erste Blick ergibt.

Anmerkungen

1) Aus Interviews mit Elmer Warkentin und Clara Lima, Missionare bei RBMU International (Mission für unerreichte Gebiete), die unter dem Dyak-Volk in Kalimantan (Borneo) arbeiteten.
2) Don Richardson: ,,Friedens-Kind" (Bad Liebenzell: Verlag der Liebenzeller Mission, 1976), Kapitel 2.
3) Ebd., S. 238.
4) Don Richardson: ,,Herren der Erde" (Bad Liebenzell: Verlag der Liebenzeller Mission, 1979), S. 127-129.
5) Die Zeichen zu diesem Beispiel sind abgebildet in: B. Schwengeler, Religion – Opium für das Volk? FACTUM, Nr. 10/82, S.27.
6) C. H. Kang und Ethel R. Nelson: The Discovery of Genesis (St. Louis: Concordia 1979); vgl. weitere Beispiele in: Schwengeler, S. 27, dort besonders das chinesische Zeichen für „Schaffen“.

Teil II
Das Evangelium, zubereitet für die Welt
Der Abraham-Faktor

Kapitel 4

Die Viertausendjährige Verbindung

Dr. Ralph Winter, Direktor des ,,United States Center for World Mission" in Pasadena (Kalifornien), liebt es, manchmal seine Zuhörer aufzuschrecken, indem er Dinge sagt, von denen man glaubt, sie könnten gar nicht wahr sein – und doch sind sie es! Zum Beispiel: ,,Die meisten Christen denken", so rief Dr. Winter einmal aus, ,,daß die Bibel Missionsarbeit gar nicht wirklich wichtig nimmt. Sie sehen darin nur noch so eine Art eines angehängten Gedankens Jesu, den er ganz am Ende seines irdischen Dienstes aussprach – so, als ob er gerade noch mit den Fingern schnippte, ehe er gen Himmel fuhr und sagte: ,Oh, bei der Gelegenheit, Männer, da ist noch eine Sache...'

Und dann ernüchterte er sie mit diesem unerwarteten, unvorhergesehenen Befehl, das Evangelium hinauszutragen in alle Welt."

,,In Wirklichkeit jedoch", so fuhr Dr. Winter fort, ,,*beginnt* die Bibel sogar mit Mission, behält Mission ständig als Zentralthema durch die ganze Bibel hindurch bei und erreicht den Höhepunkt in der Offenbarung mit spontanen Ausbrüchen der Freude, weil der Missionsauftrag nun erfüllt ist!"

Dr. Winter machte eine Pause und blätterte in seinen Papieren, während sich die Augenbrauen der Zuhörer fragend zusammenzogen. Dann hob jemand seine Hand und sprach die Frage aus, die eigentlich jeder schon im Sinn hatte: ,,Dr. Winter, die Bibel beginnt mit der Feststellung, daß Gott Himmel und Erde schuf. Wie können Sie in diesem Bericht etwas von Mission entdecken?"

Genau auf diese Frage hatte der gründliche Bibelgelehrte gewartet!

,,In der Tat!" antwortete er, während seine Augen fröhlich über den Brillenrand zwinkerten. ,,Aber das Hauptthema der

Bibel ist, daß Gott alle Völker auf Erden segnet mit einem Segen, der zuerst Abraham gegeben wurde. Und wo verheißt Gott, das zu tun?"

„In 1. Mose 12", antwortete jemand.

„1. Mose, Kapitel 12, ist also der tatsächliche Anfang der Bibel", fuhr Dr. Winter fort. „Alles vor Genesis 12 ist die Einleitung. Genauso vom Geist Gottes inspiriert, jawohl! Aber eben doch die Einleitung. Das Hauptthema kommt erst in Kapitel 12. Wir wollen einmal sehen..."

Wißbegierig blätterte ich durch die Kapitel der Genesis bis zum 12. Kapitel und las die ersten drei Verse. Ich hatte sie schon viele Male zuvor gelesen. Jetzt begriff ich, daß ich ihre Bedeutung unterschätzt hatte. Jene drei Verse enthalten Jahwes ausdrückliche Einführung einer Sache, die Juden und Christen gemeinsam „den Abraham-Bund" nennen. Verfasser anderer Bibelteile nennen diesen Bund manchmal „die Verheißungen", weil eine ganze Anzahl darin enthalten sind. Ein andermal nennen sie ihn „die Verheißung" in der Einzahl, weil die verschiedenen, in dem Bund eingeschlossenen Verheißungen zusammen die eine umfassende Absicht Gottes bilden.

Ich verstand, daß die vielen Verheißungen, die in dem Bund enthalten sind, unter zwei Titelzeilen aufgeführt werden können. Nennen wir sie die *Anfangszeile* und die *Schlußzeile*. Schauen wir uns zuerst die *Anfangszeile* an: „Ich will dich zu einem großen Volk machen", so fing Jahwe an, „und ich will dich segnen; ich will deinen Namen groß machen, und du wirst ein Segen sein. Ich will die segnen, die dich segnen, und wer dich verflucht, den werde ich verfluchen!"

Sogenannte „Kritiker höherer Grade" haben die Ansicht vertreten, der Abraham-Bund sei nur ein weiteres Beispiel für einen unbedeutenden Stammes-Gott, der den Egoismus einer kleinen Anhänger-Elitegruppe dadurch anstachelte, daß er ihnen Sonderverheißungen eines Sondersegens gab. Weil sie in ihrem intellektuellen Hochmut so hoch über dem Text schweben, verstehen sie nicht, was er wirklich aussagt. Denn genau in der Mitte dieser Verheißungen, die eine politische, persönliche und soziale Erhöhung Abrahams bedeuten, steht ein besonders kennzeichnender Satz: „... und du wirst ein Segen sein."

Und jene Aussage geht der Schlußzeile voraus: „... und in dir sollen alle (Völker) auf Erden gesegnet werden."

Diese Worte erfüllen den nachdenklichen Leser mit schweigender Ehrfurcht. Es wird uns sogleich klar, daß der Gott, der solche Worte spricht, kein unbedeutender Stammesgott sein kann. Er ist ein Gott, dessen Pläne sowohl voller Güte als auch weltumfassend sind und alle Zeitalter und Kulturen einschließen. Wenn er Abrahams Feinden heimzahlt, geschieht das nicht nur, um Abraham zu schützen, sondern auch, um die Feinde davon abzuhalten, ein Feuer auszulöschen, das angezündet worden war, um die ganze Welt zu erwärmen.

Es ist klar, daß der Bund mit Abraham nicht die erste Offenbarung Gottes Menschen gegenüber war. Adam, Kain, Abel, Seth, Henoch, Noah – und zweifellos viele andere danach bis hin zu Abrahams Zeitgenossen Melchisedek – hatten unmittelbare Mitteilungen von Gott erhalten. Gott offenbarte sich sogar durch einen Traum dem Abimelech, einem Philister-König (1. Mose 20,6). Alle diese früheren Offenbarungen drehen sich um folgende Punkte:

1. Die Existenz Gottes als Tatsache.
2. Die Schöpfung.
3. Die Auflehnung gegen Gott und der Fall des Menschen.
4. Die Notwendigkeit eines Opfers, um Gott zu versöhnen, und die hinterhältigen Versuche der Dämonen, die Menschen zu veranlassen, ihnen zu opfern.
5. Die Sintflut.
6. Das plötzliche Aufkommen vieler Sprachen und die daraus resultierende Zerstreuung der Menschheit in viele Völker; und schließlich
7. Die Bestätigung für das Bedürfnis des Menschen nach einer weiteren Offenbarung, die ihn wieder einschließt in eine gesegnete Verbindung mit Gott. [1]

Diese sieben Hauptfaktoren, die bekannt waren vor der Zeit Abrahams, bilden immer noch, wenn auch statistisch in abnehmender Zahl, die Hauptbestandteile der weltweiten Volksreligionen. Das Maß, inwieweit eine Volksreligion an der Wahrheit festgehalten hatte, wird daran erkennbar, wie viele dieser sieben Faktoren jeweils noch vorhanden sind und in welcher Deutlichkeit. Auf dieser Grundlage war die Volksreligion der Karen, die von Boardman, Wade, Mason und anderen in Burma entdeckt wurde, vielleicht die „reinste" Volksreligion, die in unserer Zeit auf Erden übrig geblieben ist.

Diese weiterbestehenden Grundelemente, die man überall in der Welt vorfindet, umfassen das, was wir jetzt die *allgemeine Offenbarung* nennen. Da Melchisedek der Hauptvertreter dieser Art Offenbarung in den Tagen Abrahams war, habe ich sie den *Melchisedek-Faktor* in der Menschheitsgeschichte genannt.

Der Bund mit Abraham erhebt sich wie eine Insel inmitten des Meeres der allgemeinen Offenbarung. Diese Insel heißt *spezielle Offenbarung*. Das ist der *Abraham-Faktor* in der Geschichte. Über den Melchisedek-Faktor haben wir bereits einiges in früheren Kapiteln erfahren. Jetzt müssen wir den Abraham-Faktor untersuchen.

Wie unterscheidet sich der Abraham-Faktor in seiner besonderen Offenbarung von der vorhergehenden allgemeinen Offenbarung? Erstens ist spezielle Offenbarung immer verbunden mit einem inspirierten Bericht im Kanon der Bibel. Mose sorgte für den Anfang jenes Kanons, als er – ein paar hundert Jahre nach der Zeit Abrahams – die fünf Bücher schrieb: Genesis, Exodus, Leviticus, Numeri und Deuteronomium.[2] Hätte die besondere Offenbarung nicht in solch einzigartiger Weise Wert auf die Erhaltung eines schriftlichen Berichtes gelegt, so wäre die Menschheit ohne irgendeine wirklich maßgebliche Darstellung des Ursprungs geblieben, von der noch später die allgemeine Offenbarung sich über die ganze Erde ausbreitete.

Der Schreiber des Hebräer-Briefes im Neuen Testament macht uns besonders auf die Tatsache aufmerksam, daß die allgemeine Offenbarung zur Zeit Melchisedeks bereits losgelöst war von einer nachweisbaren Verbindung mit der speziellen Offenbarung. Er weist auf die ungewöhnliche Tatsache hin, daß Mose, obwohl er sonst sorgfältig alle Geschlechtsregister wichtiger Personen aufzählt, die im Zeitalter der Patriarchen lebten, nicht die Namen der Eltern Melchisedeks erwähnt, auch nicht die geschichtlichen Zeitumstände bei seiner Geburt, noch sein Alter, als er starb (vgl. Hebr. 7,3). Er sagt nicht: „Melchisedek, Sohn des..." Er betont auch, daß Melchisedeks Priestertum – im Gegensatz zum späteren levitischen Priestertum, das durch Abraham kam – nicht auf natürlicher Abstammung von einem Priestergeschlecht beruhte. Ein Priester von der Art Melchisedeks war sozusagen immer „einfach da". Man könnte niemals vorhersagen, wo ein solcher zu finden (oder nicht zu finden) wäre!

Das ist immer charakteristisch für die allgemeine Offenbarung gewesen – das einfach Zur-Stelle-Sein. Der Schreiber des Hebräer-Briefes betont auch, daß der Messias, der zu den Menschen kam zur Erfüllung jener geistlichen Wirklichkeit, die schon im levitischen Priesteramt vorgeschattet war, gleichzeitig auch „ein Priester in Ewigkeit nach der Weise Melchisedeks" war (Psalm 110,4; vgl. auch Hebr. 5,4-10; 6,20; 7,15-22). Christus ist, mit anderen Worten, der Herr *beider* Offenbarungen, sowohl der allgemeinen wie der besonderen.

Die Einheit sowohl der allgemeinen wie der speziellen Offenbarung unter Christus ist auch aufgezeichnet worden durch den Apostel Johannes, der schreibt: „Das wahre Licht (Christus), das jeden Menschen erleuchtet (durch die allgemeine Offenbarung), kam in die Welt (d. h. um auf neue Weise Menschen zu erleuchten – spezielle Offenbarung). Und das Licht scheint in der Finsternis (der Sodom-Faktor), und die Finsternis hat's nicht überwältigt" (Joh. 1,5, Menge-Übers.).

Kürzlich haben Wissenschaftler herausgefunden, daß selbst natürliches Licht in zwei Formen vorkommt – im Raum zerstreut und gebündelt. Zerstreutes Licht wie Tageslicht, Lampenlicht, Feuerlicht etc. tritt unter bestimmten natürlichen Umständen ein. Gebündeltes Licht gibt es allerdings nur durch ein Lasergerät, und es ist deshalb abhängig von besonderer, genau überlegter Vorbereitung und Anlage. Im räumlich zerstreuten Licht sind Einzelphotonen (also elektromagnetische Teilchen) wahllos zerstreut wie Spaziergänger, die ziellos durch einen Park schlendern. Im gebündelten Licht sind diese Lichtquanten zusammengefaßt in „gebündelte" Strahlung, als wenn die „Spaziergänger" plötzlich organisiert und dichtgeschlossen wie eine Armee durch den Park marschieren würden! Und gebündeltes Licht kann Wunder vollbringen, die dem im Raum zerstreuten Licht nicht möglich sind. Es kann zum Beispiel sich durch Metall hindurchbohren oder sogar bei Blinden den grauen Star herausschneiden!

So könnte die allgemeine Offenbarung vielleicht *räumlich verstreute Offenbarung* genannt werden, und die spezielle Offenbarung würde dementsprechend zur *gebündelten Offenbarung,* denn sie ist so in ein System zusammengefaßt, daß sie nicht nur Erleuchtung, sondern „Gnade und Segen" bringt!

Wenn wir der speziellen Offenbarung in dem Bund mit Abraham nachforschen, dann zeigt es sich, daß der verheißene gnadenvolle Segen die Erlösung durch den Messias ist. Und das Ziel dieses Segens ist: „...alle Völker auf Erden". Nicht jede Person auf der Erde – sonst wäre der Bund mit Abraham die Grundlage für eine Lehre vom allgemeinen Weltheil!

Die Aussage „alle Völker" bedeutet Gottes Anerkennung ethnischer Unterscheidungen innerhalb unserer Menschheit. Der gleiche Gott, der die Verbreitung menschlicher Kulturen durch seinen machtvollen Eingriff in Babel verursacht hat, richtet nun seinen besonderen Segen durch Abraham auf jedes „Volk", das sich so gebildet hat. In der Tat erwähnt Mose 36 Heidenvölker namentlich. Alle spielen eine Rolle in Jahwes Beziehungen zu Abraham.

Ja mehr noch. Gott ist so darauf bedacht, seine Verheißung zu erfüllen, Abraham zu segnen und ihn zum Segen für alle Völker zu machen, daß er *sich selbst durch einen Eid bindet,* um seinen Beschluß noch zu unterstreichen (vgl. 1. Mose 22, 15-18). Und der Eid umschließt sowohl die obere als auch die Schlußzeile des Bundes (vgl. besonders 1. Mose 22,18).

Vom Standpunkt semitischer Völker aus gesehen, ist ein Eid eine sehr ernste Sache. Ausführlich kommentiert wird das wiederum vom Schreiber des Hebräer-Briefes. Er stellt fest, Gott habe so seinen ewigen Namen dafür eingesetzt, daß der Bund erfüllt werde, damit alle erkennen, daß er die Unwandelbarkeit seiner Absicht darstelle (vgl. Hebr. 6,17).

Welches ist nun sein Vorhaben und Ziel? Zu garantieren, daß beide, sowohl die obere als auch die Schlußzeile, sich als wahr erweisen und verwirklicht werden! Abraham und seinen Samen zu segnen (was, wie wir bald sehen werden, weit mehr umfaßt, als nur die *jüdische* Rasse) und dann Abrahams Samen zum Segen für alle Völker zu machen.

Laßt uns nun die unvermeidliche Frage stellen: Zeigt die Heilige Schrift von 1. Mose 12 an, wie Jahwe seine im Eid verbürgten Verheißungen an Abraham zur Erfüllung bringen will – einschließlich der Schlußzeile? Oder deutet die Heilige Schrift an, daß Jahwe, nachdem er sich selbst durch seinen feierlichen Eid gebunden hat, sozusagen auf Nebenwege abgelenkt wurde und sich anderen Zielen zuwendete?

Zunächst: Haben Sie je bemerkt, daß im Alten Testament sehr viel davon steht, wie die vielen Nachkommen Abrahams ein Segen für nicht-jüdische Völker waren?

Nur für den Fall, daß Sie sich über die besondere Bedeutung so vieler Geschichten im Alten Testament noch nicht im klaren sind, möchte ich Ihnen hier einige Beispiele geben:

1. Abraham selbst gab Zeugnis den Kanaanitern, Philistern, Hethitern und – wenn auch nicht sehr erfolgreich – den Ägyptern.
2. Joseph war ein Nachkomme Abrahams und glich den Fehler seines Ahnen durch ein klares Zeugnis bei dem ägyptischen Volk wieder aus. Joseph brachte den Ägyptern Segen auf eine wahrhaft erstaunliche Weise.
3. Naemi, Nachkommin Abrahams, war ein Segen für die zwei moabitischen Frauen Ruth und Orpa.
4. König David brachte sogar seine Feinde, die Philister, dazu, die Größe Gottes anzuerkennen.
5. König Salomo war ein Segen für die aus Saba kommende „Königin vom Süden" (Luk. 11,31).
6. Esther und ihr Onkel Mardochai waren ein Segen für das ganze persische Reich (vgl. Esth. 8,17).

7. Der Prophet Elisa war ein Segen für die sidonische Witwe in Sarepta (Luk. 4, 26).
8. Der Prophet Elisa war ein Segen für Naeman, einen Syrer (vgl. Luk. 4,27).
9. Jona war ein Segen für die heidnische Bevölkerung von Ninive.
10. Daniel und die drei jungen Hebräer waren ein Segen für die Babylonier.
11. Hesekiel, Jeremia und andere Propheten verkündigten das Wort des Herrn verschiedenen heidnischen Nationen.

Es ist klar: der Heilige Geist hat darüber gewacht, daß nur das in den Kanon des Alten Testaments einbezogen wurde, was er dazu bestimmt hatte. Aus Zehntausenden anderer Berichte, die zweifellos auch hätten aufgenommen werden können, hat er doch solche Berichte bevorzugt, die sowohl die obere als auch die Schlußzeile illustrieren, wie sie in der Weltgeschichte gewirkt haben.

Wenden wir uns nun dem Neuen Testament zu. Finden wir, daß Gott immer noch festhält an seiner uralten Verpflichtung der Ober- und der Schlußzeile gegenüber, oder hat er sich in der Zwischenzeit davon abgewandt?

Der Apostel Paulus jedenfalls läßt darüber nicht den geringsten Zweifel aufkommen, daß das Neue Testament wirklich die Fortsetzung der ursprünglichen Absichten Gottes ist, die er im Bund mit Abraham offenbart hatte. Zum Beispiel betont Paulus fünfmal in nur einem Kapitel eines Briefes – dem an die Galater – die unverbrüchliche. Verbindung zwischen dem Bund mit Abraham und dem neutestamentlichen Evangelium:

1. „Die Schrift aber hat es vorausgesehen, daß Gott die Heiden durch den Glauben gerecht macht. Darum verkündigte sie dem Abraham: In dir sollen alle Heiden gesegnet werden" (Gal. 3,8).
   Für Paulus hatte das Evangelium des Neuen Testaments eine bereits zweitausendjährige Verbindung mit dem Abraham-Bund. Aber da ist noch mehr.
2. „Christus aber hat uns erlöst von dem Fluch des Gesetzes,

da er ward ein Fluch für uns... auf daß der Segen Abrahams unter die Heiden käme in Jesus Christus ..." (Gal. 3,13-14).

3. „Nun ist die Verheißung Abraham zugesagt und seinem Nachkommen. Es heißt nicht: und den Nachkommen, als gälte es vielen, sondern es gilt einem: ‚und deinem Nachkommen', welcher ist Christus" (Gal. 3,16).
   In einem ganz einzigartigen Sinn war also Jesus Christus *der Same* Abrahams. Paulus stellt diese besondere Benennung Christi als des Samens Abrahams ausdrücklich fest.
4. Galater 3,19: „(Das Gesetz) ist hinzugekommen, ... bis der Nachkomme da sei, dem die Verheißung gilt."
5. Aber es gibt noch eine allgemeinere Sinngebung, daß nämlich alle, die im Glauben Christus angehören, auch „Same" Abrahams sind! „Seid ihr aber Christi, so seid ihr ja Abrahams Kinder und nach der Verheißung Erben" (Gal. 3,29).

Wir Christen haben im allgemeinen die Tatsache mißachtet, daß Paulus und andere Apostel im Abraham-Bund die Grundlage sahen für alles, wofür Christus kam, um es zu erfüllen. Jener Bund war deshalb Grundlage für ihre eigene Arbeit und auch für ihre Schriften. Durch den Abraham-Bund (und besonders in seiner Schlußzeile) sahen sie ihr eigenes Leben in Gottes lange vorausgeplante geschichtliche Entwicklung eingefügt. Und sie gebrauchten die Schlußzeile als Hauptbeweis bei ihrer Erklärung ihren Volksgenossen gegenüber, warum es für sie notwendig war, auch die Heidenvölker zu erreichen!

Nehmen Sie beispielsweise die klare Bezugnahme des Petrus auf die Schlußzeile in Apostelgeschichte 3,25: „Ihr seid der Propheten und des Bundes Kinder, welchen Gott gemacht hat mit euren Vätern, da er sprach zu Abraham: ‚Durch dein Geschlecht sollen gesegnet werden alle Völker auf Erden.' " Von daher findet der Missionsbefehl Jesu, „Zeuge zu sein von Jerusalem bis an die Enden der Erde", seine Begründung.

Petrus verwendet diese Schlußzeile, indem er sagt: „Für euch zuvörderst hat Gott erweckt seinen Knecht Jesus und hat ihn zu euch gesandt, euch zu segnen..." (Apg. 3,26). Hier besteht ein Zusammenhang mit Apostelgeschichte 3,22 (das heißt, Jesus wurde eingesetzt in seinen Dienst als Messias). Zuerst wurde er zu den Juden gesandt, um die Anfangszeile zu erfüllen. Petrus hat sich einfach auf die Anfangs- und die Schlußzeile bezogen in umgekehrter Reihenfolge.

Die Auffassung des Paulus, daß die Schlußzeile den Durchbruch des neutestamentlichen Evangeliums in die Heidenwelt schon als Vorschattung aufzeigte, war nicht nur eine zufällige Einsicht. In Epheser 3,3 nennt Paulus das tatsächlich ein „Geheimnis Christi, das in den andern Zeiten den Menschenkindern nicht kundgetan worden ist, wie es jetzt seinen heiligen Aposteln und Propheten im Geist offenbart wurde“ (Eph. 3, 4-5).

Dann deutet er seine tiefe Einsicht: Dieses Geheimnis ist, „...die Heiden (d. h. alle Völker der Schlußzeile) sollen Miterben sein und mit zu seinem Leibe gehören und Mitgenossen der Verheißung sein in Christus Jesus durch das Evangelium" (Eph. 3,6). Mit ,,Verheißung" ist der Abraham-Bund gemeint.

In Epheser 3,9 führt Paulus weiter aus: ,,...ans Licht zu bringen, wie Gott seinen geheimen Ratschluß ausführt, der von Weltzeiten her verborgen war in ihm, der alle Dinge geschaffen hat." Dieses Geheimnis, wie Paulus es darstellt, hat zu tun mit dem, was er in Epheser 3,11 schreibt: ,,Diesen ewigen Vorsatz hat Gott ausgeführt in Christus Jesus, unsrem Herrn."

Die Worte des Paulus erinnern uns an eine Aussage im Hebräerbrief, bei der die Rede ist von ,,der unveränderlichen Natur seiner Absicht", die in seinem Eid im Zusammenhang mit dem Abraham-Bund bestätigt wird.

Warum nur haben Tausende von Bibellehrern und Bibelauslegern in der ganzen Christenheit es unterlassen, diese zentrale Aussage des Abraham-Bundes mit der Anfangs- und der Schlußzeile zu beleuchten? Nachfolger Christi auf der ganzen Welt und durch die Jahrhunderte hindurch hätten zehnmal mehr missionarischen Antrieb haben können, wenn Seminarlehrer, Pastoren, Diakone u. a. dieses zentrale biblische Thema verstanden und verbreitet hätten.

Der Abraham-Bund mit den vielfältigen Auswirkungen sowohl seiner oberen als auch der unteren Zeile ist so richtig die ,,Wirbelsäule" der Bibel. Biblische Unterweisung, die nicht mit dieser Wirbelsäule verbunden ist, hat im Grunde kein Rückgrat, kann also nicht wirklich (be-)stehen, weil Entscheidendes fehlt. Dadurch werden die Christen zuwenig dazu bewegt, die empfangenen Segnungen nicht nur dem eigenen Volk, sondern *allen* Völkern der Erde zuteil werden zu lassen.

Wir können kaum erwarten, daß die Kirche Gottes sich mit paulinischem Eifer für die bisher noch ohne diesen Segen gebliebenen Völker einsetzt, wenn wir selbst versäumt haben, die Gemeinde mit dieser historischen Perspektive bekannt zu machen, die Paulus zu diesem hohen Maß an Eifer antrieb. Um eine Parallele zu gebrauchen: Hochenergiephysiker sagen uns, daß ein atomares Teilchen nur dann auf hohe Energien beschleunigt werden kann, wenn es

1. ein geladenes Teilchen ist,
2. durch ein starkes Magnetfeld eingeschlossen ist; und
3. dieses Teilchen durch das Magnetfeld entlang eines sehr langen „Tunnels“, dem Beschleuniger, geführt wird.

Entsprechend diesem Beispiel müssen wir zuallererst einmal ein ,,geladenes Teilchen" werden. Das geschieht durch unsere persönliche Hinwendung und Bekehrung zu Jesus Christus. Dann müssen wir ,,eingeschlossen" werden in die Kraft eines ,,magnetischen Umfeldes". Das ist die Kraft des Heiligen Geistes, die den Leib Christi, die Gemeinde, durchdringt. Dieses Kraftfeld muß uns in der gleichen Richtung bewegen mit einem sehr langen ,,Tunnel" – Gottes Absicht in der Geschichte! Und Gottes Absicht in der Geschichte wird durch eine Sache allein definiert: den Bund mit Abraham. Die Wichtigkeit dieses Bundes kann daher nicht hoch genug eingeschätzt werden. Die Erkenntnis über unsern eigenen Standort in jenem historischen Vorhaben ist der ,,Beschleuniger". Anzunehmen, daß Gott sich nicht länger darum kümmere, seine beiden Verheißungen, die er einstens Abraham gab, zu erfüllen, würde ihn der Zerstreutheit bezichtigen, so, als sei es seinem Gedächtnis irgendwie entfallen, daß er sich selbst mit einem Eid gebunden hat, diese Verheißung zu erfüllen.

Denken Sie an die Aussage im Hebräerbrief: „Es ist unmöglich, daß Gott lügt (oder vergißt)" (Hebr. 6,18).

Das also meine ich mit der „4.000jährigen Verbindung". Wenn wir uns selbst als ein Werkzeug in Gottes 4.000 Jahre altem Vorhaben ansehen, seinen Segen allen Völkern zuteil werden zu lassen, dann heißt das, alle Gefühle von Bedeutungslosigkeit, Unentschiedenheit, Zweck- und Sinnlosigkeit über Bord zu werfen. Diese lange geschichtliche Perspektive, die vom geistlichen Kraftfeld durchdrungen ist, setzt uns sogleich in beschleunigte Bewegung hin zu der großartigsten Bestimmung, die ein sterbliches Wesen nur finden kann.

Vergewissern Sie sich zuerst nur, daß Sie ein „geladenes Teilchen" sind – ein wahrhaft an Jesus Christus Glaubender. Andernfalls wird das Kraftfeld und der „Beschleuniger" keine Wirkung auf Sie haben. Sie werden einfach stehen bleiben, wo Sie gerade sind.

Unzählige Millionen Christen haben Hunderttausenden von Predigern zugehört, die Hunderttausende von Predigten über die Hymnen der Offenbarung gehalten haben und die überwältigenden Lobgesänge himmlischer Wesen um den Thron Gottes zugrundelegten, die das große Zusammentreffen aller Erlösten im Himmel feiern. Das berichtet die Offenbarung des Johannes, das letzte Buch der Bibel. Aber nur ganz wenige jener Prediger und ihrer Zuhörer scheinen verstanden zu haben, was Johannes uns wirklich sagen wollte, als er etwa die 24 Ältesten zitierte, die in einer jener Hymnen singen: „... Du (Lamm Gottes) bist würdig, zu nehmen das Buch und aufzutun seine Siegel; denn du bist geschlachtet und hast mit deinem Blut für Gott erkauft Menschen aus *allen Geschlechtern und Sprachen und Völkern und Nationen* und hast sie unserm Gott zu Königen und Priestern gemacht, und sie werden herrschen auf Erden" (Offb. 5,9-10).

Und als Johannes seine atemraubende Schau beschrieb von einer „großen Schar, welche niemand zählen konnte, aus allen Nationen und Stämmen und Völkern und Sprachen, vor dem Thron stehend und vor dem Lamm" (Offb. 7,9), was teilte er uns wirklich mit?

Und ebenso, als er durch einen Engel angewiesen wurde:

„Du mußt abermals weissagen von Völkern und Nationen und Sprachen und vielen Königen" (Offb. 10,11), welche Bedeutung erkennen Sie daraus?

Und was kommt Ihnen in den Sinn, wenn Sie Offenbarung 11,9 lesen: „Und es werden Leute aus den Völkern und Geschlechtern und Sprachen und Nationen..." das Wunder der zwei Zeugen beobachten? Und wenn er sagt, daß das Tier (Antichrist) Macht erhält über alle Geschlechter und Völker und Sprachen und Nationen (vgl. Offb. 13,7)?

Was versteht man bei seiner Beschreibung eines weiteren Engels, der verkündigt: „...ein ewiges Evangelium... denen, die auf Erden wohnen, und allen Nationen und Geschlechtern und Sprachen und Völkern" (Offb. 14,6)?

Ganz gewiß beschreibt Johannes hier nicht nur den Abschluß der Menschheitsgeschichte, sondern den Abschluß von Gottes *besonderer Absicht in der Geschichte,* alle Völker auf Erden durch Abrahams Samen zu segnen – Jesus Christus! Johannes hätte diese ganzen Szenen sehr leicht mit einem einzigen griechischen Hauptwort für „Menschheit" beschreiben können. Statt dessen durchwühlt er das ganze Vokabular der griechischen Sprache nach jedem verfügbaren Hauptwort zur Bezeichnung der ethnischen Unterteilungen der Menschheit, die Gottes ursprüngliche Zielbestimmung für den abrahamitischen „Segen" waren. Mit anderen Worten: Johannes sagt uns durch solche Weissagungen, daß Gott seinen ehemaligen Vorsatz bis zum tatsächlichen Ende hin verfolgt. Dann erst wird er frei sein von der Verpflichtung, die er sich selbst auferlegt hatte durch jenen alten Eid. Denn es ist die „unveränderbare Art seines Vorhabens"!

Jetzt zu einer sehr spannenden Frage: Die Apostel zeigen volle Aufmerksamkeit für das Zentrale im Abraham-Bund und bringen es in ihren Schriften zum Ausdruck. Aber wie ist es mit Jesus Christus selbst? Offenbaren die Evangelien etwas darüber, daß Jesus selbst diesen Bund grundlegend für seinen Dienst ansah?

Wenn, nach allem, was ich zu diesem Thema gesagt habe, sich herausstellt, daß unser Herr selbst den Anschein erweckt, als verdiene die Verpflichtung, die sich auf die Schlußzeile bezieht, keinerlei Aufmerksamkeit, und auf diese Weise die

„Alle-Völker-Perspektive" nicht unterstreicht, dann wäre der entscheidende Kernpunkt dieses Buches verfehlt.

Anmerkungen:

1) Eine ganz ähnliche Liste findet sich für afrikanische Urzeitmythen bei H. Baumann, S. 242 f., vgl. Damann, S. 87 ff.

2) Zur Autorschaft des Mose: P. J. Wiseman: Die Entstehung der Genesis; S. Külling, a. a. O.; W. Möller, Grundriß der alttestamentlichen Einleitung (Berlin 1958).

Kapitel 5

Ein Mann für alle Völker

,,Abraham, euer Vater, war froh, daß er meinen Tag sehen sollte, und er sah ihn und freute sich" (Joh. 8,56).

Jedesmal, wenn ich diesen Satz lese, kann ich fast Vater Abrahams patriarchalisches leises Lachen hören, das durch die Jahrhunderte weiterklingt. Aber wer hat diesen Satz gesprochen? Wessen ,,Tag" ist das, der Abraham mit Vorfreude erfüllte?

Der Sprecher war Jesus von Nazareth, ein Nachkomme Abrahams, der 1.900 Jahre nach Abrahams Zeit geboren wurde. Die Juden waren ungläubig bestürzt von einem so erschreckenden Anspruch und erhoben Einspruch: ,,... Du bist noch nicht fünfzig Jahre alt und hast Abraham gesehen?" (Joh. 8,57).

Seine zweite noch kühnere Erwiderung brachte sie noch viel mehr aus der Fassung: ,,Wahrlich, wahrlich, ich sage euch: Ehe denn Abraham ward, bin ich!" (Vers 58).

Ich bin war ein anderer jüdischer Name für Jahwe!

Die wie vom Donner gerührten Juden hoben Steine auf, um ihn zu steinigen, aber Jesus verbarg sich und ging zum Tempel hinaus (vgl. Vers 59). Nicht viele Monate später heißt es von dem gleichen Jesus: ,,Und er trug sein Kreuz und ging hinaus zur Stätte, die da heißt Schädelstätte, welche heißt auf hebräisch Golgatha. Allda kreuzigten sie ihn" (Joh. 19,17-18).

Wo war Golgatha – die Schädelstätte – gelegen? Gerade außerhalb der Stadtmauer von Jerusalem und höchstens etwa 1.400 Meter von der Bergspitze entfernt. Das war der Ort, auf dem König Salomo Jahrhunderte zuvor den ersten jüdischen Tempel errichtete, vermutlich im Gedenken an Abraham, der dort seinen Sohn Isaak opfern sollte (vgl. 1. Mose 22,1-19). Es war der Ort, wo Jahwe sich durch seinen eigenen Eid festlegte, beide im Abraham-Bund liegenden Linien zu erfüllen.

Beachten Sie aber auch, daß das Buch Genesis nicht berichtet, Abraham habe Isaak oben auf dem Berg Morija, sondern „in der Gegend von Morija" opfern sollen. Klar, wenn Abraham genau auf der Spitze des Berges Morija gestanden hätte (was in jenen Tagen deutlicher erkennbar war als heute), wäre es leichter gewesen, den Ort genau zu beschreiben.

Kleinere Vorsprünge oder Hügelketten unterhalb des Hauptgipfels wären nicht so leicht zu benennen gewesen. Aber wenn das Ereignis viel mehr als 1.400 Meter vom Berg Morija entfernt stattgefunden hätte, dann hätte man den Ort wahrscheinlich eher mit andern nahegelegenen und stärker ins Auge fallenden Gipfeln in Verbindung gebracht.

Deshalb ist es möglich, daß Golgatha genau der Ort war, an dem auch Isaaks schwere Prüfung stattfand. Wenn Jahwe tatsächlich die Absicht hatte, daß Jesus seinen Todeskampf genau an dieser Stelle erleiden sollte, dann war es grundlegend wichtig, daß die jüdischen Geschichtsschreiber keine so genaue Ortsangabe hatten; denn andernfalls wären Gedenkstätten hier errichtet worden, so daß es für die römischen Soldaten unmöglich gewesen wäre, gerade diesen Platz für die Kreuzigung Jesu zu benutzen.

Auf jeden Fall wurde ein Nachkomme Abrahams mit Namen Jesus, obwohl er sich kein Verbrechen hatte zuschulden kommen lassen, zum Sterben an das Holz genagelt, das er selbst zu seiner Todesstätte zu tragen hatte. Auch Isaak, der keine Schuld an einem Verbrechen hatte, trug das Holz zu seiner Opferstätte, auf das er gelegt wurde. Doch blieb ihm dieser Tod erspart, da Gott rechtzeitig eingriff. Der Opferplatz war in beiden Fällen annähernd, wenn nicht genau der gleiche.

Viele andere Parallelen zwischen Isaak und Jesus könnte man aufführen, aber die wichtigste von allen ist die: Das ganze Leben Jesu, sein Tod und seine Auferstehung, alles war unauflösbar mit der uralten Verheißung Jahwes verbunden, den „Segen Abrahams" allen Völkern auf der Erde weiterzugeben.

Als ob er diese Tatsache unterstreichen wollte, geht Matthäus, einer der Chronisten des Lebens Jesu, sehr exakt vor, indem er die ganzen Vorfahren des Herrn aufzählt: 42 ununterbrochene Generationen zurück bis zu Abraham selbst! Jesu leibliche Herkunft war jedoch rein als Grundlage gedacht. Millionen von Juden aller Zeiten könnten ihre Vorfahren bis auf Abraham zurückführen. Jesu eigene Mutter, Maria, rief in ihrem wunderbaren Lobgesang aus, daß Jahwe durch die Ankunft Jesu noch weitaus mehr gesandt hat als nur einen weiteren biblischen Nachkommen Abrahams. Diese Ankunft war ein Zeichen dafür, daß Jahwe, um es mit Marias Worten zu sagen, „... denkt der Barmherzigkeit und hilft seinem Diener Israel auf, wie er geredet hat zu unsern Vätern, Abraham und seinen Kindern ewiglich" (Luk. 1,54-55).

Auch der Onkel Jesu, Zacharias, nannte das Kommen Jesu als Beweis, daß Jahwe sich erinnert hat an „seinen heiligen Bund und an den Eid, den er geschworen hat unserm Vater Abraham". Und Zacharias steigerte die Erwartung noch mehr, indem er fortfuhr: „... durch die herzliche Barmherzigkeit unsers Gottes, durch welche uns besucht hat der Aufgang aus der Höhe, auf daß er erscheine denen, die da sitzen in Finsternis und Schatten des Todes" (Luk. 1,72.73.78.79).

Hinweise auf Menschen, „die da sitzen in Finsternis und im Schatten des Todes", wurden allgemein von den Juden als die Heiden betreffend verstanden (vgl. Matth. 4, 15-16). Wir kommen der Schlußzeile der Abraham-Verheißung nun näher! Endlich ...

Der alte Simeon, ein tief frommer Jude, der Joseph, Maria und das Jesuskind im Tempel in Jerusalem traf, drückte seine Schau jenes Fernzieles der Ankunft des Messias in großer Beredsamkeit aus und sprach zu Jahwe: „Denn meine Augen haben deinen Heiland gesehen, welchen du bereitet hast vor allen Völkern, ein Licht, zu erleuchten die Heiden, und zum Preis deines Volkes Israel" (Luk. 2,30-32).

Ebenso zitierte der Vorläufer Jesu, Johannes der Täufer, immer wieder Jesaja 40,3-5 als Rechtfertigung für seinen Dienst, „dem Herrn den Weg" und „eine ebene Bahn unserem Gott" zu bereiten. Mit welcher Zielsetzung? Damit die ganze Menschheit das Heil Gottes erkennen soll! (Vgl. Luk. 3,4.6.)

Die Tragweite der Worte des Johannes war für manche Juden ein Ärgernis; denn sie als Gottes auserwähltes Volk waren schuld daran, daß sie die Wege ,,krumm" machten und so den Rest der Menschheit von der Erkenntnis dieses Heiles Gottes fernhielten, das Gott Abraham schon für alle Menschen verheißen hatte.

Einige Juden sträubten sich offensichtlich voller Groll dagegen, weil sie es nicht richtig fanden, daß man solche Anklagen gegen die ,,Kinder Abrahams" vorbrachte. Aber die Antwort des Johannes darauf, Abraham als Entschuldigung für ihre Trägheit anzuführen, war schnell und scharf: ,,Seht zu, tut rechtschaffene Früchte der Buße; und nehmet euch nicht vor zu sagen: Wir haben Abraham zum Vater. Denn ich sage euch: Gott kann dem Abraham aus diesen Steinen Kinder erwecken. Es ist schon die Axt den Bäumen an die Wurzel gelegt; welcher Baum nicht gute Frucht bringt, wird abgehauen und in das Feuer geworfen" (Luk. 3,8-9).

Mit diesen Worten wies Johannes der Täufer hin auf das Neue, das Jahwe durch Jesus zu tun gedachte: eine neue Art Nachkommenschaft Abrahams hervorzurufen aus dem rauhen ,,Steinhaufen" der Heidenwelt. Diese Herausgerufenen sollten ,,lebendige Steine" im geistlichen Tempel Gottes werden. Und diesmal würde Gottes Grundlage für die Auswahl nicht nur die leibliche Abstammung sein, sondern göttlich gewirkte Buße und Glaube.

,,Ein Licht zur Erleuchtung der Heiden!" Eine ,,Sonne", die aufgehen sollte über ,,das Volk, das sitzt in Finsternis und im Schatten des Todes!" Ein Bringer des ,,Heils... bereitet für alle Völker!" Alle Hinweise waren unmißverständlich: Jesus war dazu bestimmt, nicht nur der Messias aller Zeiten für die Juden zu sein, sondern auch ein Mann für alle Völker, das Licht sogar für die Heidenwelt!

Wie richtig also, daß Jesus selbst etwas heidnisches Blut in sich trug, und zwar Blut, auf das jeder Jude mit Recht stolz wäre! Rahab, die Hure von Jericho, die den hebräischen Spionen Schutz und Unterkunft gewährte kurz vor dem berühmten Fall jener alten Stadt, heiratete einen Hebräer namens Salma, und mit ihm gehört sie in die Abstammungslinie Jesu

Christi (vgl. Matth. 1,5). Ebenso Ruth, eine Frau aus einer verachteten heidnischen Gegend, Moab genannt, heiratete den Sohn von Salma und Rahab, Boas, und wurde auf diese Weise auch eine „Mutter" Jesu (Vers 5).

Außer Maria, der Mutter Jesu, werden nur drei Frauen namentlich in den von den Männern beherrschten Geschlechtsregistern in Matthäus 1 und Lukas 3 aufgezählt. Und alle drei, die zur Abstammungslinie des Messias gehören, sind ausschließlich heidnische Frauen, Rahab, Ruth, Tamar.

Wie paßte es da auch hinein, daß Gott den Erlaß eines heidnischen Herrschers, des Kaisers Augustus, gebrauchte, damit Jesus in Behtlehem geboren werden konnte, der Stadt Davids, so daß eine alttestamentliche Voraussage des Propheten Micha in Erfüllung gehen konnte (vgl. Micha 5,2). Wie richtig ebenfalls, daß offensichtlich nicht-jüdische Weise aus dem Mittleren Osten unter den ersten waren, die die Geburt Jesu feierten (vgl. Matth. 2,1), und daß Jesus vor dem Zorn des unbarmherzigen, gnadenlosen Königs Herodes in Ägypten Zuflucht fand – im heidnischen Ägypten (vgl. Matth. 2,14)!

Schließlich ist noch zu bemerken, daß Jesus seinen öffentlichen Dienst in einem überwiegend heidnischen Gebiet von Galiläa begann! Gerade in diesem Gebiet, das auch „Dekapolis" (Zehn Städte) genannt wurde, lebten so viele Heiden, daß die Juden ganz sicher waren, aus Galiläa werde ganz gewiß kein Prophet auftreten. Und Galiläa grenzte auch an das verachtete Samaria mit seiner gemischtrassischen Bevölkerung! Das Gebiet von Galiläa wurde wirklich nicht als erstklassig betrachtet. Und gerade diesem Gebiet von Galiläa erwies Jesu besondere Ehre durch seine ersten öffentlichen Predigten!

Matthäus, einer der Jünger Jesu, berichtete diese Tatsache als Erfüllung der Aussage des Propheten Jesaja über das „Galiläa der Heiden": „... Das Volk, das in Finsternis saß, hat ein großes Licht gesehen; und die da saßen am Ort und Schatten des Todes, denen ist ein Licht aufgegangen" (Matth. 4,15-16, vgl. auch Jesaja 9,1-2).

„Und es folgte ihm nach viel Volks aus Galiläa, aus den

Zehn Städten, von Jerusalem, aus dem jüdischen Lande und von jenseits des Jordan" (Matth. 4,25), berichtete Matthäus, um geschichtskundigen Leuten klarzumachen, daß Heiden dort gewesen sein müssen.

Die Würfel waren gefallen! Trotz des starken Drucks und der Kritik (selbst aus den Reihen der eigenen Jünger) tat Jesus seinen Dienst getreu seiner von Anfang an offenen Art und Weise: ein Mann für alle Völker zu sein. Seine Augen, seine Ohren, seine Hände und sein Herz würden allezeit Heiden und Samaritern gegenüber genauso aufmerksam sein wie den Juden gegenüber. Und er erwartete, daß seine Jünger von seinem Beispiel lernen sollten!

Millionen Christen wissen natürlich, daß Jesus am Ende seines Dienstes seinen Jüngern den Befehl gab: „Darum gehet hin und machet zu Jüngern alle Völker ..." (Matth. 28,19). Respektvoll ehren wir diesen seinen letzten und unglaublichen Befehl mit einem erhabenen Titel: „Der große Auftrag". Und dennoch glauben Millionen von uns tief verborgen in ihrem Herzen – wenn unsere Taten ein genaues Barometer für unseren Glauben sind (und die Schrift sagt, daß es so ist) –, daß Jesus eigentlich diesen ehrfurchtgebietenden Befehl ausgesprochen hat, ohne seine Jünger ausreichend vorgewarnt zu haben.

Wenn Sie die vier Evangelien flüchtig durchlesen, könnten Sie den Eindruck gewinnen, als sei der große Missionsbefehl nur noch so ein Anhängsel an Jesu gesamtes Lehren. Wie Dr. Winter ausführte, ist es fast so, als wenn unser Herr, nachdem er alles, was ihm wirklich am Herzen lag, weitergegeben hatte, zum Schluß noch mit den Fingern geschnippt und ergänzt hätte: „O übrigens, ihr Männer, da ist noch etwas. Ich möchte, daß Ihr alle diese Botschaft jedermann auf der ganzen Welt weitersagt, ungeachtet seiner Sprache und Kultur. Das gilt natürlich nur, wenn ihr Zeit habt und euch danach fühlt."

Hat Jesus wirklich den Missionsbefehl auf diese Weise ohne jede vorbereitende Hilfe gegeben? Trug er ihnen diese wichtige Anordnung so in allerletzter Minute zwischen Tür und Angel auf, ohne sie vorher darauf hingewiesen zu haben? Fuhr er gen Himmel, ohne ihnen Gelegenheit gegeben zu haben, mit ihm darüber zu reden? Versäumte er es, ihnen deutlich zu zeigen, wie sie diesen Befehl erfüllen könnten?

Wie oft lesen wir Christen die vier Evangelien, ohne zu entdecken, daß Gott reichliche Beweise für eine ganz entgegengesetzte Schlußfolgerung gibt!

Sehen wir zum Beispiel, wie barmherzig Jesus die folgenden Begegnungen mit Heiden und Samaritern ausnutzte, um seinen Jüngern zu helfen, fremde Kulturen zu verstehen. Da ist die Begebenheit mit dem römischen Hauptmann zu Kapernaum (Luk. 7,1-10). Er, ein Heide, kam zu Jesus mit der Bitte, seinem gelähmten Knecht zu helfen. Juden baten damals Jesus, dem Hauptmann die Bitte zu erfüllen, denn „er verdient es ..., denn er hat unser Volk lieb, und er ist es, der uns die Synagoge gebaut hat".

In der Tat, Mauern und Pfeiler einer Synagoge, die wahrscheinlich von diesem Hauptmann gebaut worden war, stehen heute nach zweitausend Jahren noch in der Nähe des Nordstrandes des Galiläischen Sees. Aber beachten Sie die Tragweite der Begründung der Juden. Im Grunde sagten sie, wenn der Hauptmann ihnen nicht mit der Synagoge geholfen hätte, dann sollte Jesus auch ihm und seinem kranken Diener nicht helfen. Wie stammesegoistisch sie dachten! Kein Wunder, daß Jesus sich des gelegentlichen Seufzens nicht enthalten konnte! „O du ungläubiges und verkehrtes Geschlecht, wie lange soll ich euch dulden?" (Matth. 17,17).

Jesus antwortete dem Hauptmann: „Ich will kommen und ihn heilen." In diesem Augenblick sagte der Hauptmann etwas völlig Unerwartetes: „Herr, ich bin nicht wert, daß du unter mein Dach gehst, sondern sprich nur ein Wort, so wird mein Knecht gesund. Denn auch ich bin ein Mensch, der Obrigkeit untertan, und habe unter mir Kriegsknechte; und wenn ich sage zu einem: Gehe hin! so geht er; und zum andern: Komm her! so kommt er ... Da das Jesus hörte, verwunderte er sich ...", schrieb Matthäus (Matth. 8,8ff.).

Was war da so erstaunlich? Ganz einfach dies: Die militärische Erfahrung des Hauptmanns hatte ihn etwas über Autorität gelehrt. Wie Wasser immer bergab fließt, so fließt Autorität immer stufenweise hinunter, also in einer Befehlsstaffelung. Wer sich also einer höheren Autorität unterordnet, darf dann selbst Autorität denen gegenüber ausüben, die ihm unterstellt sind. Jesus, so hatte der Hauptmann bemerkt, lebte in vollkommenem Gehorsam gegen Gott; deshalb mußte Jesus auch vollkommene Autorität über alles haben, was unter ihm stand, nämlich über den Kosmos als riesigster Staffelung von allem! Infolgedessen mußte Jesus unfehlbar imstande sein, die Kleinigkeit einer Heilung des kranken Dieners zu befehlen!

„Ich sage euch die Wahrheit", rief Jesus aus, „solchen Glauben habe ich in Israel nicht gefunden!" Wie bei vielen anderen Gelegenheiten, so erklärte Jesus auch hier seinen Jüngern, daß die Heiden die gleiche Fähigkeit zu glauben haben wie die Juden! Und sie sind der Gnade Gottes ebenso wert wie die Juden!

Jesus verstärkt und erweitert seine Aussage noch und fährt fort: „... Viele werden kommen vom Osten und vom Westen (Lukas, ein Chronist aus den Heiden, fügt in seinem Parallelbericht noch hinzu: und vom Norden und vom Süden), und mit Abraham und Isaak und Jakob im Himmelreich sitzen; aber die Kinder des Reichs (das konnten nur die Juden als Gottes auserwähltes Volk sein) werden ausgestoßen in die Finsternis hinaus; da wird sein Heulen und Zähneklappern" (Matth. 8,7-12; Luk. 7,9; 13,28-29).

Feste sind zum Feiern gedacht. Wozu, denken Sie, wird das zukünftige Fest, an dem Abraham und eine Schar von Heiden teilnehmen werden, gefeiert werden?

Andeutungen des großen Befehls, die folgen, könnten kaum klarer sein. Warten Sie, denn da steckt noch mehr drin!

Später bat eine kanaanäische Frau aus der Gegend von Tyrus und Sidon um Barmherzigkeit für ihre von Dämonen besessene Tochter.

Zuerst tat Jesus so, als sei es ihm völlig gleichgültig. Seine Jünger waren zweifellos froh, daß ihr Herr einer lästigen Heidin die kalte Schulter zeigte, und pflichteten dem sofort bei, was sie für seine wahren Empfindungen hielten: „Schick sie weg", drängten sie ihn, „sie schreit ja hinter uns her" (vgl. Matth. 15,21-28).

Wenig verstanden sie, was Jesus sie lehren wollte. ,,Ich bin nur zu den verlorenen Schafen des Hauses Israel gesandt", sagte er zu der Frau. Nach scheinbarer Gefühllosigkeit zeigte Jesus nun auch noch scheinbare Unlogik. Schließlich hatte er ja schon viele Heiden geheilt. Warum wollte er denn dieser einen Frau nicht helfen? Man kann sich vorstellen, wie die Jünger grimmig nickten – sie ahnten immer noch nichts! Ohne sich abschrecken zu lassen, kniete die Frau vor Jesus nieder und flehte: ,,Herr, hilf mir!" – ,,Es ist nicht recht, den Kindern das Brot zu nehmen" – der Ausdruck für Gottes Segen über Israel, der Anfangszeile entsprechend. Dann fügte er das Verblüffende hinzu: ,,... und werfe es den Hunden hin." Hunde war der ständige jüdische Ausdruck, den die Juden für Heiden benützten, besonders für die Heiden, die versuchten, in die jüdischen religiösen Privatsphären und Vorrechte einzudringen. In anderen Worten ergänzt Jesus jetzt seine frühere ,,Gleichgültigkeit" und ,,Unlogik" mit einer noch schlimmeren ,,Grausamkeit". Beachten Sie, daß diese zwei Feststellungen in direktem Widerspruch stehen zur Schlußzeile des Abraham-Bundes.

Sagte das hier wirklich der Heiland der Welt? Ohne Zweifel fanden die Jünger Jesu Aussagen sehr passend für diese Gelegenheit. Aber als ihnen gerade vor Rassenstolz die Brust schwoll, mag die kanaanäische Frau ein Zwinkern in Jesu Augen entdeckt und die Wahrheit erkannt haben!

,,Ja, Herr", antwortete sie ganz demütig, um nicht zu sagen scharfsinnig, ,,aber doch essen die Hunde die Brosamen, die von ihrer Herren Tisch fallen" (vgl. auch Mark. 7,26-30).

,,Frau, dein Glaube ist groß", freute sich Jesus. ,,Deine Bitte sei dir gewährt!" Nein, Jesus war nicht wankelmütig! Das hatte er von Anfang an vorgehabt. Unmittelbar vor diesem Geschehen hatte Jesus seinen Jüngern den Unterschied zwischen wirklicher und nur sinnbildlicher Unreinheit klargemacht. Mit diesem Beispiel wollte er seine Erklärungen untermauern.

,,Und ihre Tochter ward gesund zu derselben Stunde", berichtet Matthäus in Kapitel 15, Vers 28.

Als Jesus bei einer späteren Gelegenheit mit seiner Gruppe

in ein bestimmtes samaritanisches Dorf kam, lehnten die Samariter es ab, ihn aufzunehmen. Jakobus und Johannes, denen Jesus wegen ihres feurigen Temperaments den Spitznamen „Donnersöhne" gab, waren darüber empört und sagten: „Herr, willst du, daß wir Feuer vom Himmel fallen lassen, um sie zu verzehren?" (Und man meint fast zu hören, wie sie wütend mit den Füßen stampfen.)

Jesus wandte sich um und wies Jakobus und Johannes zurecht. Einige alte Manuskripte fügen noch seine Bemerkung hinzu: „Ihr wißt nicht, welches Geistes Kinder ihr seid; denn des Menschen Sohn ist nicht gekommen, das Leben der Menschen zu verderben, sondern zu erhalten" (Luk. 9,51-55).

Mit diesen Worten bezeichnete Jesus sich selbst als Heiland, auch für die Samariter!

Noch später heilte Jesus zehn Aussätzige entlang der Grenze zwischen Samaria und Galiläa. Neun von ihnen eilten davon, um ihre Heilung voller Freude auszukosten. Der zehnte kam allein zurück zu Jesus und „pries Gott mit lauter Stimme". Dieser soeben geheilte, gereinigte Mann fiel Jesus zu Füßen und dankte ihm.

Lukas fügt betont hinzu: „Und dieser war ein Samariter!"

Wieder war es Jesus wichtig, daß seinen Jüngern die Bedeutung der Begegnung der zwei Kulturen nicht entging. Er fragte: „Sind nicht alle geheilt worden? Wo sind denn die neun? War niemand da, der zurückkehrte, um Gott die Ehre zu geben, als nur dieser Fremde?" (vgl. Luk. 17,11-19).

Jesu Vorliebe dafür, Nicht-Juden als Beispiele für Gerechtigkeit den Juden vorzuhalten – die ja eigentlich unter allen Völkern für führend im Blick auf Gerechtigkeit gehalten wurden –, wird im Gleichnis vom Barmherzigen Samariter auf noch dramatischere Art illustriert. Sie wird einem kritischen, selbstgerechten Experten jüdischen Rechts gegenüber erzählt, der gefragt hatte: „Wer ist denn mein Nächster?"

„... Es war ein Mensch, der ging von Jerusalem hinab nach Jericho und fiel unter die Räuber; die zogen ihn aus und schlugen ihn und gingen davon und ließen ihn halbtot liegen. Es begab sich aber von ungefähr, daß ein Priester dieselbe Straße hinabzog; und da er ihn sah, ging er vorüber. Desgleichen auch ein Levit ... Ein Samariter aber reiste und kam dahin; und da er ihn sah, jammerte ihn sein, ging zu ihm, goß Öl und Wein auf seine Wunden und verband sie ihm und hob ihn auf sein Tier und führte ihn in eine Herberge und pflegte sein" (Luk. 10,30-34).

Wenn Jesus solche Geschichten erzählte, konnte er kaum damit rechnen, das Wohlgefallen seiner Landsleute zu finden! Unzählige Menschen durch die Jahrhunderte hindurch haben tatsächlich Jesu strikte Weigerung, sich politischem Opportunismus zu beugen, als eines der sichersten Zeichen für seine Sündlosigkeit angesehen! Mohammed dagegen (ich werde in einem späteren Buch darüber berichten) versagte bei solcher Probe vollständig.

Hier ist ein weiteres Beispiel, wie Jesus gegen den Strom allgemeiner Vorurteile in seiner Zeit anging. ,,Er mußte aber durch Samaria gehen", so lesen wir in einem Bericht im Johannes-Evangelium. ,,Da kam er in eine Stadt Samariens, die hieß Sychar ... Es war aber daselbst Jakobs Brunnen. Jesus ... setzte sich an den Brunnen ... Da kommt eine Frau aus Samaria, Wasser zu schöpfen. Jesus spricht zu ihr: Gib mir zu trinken. ... Spricht nun die samaritische Frau zu ihm: Wie bittest du von mir zu trinken, der du ein Jude bist, und ich ein samaritisch Weib?" (Joh. 4,4-9).

Von diesem scheinbar aussichtslosen Anfang aus beginnt Jesus nun, den Panzer des Widerstands gegen alles Jüdische bei der Samariterin zu durchstoßen. Er bringt es sogar fertig, ihr zu sagen: ,,Das Heil kommt von den Juden", ohne daß sie sich dagegen empört. Die Samariterin glaubt ihm. Völlig außer sich vor Begeisterung ließ sie ihren Krug stehen, verließ den Brunnen, eilte nach Sychar zurück, brachte die Leute dort in Bewegung und führte sie in Massen zu Jesus!

In der Zwischenzeit waren die Jünger Jesu von Einkäufen zurückgekehrt und ganz schockiert über die Tatsache, ihren Meister im Gespräch mit einer Frau – noch dazu mit einer Samariterin – zu sehen! Das war unfaßbar für die Jünger, die sich bemüht hatten, in Sychar alles nur ,,rein geschäftlich" abzuwickeln, und das sogar mit den Männern, denn, schreibt Johannes, ,,Juden verkehren nicht mit Samaritern".

Doch die Jünger zögerten, Jesus zu kritisieren. Sie runzelten nur die Stirn und baten Jesus, etwas zu essen.

„Ich habe eine Speise zu essen, von der ihr nicht wisset", sagte Jesus daraufhin. Sie verstanden nicht, was er damit meinte. Während sie noch darüber nachdachten, kam die Samariterin wieder zurück und brachte eine ganze Gruppe Landsleute aus Sychar mit. Jesus nickte ihnen zu und fuhr fort: „Meine Speise ist die, daß ich tue den Willen des, der mich gesandt hat, und vollende sein Werk" (Joh. 4,4-34).

Und was ist der Wille und das Werk Jahwes? Die Abraham gegebene Verheißung zu erfüllen – einschließlich der Schlußzeile über alle Völker auf Erden, die durch die Nachkommen Abrahams gesegnet werden sollen! Und als Jesus die Menge der Samariter auf sich zukommen sah, die an ihn glaubten, da wußte er, daß die Erfüllung der göttlichen Verheißung an Abraham ein Schritt näher gerückt war. Ein weiteres Volk war im Begriff hereinzukommen!

Das Wandern der Leute durch die reifenden Felder erinnerte Jesus an ein Erntefeld. So sagte er zu seinen Jüngern: „Hebet eure Augen auf und sehet in das Feld, denn es ist weiß zur Ernte" (Vers 5). Die Samariter? Weizen für Gottes Ernte? Viele Juden würden gespottet haben: Unkraut vielleicht, aber nicht Weizen! Doch in den Augen Jesu, des Mannes für alle Völker, konnten die Samariter reifer Weizen sein!

Eines Tages machte Jesus unglaublich herausfordernde Aussagen. Er behauptete, drei heidnischen Städten – Tyrus, Sidon und sogar dem übel beleumundeten Sodom – werde es am Tage des Gerichtes Gottes besser ergehen als den drei jüdischen Städten Chorazin, Bethsaida und Kapernaum! Warum? Weil die heidnischen Städte, hätten sie Jesu Wundertaten in Galiläa gesehen, längst „Buße getan hätten in Sack und Asche" (Luk. 10,13).

Ebenso warnte Jesus die Juden seinerzeit mit folgenden Worten: „Die Leute von Ninive werden auftreten beim Gericht mit diesem Geschlecht und werden es verdammen; denn sie taten Buße nach der Predigt des Jona. Und siehe, hier ist mehr als Jona. Die Königin vom Süden wird auftreten beim Gericht mit diesem Geschlecht und wird es verdammen, denn sie kam vom Ende der Erde, Salomos Weisheit zu hören. Und siehe, hier ist mehr als Salomo" (Matth. 12,41-42).

Lukas berichtet als Chronist, wie leidenschaftlich die Juden damals diese besondere Art des Vergleichs ablehnten.

Die Leute in Nazareth, der Heimatstadt Jesu, hatten erstaunliche Berichte über einzelne Wunder Jesu gehört, die er an anderen Orten wirkte. Wir können sicher sein, daß jeder Nazarener erwartungsvoll auf Zehenspitzen stand, als Jesus schließlich nach Nazareth kam – zum erstenmal, seit er begonnen hatte, öffentlich Wunder zu tun. Wenn er Fremden gegenüber schon so Ungewöhnliches tat, was würde er dann erst bei seinen eigenen Leuten vollbringen!

Die Leute redeten davon, er sei so voller Wundertaten, daß er sogar ein paar davon an Heiden und Samariter verschwenden könne! Aber er werde sich Mühe geben müssen, um so etwas unter den eigenen Leuten wieder wettzumachen! Lukas erzählt uns, was geschah.

„Und er kam nach Nazareth, wo er erzogen war, und ging in die Synagoge nach seiner Gewohnheit am Sabbattage und stand auf und wollte lesen. Da ward ihm das Buch des Propheten Jesaja gereicht. Und da er das Buch auftat, fand er die Stelle, da geschrieben steht: Der Geist des Herrn ist bei mir, darum weil er mich gesalbt hat, zu verkündigen das Evangelium den Armen."

Man kann sich gut vorstellen, wie Jesus das Wort „Arme" betonte und sich dann in seinem Zuhörerkreis umschaute, der glaubte, Anspruch auf besondere Vorrechte zu haben. Er las weiter: „Er hat mich gesandt, den Gefangenen Befreiung zu verkündigen ..." Sprach er das Wort „Gefangener" so aus, daß es plötzlich bedeutungsvoller klang als nur „Galgenvögel"? – „... den Blinden das Augenlicht wiederzugeben, die Zerschlagenen zu befreien ... ein Gnadenjahr des Herrn zu verkündigen!" (Luk. 4,14-19; vgl. auch Jes. 61,1-2).

Während sich diese inhaltsschweren Worte des Propheten Jesaja auf seine Zuhörer legten, heißt es von Jesus: „Und als er das Buch zutat, gab er's dem Diener und setzte sich. Und aller Augen in der Synagoge sahen auf ihn. Und er fing an, zu sagen zu ihnen: Heute ist dies Wort der Schrift erfüllt vor euren Ohren. Und sie gaben alle Zeugnis von ihm und wunderten sich, daß solche Worte der Gnade aus seinem Munde gingen ..." (Luk. 4,20-22).

Das geschah aber natürlich, weil sie noch nicht wirklich verstanden hatten, warum er gerade diese Stelle aus Jesaja gelesen hatte. Es war ihnen auch gleichgültig. Sie waren so erpicht darauf, ihn Wunder tun zu sehen, daß sie sich kaum für die tiefere Bedeutung seiner Rede interessierten. Seine Worte waren doch nur so etwas wie ein Vorspiel für seine Wunder, oder etwa nicht? Natürlich! Wunder mußten die Hauptsache des Tages sein!

„Und er sprach zu ihnen: Ihr werdet freilich zu mir sagen dies Sprichwort: Arzt, hilf dir selber! Denn wie große Dinge haben wir gehört, zu Kapernaum geschehen! Tu so auch hier in deiner Vaterstadt. Er sprach aber: Wahrlich, ich sage euch: Kein Prophet gilt etwas in seinem Vaterlande" (Luk. 4,23-24).

Dieser letzte Satz, wohl mit einem Seufzer ausgesprochen, war nur die Überleitung zur ernsten Hauptsache seines Textes. Um zu illustrieren, was Jesaja in seiner Vorschau des Messias und seines Dienstes an Armen, Gefangenen, Blinden oder Unterdrückten meinte, wies Jesus in meisterhafter Weise auf zwei weitere bekannte Berichte des Alten Testaments hin. Der erste: „Es waren viele Witwen in Israel zu des Elia Zeiten, da ... eine große Teuerung war im ganzen Lande. Zu keiner von ihnen wurde Elia gesandt, sondern nur zu einer Witwe nach Sarepta in Sidonien" (Luk. 4,25-26).

Wenn nicht schon bei dieser ersten Stelle die Luft in der Synagoge „sauer" wurde, so bestimmt beim nächsten Vergleich: „Und viele Aussätzige waren in Israel zu des Propheten Elisa Zeiten, und deren keiner wurde rein als allein Naeman aus Syrien" (Vers 27).

Hier brach die Hölle los: „Und sie wurden voll Zorn alle, die in der Synagoge waren, da sie das hörten, und standen auf und stießen ihn nicht nur aus der Synagoge, sondern auch zur Stadt hinaus und führten ihn an den Rand des Berges, darauf ihre Stadt gebaut war, daß sie ihn hinabstürzten. Aber er ging mitten durch sie hinweg" (Verse 28-30).

Soviel für jüdisches Interesse an der Schlußzeile ihres eigenen Abraham-Bundes! Die Vorstellung, daß Jahwe an bedürftigen Juden vorbeigehen könnte, um jenen besonderen Satz für die Heiden zu erfüllen, war für sie vollständig widerwärtig und unannehmbar, selbst wenn das alles aus der Heiligen Schrift zu belegen war! Wie einsam und allein muß Jesus sich gefühlt haben als der einzige im ganzen jüdischen Volk, dem die vollständige Erfüllung des alten Bundes Jahwes mit Abraham am Herzen lag! Und wie schwer muß es für ihn gewesen sein, diese einsame Schau Leuten weiterzugeben, die sich eigentlich dafür interessieren mußten, es aber nicht taten!

Selbst seine eigenen Jünger benötigten, wie wir sehen werden, Jahrzehnte, um Jesu tiefstes Empfinden für alle Völker zu begreifen. Aber wie geduldig ertrug Jesus ihre scheinbar endlose Zurückweisung seines so weitreichenden und zutiefst erbarmungsvollen Planes. Wie geduldig wartet er auch heute noch auf unsere Bereitschaft für diesen Plan! Natürlich war das sein Auftrag, für den er sich weiter einsetzen mußte, es war seine Mission. Bis heute kommt darin seine persönliche viertausendjährige Verpflichtung gegenüber Gott und Abraham zum Ausdruck.

Und Jesus allein wußte auch, wie sehnsüchtig Völker wie die Karen, die Lahu, die Wa, die Lisu, die Kachin, die Mizo, die Naga, die Gedeo, die Santal, die Inka und Tausende anderer warteten. Er wollte ihnen gegenüber nicht versagen (auch uns gegenüber nicht!), indem er diese Schau sterben ließ. Aber es gab noch einen weit stärkeren Grund, der ihn so hartnäckig sein ließ.

Unmittelbar nach der fast vollzogenen Opferung Isaaks bestätigt Jahwe seinen Bund mit Abraham durch jenen berühmten Eid! Beachten Sie: „… Ich habe bei mir selbst geschworen, spricht der Herr: Weil du solches getan hast und hast deines einzigen Sohnes nicht verschont, will ich dein Geschlecht segnen… und durch dein Geschlecht sollen alle Völker auf Erden gesegnet werden, weil du meiner Stimme gehorcht hast" (1. Mose 22,16-18).

Der Schreiber des neutestamentlichen Briefes an die Hebräer kommentiert diese Stelle aus 1. Mose folgendermaßen:

,,Als Gott dem Abraham die Verheißung gab, schwor er bei sich selbst, da es keinen Größeren gab, bei dem er schwören konnte, und sprach: ,Wahrlich, ich will dich segnen und mehren ...' Darum hat Gott, da er wollte den Erben der Verheißung überschwenglich beweisen, daß sein Ratschluß nicht wanke, sich noch mit einem Eid verbürgt. So sollen wir durch zwei Stücke, die nicht wanken – denn es ist unmöglich, daß Gott lügt –, einen starken Trost haben, die wir unsere Zuflucht dazu genommen haben, festzuhalten an der angebotenen Hoffnung. An ihr haben wir einen sichern und festen Anker unserer Seele, der hineinreicht bis in das Innere hinter dem Vorhang" (Hebr. 6,13-19).

Es gab für Jesus, den Messias, keine Möglichkeit, den ,,Alle-Völker-Befehl" fallen zu lassen! Gott hatte bereits seinen eigenen Namen für die Erfüllung dieser Verheißung verpfändet. Und bis heute steht dieser sein Name und sein Wesen für die Erfüllung dieses Befehls auf dem Spiel! Jeder, der das nicht versteht, kann überhaupt nicht verstehen, was Gott in der Weltgeschichte vollbringt.

Nicht nur in kleinen Städten wie Nazareth, sondern auch in der großen Stadt Jerusalem blieb Jesus diesem ,,Alle-Völker-Befehl" unbeirrbar treu ergeben, was ihm ständige Spannungen mit seinen jüdischen Landsleuten einbrachte. Matthäus, Markus und Lukas berichten alle,daß Jesus gegen Ende seines irdischen Dienstes höchstwahrscheinlich den ,,Vorhof der Heiden" betrat, einen der umfriedeten Bezirke des berühmten Tempels des Herodes in Jerusalem. Warum wurde er ,,Vorhof der Heiden" genannt? Dafür gab es nur einen Grund: Es war der einzige Teil des Tempels, der ausschließlich dafür bestimmt war, die Juden an ihre alte Verpflichtung zur Schlußzeile des Abraham-Bundes zu erinnern! Ohne diesen Vorhof hätten die Juden allzu leicht vergessen, daß sie gesegnet wurden, um ein Segen zu sein – für die Heiden!

Es war auch der einzige Teil des Tempels, der heidnischen ,,Touristen" oder selbst gottesfürchtigen Heiden zugänglich war. Es war Gottes Absicht, daß Heiden, wenn sie diesen geheiligten Bezirk betraten, hören konnten, wie Juden für sie beteten. So sollten sie unmißverständlich erkennen, daß der

Gott der Juden in Wahrheit der Gott der ganzen Erde war, ein Gott, dessen Verlangen darin bestand, alle Völker zu segnen.

Mit äußerster Empörung stellte Jesus fest, daß dieser Vorhof der Heiden zweckentfremdet verwendet wurde – nämlich nur zu Geschäftszwecken der Juden! Ochsen und Schafherden, Taubenkäfige, Geldwechsler mit ihren Waagen und Rechenbrettern füllten den Vorhof der Heiden vom Tor bis zur Mauer. Alles fand man hier, einem Jahrmarkt vergleichbar, vielleicht abstoßender als der Geruch von tierischem Mist!

Ursprünglich waren – falls überhaupt vorhanden – mit dem Tempeldienst verbundene Geschäfte außerhalb des Tempelbezirks angesiedelt. Allmählich jedoch entdeckten die Geschäftsleute, daß sie viel größere Gewinne machen könnten, wenn sie dem Tempelinneren näher wären, wo ja die Tiere wirklich geopfert wurden. Sie fanden, der „Vorhof der Heiden" würde ohnehin nicht genügend genutzt. Wer betete denn schließlich noch für die Heiden? Und wenn jemand es tatsächlich tun sollte, dann konnte er das auch irgendwo anders tun. War es überhaupt zweckmäßig, einen ganzen Bezirk wertvollen Bodens für so etwas Unbeliebtes wie das Gebet für Heiden abzugrenzen? „Umfunktionieren des Vorhofs der Heiden!" wurde ein populäres Werbeschlagwort. Allmählich setzte sich der Vorschlag durch und wurde zur festen Regel – vielleicht sogar durch Bestechungsgeld, das unter dem Büroschreibtisch des Hohenpriesters überreicht wurde.

Herein kamen die Tierverkäufer, danach die Geldwechsler, die die heidnischen Besucher, die zum Tempel kamen, gründlich auszubeuten versuchten. Besucher von weither, die sich mit den Wechselkursen in Palästina nicht auskannten, merkten vielleicht gar nicht, wie sie übers Ohr gehauen wurden, geschweige denn die falschen Gewichte bei den Waagen.

Jesus sah das alles und wurde aktiv. So lesen wir in Matthäus 21,12: „Und Jesus ging in den Tempel hinein und trieb alle Verkäufer und Käufer im Tempel hinaus und stieß um der Wechsler Tische und die Stühle der Taubenverkäufer." Jenen Leuten, die da schrien: „Was fällt dir eigentlich ein?", gab er weniger einen zornigen Verweis als vielmehr eine schriftgemäße Belehrung.

Was lehrte er sie, um seine entschiedene Aktion gegen diesen bösen Mißbrauch des Tempelvorhofs zu rechtfertigen? Er wählte eine hervorragende Zusammenstellung von zwei Worten alttestamentlicher Propheten. Die erste Stelle war aus Jesaja: ,,Mein Haus (Gottes Tempel) wird ein Bethaus heißen für alle Völker" (Jes. 56,7; vgl. auch Mark. 11,17). Und dann fügte Jesus noch ein Wort Jeremias hinzu: ,,Haltet ihr denn dies Haus, das nach meinem Namen genannt ist, für eine Räuberhöhle?" (Jer. 7,11).

Der Zusammenhang in dem Jesajawort steht in enger Beziehung zum ,,Alle-Völker-Befehl" des Abraham-Bundes. Denn in diesem Zusammenhang zitiert Jesaja Jahwe, der da sagt: ,,Und der Fremde, der sich dem Herrn zugewandt hat, soll nicht sagen: Der Herr wird mich ausschließen aus seinem Volk. ... Und die Fremden, die sich dem Herrn zugewandt haben, ihm zu dienen und seinen Namen zu lieben, damit sie seine Knechte seien ... die will ich zu meinem heiligen Berge bringen und will sie erfreuen in meinem Bethaus; und ihre Brandopfer und Schlachtopfer sollen mir wohlgefällig sein auf meinem Altar; denn mein Haus wird ein Bethaus heißen für alle Völker" (Jes. 56, 3.6-7).

Möchten es doch alle Heidenvölker erkennen, daß Jesus die Geldwechsler nicht nur deshalb aus dem Tempel gejagt hat, um die Heiligkeit des Tempels als solche zu verteidigen, sondern auch, um *unser* Recht zu verteidigen, *unsere* geistlichen Anliegen in diesem Gotteshaus vertreten zu sehen!

Doch diese Haltung und Handlung hat ihn viel gekostet. In Markus 11,18 heißt es: ,,Und es kam vor die Hohenpriester und Schriftgelehrten, und sie trachteten, wie sie ihn umbrächten; (denn sie verkauften wahrscheinlich die Konzessionen an die Geldwechsler oder waren jedenfalls damit einverstanden). Denn sie fürchteten sich vor ihm; denn alles Volk war erstaunt über seine Lehre."

Solch heftige Ablehnung der tiefgründig-offenen Gesinnung des Abraham-Bundes veranlaßte Jesus zu einer sehr strengen Warnung an die jüdischen Führungskräfte. Das erste Vorzeichen dieser Warnung kam unmittelbar am Tag nach der Tempelreinigung. Er verbrachte die Nacht in Bethanien ...

„Als er aber des Morgens wieder in die Stadt ging, hungerte ihn. Und er sah einen Feigenbaum an dem Wege und ging hinzu und fand nichts daran als allein Blätter und sprach zu ihm: Nun wachse auf dir hinfort nimmermehr Frucht. Und der Feigenbaum verdorrte alsbald. Und da das die Jünger sahen, verwunderten sie sich und sprachen: Wie ist der Feigenbaum so bald verdorrt?" (Matth. 21,18-20).

Die tatsächliche Bedeutung dieses Zwischenfalls kam jedoch erst später an jenem Tag zum Vorschein. Als Jesus im Tempel lehrte, wurde er von finster blickenden, eifersüchtigen jüdischen Führern beobachtet, die sich den Kopf zerbrachen, wie sie ihn ausschalten könnten. Jesus aber ergriff die Initiative und trat ihnen mit Gleichnissen entgegen. Ein solches Gleichnis betraf einen Besitzer (Jahwe), der einen Weinberg pflanzte (Israel), ihn zur Bearbeitung an Pächter übergab (jüdische religiöse Führer) und auf eine Reise ging. Nach der Ernte sandte er seine Diener (die Propheten), um seinen Ernteanteil einzusammeln (ihr Gehorsam gegen die Bedingungen des Bundes) als Pacht. Die Pächter schlugen, steinigten oder töteten alle Diener des Besitzers. Schließlich wagte der Weinbergsbesitzer das Äußerste: Er sandte seinen eigenen Sohn. Aber die Pächter töteten ihn auch!

„Was", fragte Jesus, „wird der Besitzer des Weinberges diesen Pächtern tun?"

Die Juden antworteten: „Er wird die Übeltäter umbringen und seinen Weinberg an andere Weingärtner vergeben, die ihm die Früchte zu rechter Zeit abliefern."

Jesus antwortete: „Deshalb sage ich euch: Das Reich Gottes wird von euch genommen und einem Volk gegeben werden, das seine Früchte bringt" (vgl. Matth. 21,33-43). Ganz sicher werden sich die Jünger Jesu sofort an die Sache mit dem Feigenbaum erinnert haben, der unter seinem Fluch verdorrte, weil er keine Frucht trug, als er vorbeikam. Sie müssen geahnt haben, daß dieser verdorrte Feigenbaum eine Vorausschattung war für die Tragödie, die in Kürze über Israel kommen sollte!

Keine Warnung konnte deutlicher sein: Jahwe war schon im Begriff, die geistlichen Vorrechte, die er einst den Juden gegeben hatte, zurückzuhalten, statt dessen aber eine neue Umverteilung auch an die Heiden vorzunehmen, sofern sie bereit waren, den Geist des Abraham-Bundes anzuerkennen! Aber falls sie unter Umständen den entscheidenden Punkt nicht begriffen, fügte Jesus diesem Gleichnis sofort ein weiteres an.

Ein König (Jahwe) bereitete für seinen Sohn ein Hochzeitsmahl und lud seine Freunde (die Juden) ein. Sie wiesen jedoch die Einladung völlig ab, sie gingen sogar so weit, des Königs Diener als Überbringer zu schmähen oder zu erschlagen! Der König reagierte auf zweifache Weise: Erstens sandte er ein Heer, um die Übeltäter zu bestrafen. Zweitens schickte er andere Boten aus in die Straßen und Gassen, um früher nicht Privilegierte (die Heiden) zu versammeln, die sein Fest mit ihm genießen sollten. So gab unser Herr eine Vorschattung der bald darauf erfolgenden Einladung des gnadenvollen Gottes an Samariter und Heiden jeder Art. Sie sollte durch seine eigenen Apostel und deren Nachkommen verkündigt werden!

Der Missiologe Ralph Winter überraschte seine Zuhörer einmal mit der Feststellung: ,,Jesus kam nicht, um den Großen Befehl zu *geben!* Er kam, um ihn wegzunehmen – weg von den Juden, die ihn in der Urform bereits etwa 2.000 Jahre besessen hatten. Aber sie hatten kaum etwas damit anzufangen gewußt! Es war höchste Zeit für die Welt, zu sehen, was gläubige Heiden, denen dieser gleiche Befehl in neutestamentlicher Form gegeben wurde, damit machen würden.''

Der Gedanke, daß Jahwe ihren schweren Ungehorsam bestrafen würde, indem er ihre geistlichen Vorrechte für ein oder zwei Zeitalter annullierte, war für Juden unfaßbar! Vollkommen verrückt muß Jesus ihnen erschienen sein, daß er solche unglaublichen Dinge andeutete! Und doch hatte ihr eigener Gesetzgeber, Mose, sie schon genau vor dieser Möglichkeit gewarnt. Er zitiert Jahwe: ,,Sie haben mich eifersüchtig gemacht durch Nichtgötter, ich aber mache sie eifersüchtig durch ein Nicht-Volk'' (5. Mose 32, 21. Auf diese Stelle bezieht sich auch Paulus in Röm. 10,19).

Was war die unverzügliche Antwort der jüdischen Führer

auf die Warnungen Jesu? ,,Und sie trachteten danach, wie sie ihn griffen, und fürchteten sich doch vor dem Volk; denn sie verstanden, daß er auf sie dies Gleichnis geredet hatte. Und sie ließen ihn und gingen davon" (Mark. 12,12). Einige von ihnen versuchten jedoch geschickt, ihn in Diskussionen zu verwickeln, damit er gereizt würde, Aussagen politischer Art gegen Rom zu machen. Aber zum Leidwesen seiner Befrager war Jesus jederzeit in der Lage, leicht und gewandt den ausgelegten Fallen nicht nur zu entgehen, sondern seine Feinde mit ihren eigenen Waffen zu schlagen. So blieb er der Sieger.

Welches war ihre Frage? ,,Ist's recht, daß man dem Kaiser Steuer zahle, oder nicht?" (Matth. 22,17). Was würde Jesus, der Mann für alle Völker, hier raten in dieser so ungemein heiklen Frage, ob die Juden Steuern an einen *heidnischen* Herrscher zahlen sollten?

Jesus begann seine Antwort so: ,,Ihr Heuchler, warum wollt ihr mich hereinlegen?" Auf welcher Grundlage nannte er sie Heuchler? Ganz einfach: Sie behaupteten, für beides einzustehen, sowohl für den Abraham-Bund als auch für seine späteren Auswirkungen im Gesetz Moses und in den Propheten; aber sie machten den Inhalt dieses Bundes in fast jeder lebenswichtigen Hinsicht zunichte.

Jesus fuhr fort: ,,... Weiset mir die Steuermünze! Und sie reichten ihm einen Denar. Und er sprach zu ihnen: Wes ist das Bild und die Aufschrift? Sie sprachen zu ihm: des Kaisers. Da sprach er zu ihnen: So gebt dem Kaiser, was des Kaisers ist, und Gott, was Gottes ist!" (Matth. 22, 18-21).

Mit diesen Worten bekräftigte Jesus, der Mann für alle Völker, das Recht sogar ungläubiger Heidenkönige, über die Juden zu herrschen – voraussichtlich bis die Zeit, die er später ,,die Zeit der Heiden" (vgl. Luk. 21,24) nannte, erfüllt war. So schreibt Lukas: ,,Und sie vermochten nicht, ihn vor dem Volk bei seinem Wort zu fassen, und sie verwunderten sich über seine Antwort und schwiegen" (Luk. 20,26).

In der Zwischenzeit tat Jesus den Dienst des Segnens an den Juden auf jede Art weiter (entsprechend der ,,oberen Zeile" des Abraham-Bundes), aber gleichzeitig gab er seinen Jüngern anhaltende Unterweisungen darüber, daß sie selbst in Kürze ebenfalls den Heiden zu dienen hätten. Einmal zum Beispiel sandte er sie zu einem Erprobungsdienst aus. Dabei erklärte er ihnen, obgleich er sie noch nicht zu Heiden und Samaritern sende, sondern zu ,,den verlorenen Schafen des Hauses Israel", würden sie später ,,auch vor Statthalter und Könige geführt werden, ihnen und den Heiden zum Zeugnis" (Matth. 10,5.6.18).

Diese zeitliche Begrenzung legte Jesus seinen Jüngern nicht deshalb auf, weil er die Mißachtung der Heiden und Samariter zu diesem Zeitpunkt unterstützte, sondern weil seine Jünger weder geistlich noch geistig für einen solchen kulturübergreifenden Auftrag vorbereitet waren.

Später erklärte Jesus seinen Jüngern die Bedeutung seines berühmten Gleichnisses über Unkraut und Weizen und stellte das ,,Feld" in dem Gleichnis mit der „Welt" gleich, nicht nur mit Israel (Matth. 13,24-30. 36-43).

Im gleichen Zusammenhang läßt Jesus ein Gleichnis von nur einem Vers einfließen, nämlich das von der Frau, die Sauerteig unter eine große Menge Mehl mengte, bis der Teig ganz durchsäuert war (Matth. 13,33). Durch Vergleich mit Jesu eigener Deutung des Gleichnisses über Weizen und Unkraut scheint es erwiesen, daß die große Menge Mehl in diesem kleinen Gleichnis die Welt darstellt. Der Sauerteig wird daher zur überall durchdringenden Wirkung des Evangeliums in der ganzen Welt.

An anderer Stelle warnt Jesus seine Jünger im voraus, daß das Ende der Zeitalter nicht kommen könne, es werde denn das Evangelium allen Nationen verkündigt (Mark. 13,10). Die griechische Formulierung *ta ethne* sollte, nach vielen Sprachgelehrten, besser übersetzt werden mit ,,allen Völkern", statt mit ,,allen Nationen"; denn das göttliche Interesse gilt viel stärker ethnologisch deutlich umrissenen Völkergemeinschaften als vergänglichen politischen Strukturen. Die andere Übersetzung könnte zu irrigen Auffassungen führen. Indien ist zum Beispiel eine ,,Nation", aber Indien umfaßt 3.500 ,,Völker". Man müßte sonst sagen, es gäbe 3.500 Inder, wenn *ethne* mit ,,Nationen" übersetzt würde.

Später kamen einige Griechen auf ein Fest nach Jerusalem

und ersuchten um eine Audienz bei Jesus. Zwei Jünger Jesu, Philippus und Andreas, sagten es Jesus weiter, und wie gewöhnlich nutzte Jesus die Gelegenheit, seine „Alle-Völker-Perspektive" erneut vorzustellen: „Und ich, wenn ich erhöht werde von der Erde, so will ich sie alle zu mir ziehen" (Joh. 12,32). Diese Vorhersage bezieht sich schon auf die Art des Todes Jesu: die Kreuzigung! Aber sie sagt auch das Ergebnis voraus: Alle Menschen werden nicht nur trotz, sondern gerade wegen Jesu Erniedrigung zu ihm gezogen werden als ihrem von Gott gesalbten Befreier. Oberflächlich betrachtet, kann diese Aussage zu der Ansicht führen, jeder Mensch auf dieser Welt würde Christ werden. Da wir wissen, daß das völlig unwahrscheinlich ist, bedeutet Jesu Wort wohl, daß einige aus allen Menschengruppen zu Jesus gezogen werden, wenn sie erfahren, daß er für ihre Sünden gestorben ist. Und das ist genau das, was der Abraham-Bund verheißen hat – nicht, daß alle Menschen gesegnet werden, sondern daß alle Völker in diesem Segen vertreten sein werden. So hat Jesus noch einmal seine Jünger rechtzeitig hingewiesen auf seinen großen Befehl, der ja bald folgte.

Bei einer weiteren Gelegenheit zeigte Jesus, wie wichtig ihm die zukünftige Evangelisation der Heidenvölker war. Zwar war das in diesem Zusammenhang nur eine indirekte Aussage, aber immerhin deutlich genug. Als Maria, eine fromme Frau, ein Glas kostbaren Nardenöls auf sein Haupt goß, salbte sie ihn symbolisch zu seinem Begräbnis. Judas Ischariot betrachtete den großen Aufwand als Verschwendung und tadelte sie (vgl. Joh. 12,4-5). Jesus selbst verteidigte sie und enthüllte dabei viel von seinem eigenen inneren Ziel: „... Wo immer das Evangelium gepredigt wird in der ganzen Welt, da wird man auch das sagen zu ihrem Gedächtnis, was sie jetzt getan hat" (Mark. 14,9).

Unmittelbar danach verschwand Judas Ischariot, um Jesus heimlich an seine Feinde zu verraten. Der egozentrische Judas war damals von Jesus restlos enttäuscht. Der Geduldsfaden riß bei ihm endgültig, als er merkte, daß Jesus seine Macht in keiner Weise dazu nutzen wollte, seinen Jüngern politisch und finanziell Vorteile zu verschaffen. Jetzt fühlte er sich dazu noch zusätzlich durch die Haltung beleidigt, die Jesus ihm gegenüber einnahm, als er die kostbare Salbung durch Maria beanstandete.

Diese Einstellung Jesu war für Judas der endgültige Beweis, daß Jesus einfach keine Begabung hatte für Finanzen!

Vom rassisch-egoistischen Standpunkt des Judas aus gesehen, muß überhaupt die ganze himmelstürmende Zielsetzung Jesu, den messianischen Segen allen Völkern zuteil werden zu lassen (anstatt den Segen auf die Juden zu konzentrieren, wo es wirklich sinnvoll war), ganz und gar unmöglich gewesen sein. Augenscheinlich erkannte Judas endlich, daß es Jesus tatsächlich ernst war, sozusagen den doch nur Juden vorbehaltenen Festsaal Gottes den heidnischen „Hunden" weit zu öffnen! Falls Judas das so sah, war er wohl der intelligenteste der zwölf Jünger; denn die anderen elf brauchten viel länger, um den Nachdruck, den Jesus auf diesen Dienst legte, ernstzunehmen.

Der Verrat durch Judas wurde wesentlich motiviert durch seinen Zusammenstoß mit Jesus bei der Bewertung der Salbung durch Maria sowie durch die von Jesus zum Ausdruck gebrachte „Alle-Völker-Perspektive". Beides wirkte zusammen, den Absturz des Judas in den unheilvollen Verrat zu bestimmen. Ihm schien damit der letzte Rest einer Verpflichtung zur Treue Jesus gegenüber beseitigt.

Plötzlich fing Judas damit an, einen „Beschwerdenkatalog" aufzustellen. Drei Jahre seines Lebens hatte er daran gewandt, Jesus zu helfen, sein Reich als Messias aufzurichten. Aber außer einigen Geldern, die er aus der Gemeinschaftskasse „geliehen" hatte, stand er finanziell nicht die Spur besser da als vorher – trotz all seiner Mühe! Ganz abgesehen davon ergaben sich für Judas noch andere Probleme. Als er nämlich merkte, daß Jesus auch die Heiden in seine weiträumigen Pläne einbezog, sah er auch für die Zukunft keinerlei finanzielle Belohnung durch Jesus!

Judas fing an, sich selber leid zu tun. Gab es denn keinen Weg, wenigstens ein klein bißchen finanzielle Entschädigung für das zu bekommen, worauf er in diesen drei Jahren um Jesu willen verzichtet hatte?

Plötzlich hatte Judas den schlauen Gedanken, wenigstens einen kleinen Teil seiner großen Verluste zurückzubekommen. Natürlich würde das bedeuten, einen Freund zu verraten, aber dieser Freund hatte ja längst bewiesen, daß er bemerkenswert gut Gefahren überleben konnte. Die Chance, so meinte Judas, war nur sehr gering, daß ein kleiner geheimer Handel zwischen ihm und den Hohenpriestern wirklich zum Tod Jesu führen würde! Entweder würde Jesus seine Verfolger bei Gericht reinlegen (er war sehr redegewandt), oder die gleichen Menschenmengen, die ihm vorher zugejubelt hatten, würden seine Freilassung unter Androhung eines Aufstandes erzwingen (er war zur Zeit ja unglaublich beliebt). Versagte das, konnte Jesus selbst ganz leicht den Tod betrügen durch irgendein wundersames Entkommen. Sicher, Jesus hatte mehrfach vorausgesagt, er werde einmal ein tragisches Ende nehmen. Aber dafür war jetzt ganz gewiß noch nicht die richtige Zeit. Er stand ja noch am Anfang. Sein Dienst war gerade auf dem Höhepunkt. Die Hohenpriester würden ihn einsperren, natürlich, aber dann würden sie bald von der öffentlichen Meinung gezwungen werden, ihn wieder freizugeben.

In der Zwischenzeit aber würde Judas sich in einen anderen Teil von Palästina davonmachen und mit den dreißig Silberstücken eine helle neue Zukunft aufbauen! Aber nicht, bevor er in Jerusalem mitbekommen hatte, wie Jesus befreit würde! Solange mußte er bleiben.

Zum größten Entsetzen des Judas geschah es so nicht.

Vom Augenblick der Gefangennahme an ging alles schief. Es war unerklärlich, daß Jesus seine wunderbare Macht im Argumentieren nicht mehr gebrauchte, um seine Feinde zu überlisten. Der Mann, der die besten Debattierer des Judentums übertroffen hatte, stand unglaublich schweigsam, wie mit gelähmter Zunge, vor Hannas, Kaiphas, Pilatus und Herodes und sagte kaum ein Wort zu seiner eigenen Verteidigung. Ebenso wartete Judas vergeblich darauf, daß Jesus seine furchteinflößenden Wunderkräfte endlich doch einsetzte, um den Händen seiner Feinde zu entwischen. Als das Todesurteil gesprochen war, erhoben sich nicht einmal die Volksmassen zu seiner Verteidigung! Unfaßlich leichtgläubige

Menschen, von denen einige nur wenige Tage zuvor Jesus als Messias willkommen hießen, gestatteten jetzt Berufshetzern, sie aufzuwiegeln, sich für Jesu Kreuzigung mit großem Geschrei einzusetzen!

Kreuzigung? Judas muß nach Luft geschnappt haben! Jesus? Durchbohrt mit Eisennägeln? An einem *heidnischen* Kreuz im Todeskampf verendend? Das war eine Folterungsmethode, die nur den schlimmsten Verbrechern vorbehalten war! Das war doch nicht vorgesehen! Oder doch? Vielleicht erinnerte sich der Verräter in diesem Augenblick an Jesu Worte: ,,Und ich, wenn ich erhöht werde von der Erde ..." Diese Worte hatten damals den Eindruck vermittelt, sich auf irgendeine zukünftige Erhöhung zu beziehen. Jetzt aber – zu spät – fing ihre wahre Bedeutung an aufzutauchen. Und Judas wußte, daß er – einer der Jünger, denen Jesus am meisten vertraut hatte – einen wesentlichen Teil der Schuld an diesem furchterregend ungerechten Verbrechen trug! Der Apostel Matthäus beschreibt die Reaktion des Judas auf diese unerwartete Wende der Ereignisse so:

,,Da das sah Judas, der ihn verraten hatte, daß er verdammt war zum Tode, gereute es ihn, und er brachte wieder die dreißig Silberlinge den Hohenpriestern und den Ältesten und sprach: Ich habe übel getan, daß ich unschuldig Blut verraten habe. Sie sprachen: Was geht uns das an? Da siehe du zu! Und er warf die Silberlinge in den Tempel, hob sich davon und ging und erhängte sich selbst" (Matth. 27, 3-5).

Was geschah schließlich mit jenen dreißig Silberstücken? Interessanterweise nahmen die Mitglieder des Hohen Rates dies Geld und verwendeten es, um den Acker eines Töpfers zu erwerben, den sie dann in einen Begräbnisplatz verwandelten. Für wen? Für Heiden! Denn das jüdische Gesetz verbot die Bestattung von Heiden auf jüdischen Friedhöfen. Jesus sorgte also – wenn auch durch das Geld, das für seinen Verrat bezahlt wurde – für diese Begräbnisstätte der Heiden! (Vgl. Matth. 27,6-10.)

In der Zwischenzeit fand die Kreuzigung statt in der gleichen ,,Gegend von Morija", wo Abraham 2.000 Jahre zuvor stand, bereit, seinen einzigen, unschuldigen Sohn Isaak zu opfern, wie Gott ihm befohlen hatte. Diesmal aber war kein Widder da, der sich im Dickicht verfangen hatte und den Platz des unschuldigen Sohnes hätte einnehmen können. Statt dessen wurde die alte Prophezeiung erfüllt: ,,Gott wird sich ein ... Brandopfer ersehen." Und Jesus Christus war der, der ausersehen war zum Opferlamm. Johannes, einer seiner Jünger, erkannte später die Bedeutung des Geschehens an jenem Tage und schrieb: ,,... Jesus Christus, der Gerechte. Und derselbe ist das Sühnopfer für unsre Sünden, nicht allein aber für die unseren, sondern auch für die der ganzen Welt" (1. Joh. 2,1-2).

Das also war der erste Segen, den Abrahams einzigartiger Nachkomme mit anderen teilen wollte, nicht nur mit Juden wie Johannes, sondern mit ,,der ganzen Welt"!

Als Jesus an jenem Kreuz hing, wurde über seinem Haupt eine Inschrift in aramäisch, der Sprache der Juden zu jener Zeit, angebracht, auf der es hieß: ,,Jesus von Nazareth, der König der Juden". Aber jene Inschrift war außerdem noch in zwei *heidnischen* Sprachen geschrieben, nämlich in lateinisch und griechisch!

Und in dem Augenblick, als Jesus laut rief: ,,Vater, in deine Hände befehle ich meinen Geist", stand ein heidnischer Soldat am Fuße des Kreuzes ganz in der Nähe. Er sah Jesus den letzten Atemzug tun. Sein Kommentar? ,,Wahrlich, dieser war ein gerechter Mann."

Gerade so, wie die Jünger die Andeutung Jesu in bezug auf die Evangelisation unter Heiden noch nicht glaubten, so glaubten sie ihm auch nie wirklich, als er sagte, er werde vom Tod auferstehen. Aber in beiden Punkten überraschte er sie völlig. Drei Tage nach seiner Grablegung war er auferstanden! Und eine seiner ersten Begegnungen nach seiner Auferstehung begann er unerkannt, als er sich zweien seiner Jünger auf dem Weg nach Emmaus zugesellte (vgl. Luk. 24,13-49). Als er das Gespräch mit ihnen eröffnet hatte, erkannten sie ihn immer noch nicht, sondern klagten: ,,Wir aber hofften, er sei der, der Israel erlösen würde ..." (Luk. 24,21). Doch fügten sie nicht hinzu: ,,... und Israel zum Segen für alle Völker machen." Ein blinder Fleck in ihren Herzen verdunkelte diesen Teil des Abraham-Bundes noch immer.

,,Wie töricht seid ihr", antwortete Jesus, ,,und trägen Herzens, zu glauben alle dem, was die Propheten geredet haben! Mußte nicht Christus solches leiden und zu seiner Herrlichkeit eingehen?" (Luk. 24,25-26).

,,Und fing an bei Mose und allen Propheten und legte ihnen in der ganzen Schrift aus, was darin von ihm gesagt war" (V. 27).

Er hatte sie viel davon schon gelehrt. Aber geduldig wiederholte er es noch einmal. Und endlich brannte ihr Herz in ihnen (V. 32). Konnte nun eine umfassendere Schau in ihnen Platz gewinnen?

Kurz darauf erkannten sie Jesus, aber im gleichen Moment verschwand er vor ihren Augen! Sie kehrten daraufhin sofort nach Jerusalem zurück, fanden die Elf (so wurde die Schar der Jünger eine Zeitlang nach Judas' Abfall genannt) und berichteten von ihrer Erfahrung. Aber bevor sie noch mit ihrer Schilderung fertig waren, erschien Jesus selbst unter ihnen, und die Elf erlebten das Ende der Geschichte ganz persönlich!

So unbeirrt, wie eine Schwalbe wieder zu ihrem Nest zurückkehrt, so kehrte auch Jesus zu den Heiligen Schriften mit ihrem zentralen Thema zurück: ,,Da öffnete er ihnen den Sinn, daß sie die Schrift verstanden, und sprach zu ihnen: Also ist's geschrieben, daß Christus mußte leiden und auferstehen von den Toten am dritten Tage; und daß gepredigt werden muß in seinem Namen Buße zur Vergebung der Sünden unter allen Völkern. Ihr seid des alles Zeugen" (Luk. 24,45-48).

Beachten Sie jedoch, daß er ihnen noch immer nicht den Befehl gab, zu gehen. Das sollte erst ein paar Tage später kommen auf einem Berg in Galiläa, wo – soweit es die Jünger betraf – alles anfing. Und hier geschieht die Formulierung des Auftrags, der im Abrahambund vor etwa 2.000 Jahren angezeigt wurde, und den zu empfangen Jesus drei lange Jahre lang seine Jünger vorbereitet hatte: ,,,... Mir ist gegeben alle Gewalt im Himmel und auf Erden. Darum gehet hin und machet zu Jüngern alle Völker. Taufet sie auf den Namen des Vaters und des Sohnes und des Heiligen Geistes und lehret sie halten alles, was ich euch befohlen habe. Und siehe, ich bin bei euch alle Tage bis an der Welt Ende" (Matth. 28,18-20).

Das war kein unfairer Befehl. Er war bereits im Alten Testament vorbereitet. Jesu tägliches Lehren ließ ihn bereits ahnen. Die vorurteilsfreie Art, in der Jesus auch Samaritern und Heiden diente, hatte den Jüngern lebensecht nahegebracht, wie dieser Befehl ausgeführt werden sollte. Jetzt fügte er noch die Verheißungen seiner eigenen Vollmacht hinzu und versprach seine persönliche Gegenwart – sofern sie gehorchten!

Noch etwas später, Augenblicke vor seiner Rückkehr in den Himmel vom Ölberg weg (in der Nähe von Bethanien), fügte er noch eine weitere Verheißung hinzu: „Ihr werdet die Kraft des Heiligen Geistes empfangen, welcher auf euch kommen wird, und werdet meine Zeugen sein zu Jerusalem und in ganz Judäa und Samarien und bis an das Ende der Erde" (Apg. 1,8). Hier wird deutlich, wie weit die Verbreitung des Evangeliums sein soll!

Das war der letzte Befehl Jesu. Ohne ein weiteres Wort und ohne irgendeine Diskussion darüber abzuwarten, wurde er in den Himmel aufgehoben. Nun erwartete er, daß seine Nachfolger ihm vollkommenen Gehorsam leisten!

Natürlich wußte Jesus, daß es keine Hoffnung gab, die meisten Juden in seinen Erdentagen aus ihrer blinden Egozentrik zu befreien, so wenig wie es wenig Hoffung gibt, die Mehrheit jedes beliebigen Volkes zu retten. Während der ganzen jüdischen Geschichtszeit konzentrierte sich die Mehrheit des Volkes so ausschließlich auf die Anfangszeile des Abraham-Bundes, daß die Schlußzeile ihnen völlig aus dem Gesichtsfeld kam. Es ist wahrscheinlich nicht übertrieben zu sagen, daß ihre Sinne hermetisch abgeschlossen waren gegen jede Beschäftigung mit der Schlußzeile. Aus diesem Grunde waren viele Juden entschlossen, sich auch nur zum eigenen Nutzen der Wunderkräfte Jesu zu bedienen.

Aber Jesu „Alle-Völker-Perspektive", die sich auf den Abraham-Bund gründete, stieß dauernd mit ihrer nationalegoistischen Einstellung zusammen. Wir haben ja gesehen, daß sogar einer seiner Jünger durch diese selbstsüchtige Anschauung sich zum Verrat Jesu verleiten ließ. Die einzige Hoffnung Jesu lag nun noch bei den übrigen elf Jüngern. Wenn Jesus sie nur gewinnen konnte für die „Alle-Völker-

Perspektive", dann konnte die volle Verheißung für Abraham erfüllt werden – und nicht nur eine verstümmelte Form derselben.

Hier stellt sich die Frage: Konnte der Sohn des Menschen, ohne den freien Willen des Menschen zu verneinen, elf Männer umwandeln, deren gedankliche Prägung, die sie von Kind an mitbekommen hatten, auf übersteigertem nationalen Egoismus beruhte? Diese Frage mag albern scheinen. Könnte der Sohn des Menschen, der doch auch der allmächtige Sohn Gottes ist, nicht alles tun? Die Antwort ist Ja.

Aber der freie Wille des Menschen beinhaltet auch, daß Gottes erste Entscheidung bleibt, die metaphysische Grundlage jenes freien Willens nicht anzugreifen. Das bedeutet auch des Menschen Fähigkeit, die Überzeugung, die Gott benützt, um jenen freien Willen zu beeinflussen, zurückzuweisen, während die metaphysische Basis frei und unverletzt bleibt.

Überzeugung, nicht Zwang ist es, auf was er sich verlassen muß. Und der Überzeugung muß ihrer eigentlichen Bestimmung nach auch Widerstand geleistet werden können. Dennoch ist Gott, der sich selbst in die Lage begibt, daß ihm widerstanden werden kann, so allweise, daß er jede Folge seiner eigenen Selbstbegrenzung mit Leichtigkeit beseitigen kann. Ob er nun solchen Widerstand umgeht oder ihn sogar als Werkzeug benutzt – Gott erreicht auf jede erdenkliche Weise seine ewigen Ziele!

Es geht also keinesfalls darum, ob Gott schließlich Erfolg haben wird mit seinen Plänen oder nicht; denn sein Erfolg ist absolut sicher. Hochspannung erzeugen vielmehr Fragen wie: *Wer* unter den Söhnen und Töchtern der Menschen wird das Vorrecht des anbrechenden Gnadentages Gottes erkennen? Und welche Männer und Frauen, die dieses Vorrecht erkennen, werden es verachten, so wie Esau sein Erstgeburtsrecht verachtete? Und schließlich: Wie wird Gott sein Ziel erreichen, wenn selbst Männer und Frauen, die ihn lieben und sein Ziel zu dem ihrigen machen, sich als geistlich verwundbar, körperlich schwach und in ihrem Verständnis so kläglich begrenzt erweisen?

Kann es schwerere, aufregendere Fragen als diese geben?

Voll drückender Spannung werden wir nun weitersehen, wie es Jesus mit unermüdlicher Mühe und Geduld erreichte, elf stammesstolze Juden in Sendboten Gottes mit einer kulturübergreifenden Botschaft umzuwandeln. Unglaublicherweise schien diese seine wichtigste und ausgefeilteste Schulungsarbeit zuerst beinahe zu scheitern, bis … Aber wir wollen unserer Geschichte nicht vorgreifen!

Kapitel 6

Die verborgene Botschaft der ,,Apostelgeschichte"

Millionen und Abermillionen von Christen denken, daß die Apostelgeschichte des Lukas einen Bericht über den Gehorsam der zwölf Apostel dem großen Missionsbefehl gegenüber gibt. In Wirklichkeit aber ist die Apostelgeschichte ein Bericht über ihr Widerstreben den Anweisungen Jesu gegenüber!

Als die Elf wie angewurzelt auf jenem Hügel standen, von wo aus Jesus gen Himmel fuhr, und sahen, wie er in den Wolken verschwand, fühlten sie da tatsächlich in sich die Bereitschaft, Jesu letztem Befehl zu gehorchen? Sicherlich mußte doch das Vorbild der Barmherzigkeit Jesu mit dem römischen Hauptmann, mit der syrophönizischen Mutter, mit dem aussätzigen Samariter, mit dem von Dämonen besessenen Gadarener und seine in diesem Sinn herangezogenen Vergleiche mit einem syrischen General wie Naeman, der Witwe von Sarepta, den Leuten von Ninive, die Buße taten, mit den Menschen von Sodom und Gomorrha, die ohne einen klaren Ruf zur Buße umkamen, doch ausreichen, um endlich das Vorurteil aus ihren Herzen wegzuräumen und statt dieses Vorurteils sie mit dem Sendungsbewußtsein zu erfüllen, für ,,alle Völker" bis an die Enden der Erde gehen zu sollen!

Jesu biblischer Überblick in Verbindung mit seinem Missionsbefehl mußte doch den Jüngern den Plan Gottes für die ganze Welt enthüllt und in ihnen die entsprechende Motivation bewirkt haben! Und schließlich – sollte nicht die ihnen verheißene Kraft des Heiligen Geistes ihre Herzen und Sinne so verwandeln, daß sie ihre eigenen Vorstellungen von Kultur und Tradition überbrücken konnten und in dieser Kraft Jesu Befehl erfüllten?

Doch halt! Im Blick auf das Geschenk der Kraft des Heiligen Geistes versuchen Sie sich einmal vorzustellen, Gott habe Sie als „Fachmann für Öffentlichkeitsarbeit" angestellt, um dieses Ereignis für ihn zu planen! Nehmen Sie an, er hätte Ihnen nur eine bestimmte Anweisung gegeben: es müsse auf eine Weise geschehen, die es selbst den schwerfälligsten Jüngern unmißverständlich klarmachte, daß diese Kraft, die in Kürze geschenkt werde, nicht nur als persönlicher Segen oder erhebendes Gefühl gedacht sei, sondern vielmehr daß sie die Jünger befähigen solle, das Evangelium allen Völkern auf der ganzen Welt zu bringen!

Selbst wenn Sie der einfallreichste Fachmann für Kontaktpflege aller Zeiten wären, würden Sie kaum eine bessere Möglichkeit ausgetüftelt haben, um diese Sache klarer darzustellen, als nachfolgend beschrieben.

Als schließlich die Kraft des Heiligen Geistes über die Jünger Jesu kam, war es genau der richtige Zeitpunkt! Gottesfürchtige Juden aus mindestens 15 verschiedenen Regionen des Nahen und Mittleren Ostens waren in Jerusalem zusammengekommen, um das Pfingstfest zu feiern. Zusätzlich zu ihrer Kenntnis des Hebräischen und/oder Äramäischen sprachen diese Fremden – oft wurden sie die Juden der Diaspora, der „Zerstreuung", genannt – wahrscheinlich einige Dutzend heidnischer Sprachen.

Die Kraft des Heiligen Geistes, die auf die Apostel und andere treue Nachfolger Jesu kam, veranlaßte sie wunderbarerweise, in den vielen heidnischen Sprachen zu reden, die gerade jetzt zu Jerusalem vertreten waren durch die zusammengeströmte Menge von Diaspora-Juden und zum Judentum übergetretenen Heiden. Warum geschah das?

Nicht nur, um die zu segnen, die sprachen. Die Wundergabe, in nichtjüdischen Sprachen zu reden, wäre überflüssig gewesen, wenn nur ihr eigener Segen beabsichtigt gewesen wäre!

Es geschah auch nicht nur, um die Diaspora-Juden zu segnen, die diese Sprachen verstanden. Wenn der Zweck nur deren eigene Erbauung gewesen wäre, hätten Hebräisch oder Aramäisch ausgereicht.

Erst recht bestand der Zweck nicht darin, zu demonstrieren, welch erstaunlicher Tricks sich der Heilige Geist bedienen könnte.

Im Zusammenhang mit Jesu Dienst und seinen deutlich ausgesprochenen Plänen für die ganze Welt konnte das Geschenk jenes wunderbaren Ausbruchs in *heidnischen* Sprachen nur einen Hauptzweck haben: kristallklar zu machen, daß die Kraft des Heiligen Geistes damals wie heute nur das eine Ziel im Auge hat, nämlich allen Völkern das Evangelium von Christus zu verkündigen! Jeder Versuch, die Kraft des Heiligen Geistes zum persönlichen Vergnügen oder zur eigenen Erhöhung zu mißbrauchen oder gar um Zeichen und Wunder an und für sich zu erstreben, muß vor Gott als völlige Mißdeutung seiner Absichten erscheinen.

Trotzdem erleben wir manchmal Christen, die Kraft und Zeichen suchen, ohne sich im geringsten selbst für die Evangelisierung der Völker einsetzen zu wollen!

Doch schauen wir, ob jene erste Generation von Christen die Bedeutung der Gaben des Heiligen Geistes besser erkannte …

Mit der Kraft des Heiligen Geistes in ihrem Zeugnis überschritten die Apostel sehr rasch die erste der vier von Jesus erwähnten Schwellen mit ihrer Botschaft. Sie evangelisierten Jerusalem – das war für sie kein Problem! „Ihr habt Jerusalem erfüllt mit eurer Lehre …" (Apg. 5,28), beschwerten sich ihre Kritiker bald. „Und die Zahl der Jünger ward sehr groß zu Jerusalem …" (Apg. 6,7), konnte auch bald berichtet werden. Am Ende des siebten Kapitels der Apostelgeschichte finden wir jedoch, daß alle Apostel einschließlich Tausender von Gläubigen alle noch in Jerusalem zusammengedrängt waren. Fünfundzwanzig Prozent des Buches der Apostelgeschichte war bereits Geschichte geworden, aber soweit der Bericht zeigt, hatten sie immer noch keine Pläne gemacht, um den Rest des letzten Befehls Jesu auszuführen!

Sogar Gott wurde ungeduldig, wenn wir richtig verstehen, was nun folgte. Offensichtlich war Gott bereit, außergewöhnliche Maßnahmen zu treffen, um die Gabe seines Sohnes für die ganze Menschheit davor zu bewahren, nur als ausschließliches Eigentum eines einzigen Volkes vereinnahmt zu werden

– nämlich der Juden. Gottes Lösung war sehr einfach, wenn auch schmerzhaft: Er zerstreute die Christen durch Verfolgung. Die Feinde, die die Nachfolger Jesu verjagten, hatten nicht die geringste Ahnung davon, daß sie zur Erfüllung des Willens Gottes beitrugen: ,,Es erhob sich aber eine große Verfolgung über die Gemeinde zu Jerusalem; und sie zerstreuten sich alle in die Länder Judäa und Samarien, außer den Aposteln" (Apg. 8,1).

Hätte denn nicht wenigstens einer der Apostel führend sein müssen in der Ausübung des letzten Befehls Jesu? Offensichtlich konnte selbst die Verfolgung sie nicht von ihrem heimatlichen Boden wegbringen.

,,Die nun zerstreut waren, zogen umher und predigten das Wort. Philippus (nicht der Apostel, sondern einer der sieben Diakone, bestimmt zum Laien-Dienst für die Versorgung der Tausende Gläubiger in Jerusalem, vgl. Apg. 6,5) aber kam hinab in eine Stadt Samariens und predigte ihnen von Christus ... und ward eine große Freude in derselben Stadt" (Apg. 8,4-8).

Nachdem Philippus als ,,Laie" eine Art Arbeitsurlaub außerhalb von Jerusalem verbracht hatte und somit das Eis in Samarien gebrochen war (vgl. Apg. 6,1-5), beschlossen die Apostel, zwei von ihnen – Petrus und Johannes – dorthin zu senden, damit die Erweckung Fortschritte machen und der begonnene Segen wachsen konnte.

Für Petrus und Johannes war das bestimmt keine leichte Mission, wahrscheinlich auch nicht für Philippus. Ihre eigene Kultur hatte die Juden gelehrt, als Menschen erster Klasse die Samariter strikt zu meiden; ,,denn die Juden haben keine Gemeinschaft mit den Samaritern" (Joh. 4,9). Die Samariter gingen dagegen von ganz anderen Voraussetzungen aus. Sie waren nicht einmal der Meinung, daß Jerusalem, die Heilige Stadt der Juden, das Zentrum der Welt war! Und ihr Blut war mit Heidenblut vermischt! Reine Heiden wären für Juden wahrscheinlich noch erträglicher gewesen, aber eine Mischung ... wie abscheulich!

Sumerien oder vielleicht sogar Sibirien wäre für jüdische Männer ein leichteres Missionsfeld gewesen als dieses widerliche Samarien!

Trotzdem waren Petrus und Johannes schließlich ganz begeistert von ihrem neuen Dienst in jener samaritanischen Stadt. Sie waren so begeistert, daß sie sofort hinterher „predigten das Evangelium vielen samaritischen Dörfern", aber nur auf ihrem Heimweg zurück nach – raten Sie, wohin? – Jerusalem (vgl. Apg. 8,25)!

In der Zwischenzeit war jener gleiche draufgängerische Philippus wieder unterwegs auf einen Befehl hin, der eindeutig vom Heiligen Geist kam, um einen weiteren kulturübergreifenden Schritt der Mission zu tun! „Der Engel des Herrn redete zu Philippus und sprach: Stehe auf und gehe gen Süden auf die Straße, die von Jerusalem nach Gaza hinabführt, die ist einsam. Und er stand auf und ging hin. Und siehe, ein Äthiopier, ein Hofbeamter und Würdenträger der Königin Kandake, der Königin Äthiopiens, der ihren gesamten Schatz zu verwalten hatte, war nach Jerusalem gekommen, um dort anzubeten" (Apg. 8,26-27).

Hier haben wir noch ein weiteres Beispiel der Bibel von einem Heiden, der den wahren Gott anbetete. Der Bericht läßt nicht einmal erkennen, daß es sich um einen Konvertiten zum Judentum handelt, wie es etwa in einem früheren Fall heißt: „Nikolaus, den Judengenossen von Antiochien" (Apg. 6,5), wobei ein zum Judentum übergetretener Heide gemeint ist.

Philippus wanderte „die einsame Straße" entlang und bemerkte, daß der Äthiopier in seinem Wagen saß und im Buch des Propheten Jesaja las. Übrigens, im Buch Jesaja ist ein direkter Hinweis auf „Kusch" gegeben, das obere Niltal, wo dieser Äthiopier unter der Königin Kandake angestellt war. (Das Dinka-Volk dieser Region gehört zu den hochgewachsensten in der Welt, und die riesigen Wattusi aus Zentralafrika sollen, so glaubt man, auch aus Kusch stammen.) In Jesaja 18,2.7 heißt es: „Gehet hin, ihr schnellen Boten, zum Volk, das hochgewachsen und glatt ist, zum Volk, das schrecklicher ist als sonst irgendeins, zum Volk, das befiehlt und zertritt, dessen Land Wasserströme durchschneiden, ... es wird Geschenke bringen dem Herrn Zebaoth an den Ort, da der Name des Herrn Zebaoth wohnt, zum Berge Zion."

Soweit wir wissen, war Philippus der erste „schnelle Bote", der je so nahe an die Erfüllung dieser stark kulturüberschreitenden Aussage kam, die genau in dem Buch stand, das der Äthiopier las.

Die Aufmerksamkeit dieses Äthiopiers aber war auf eine andere Stelle dieses Buches gerichtet, nämlich auf Jesaja 53,7: „...Wie ein Schaf ward er zur Schlachtung geführt, und wie ein Lamm, das vor seinem Scherer verstummt, tat er seinen Mund nicht auf" (Apg. 8,32).

Der Äthiopier fragte Philippus: „Ich bitte dich, von wem redet der Prophet solches, von sich selber oder von jemand anders? Philippus aber tat seinen Mund auf und fing mit diesem Wort der Schrift an und predigte ihm das Evangelium von Jesus" (Apg. 8,34-45). Der Äthiopier glaubte, begehrte noch am gleichen Tag die Taufe und „zog ... seine Straße fröhlich" (Apg. 8,39).

Die Geschichte weist darauf hin, daß er so vielleicht später erfolgreich den Weg vorbereiten konnte für die Gründung Tausender christlicher Gemeinden im weit entfernten Niltal.

Nachdem Philippus sich von dem Äthiopier verabschiedet hatte, nahm er das nächste Bollwerk in Angriff. Apostelgeschichte 8, 40 berichtet: „Philippus aber ward gefunden zu Asdod und zog umher und predigte allen Städten das Evangelium, bis daß er kam nach Cäsarea."

Soweit wir wissen, ging sogar Philippus nicht noch weiter. Aber wie er schon vorher bahnbrechend für Petrus und Johannes nach Samarien wurde, so öffnete er auf seiner Wanderung nordwärts entlang der Küste durch Lydda, Joppe und Cäsarea wiederum die Türen für Petrus. Denn in Apostelgeschichte 9,32 bis 11, 18 finden wir, daß Petrus erneut den Fußstapfen des Philippus folgt. Zweifellos tat Petrus eine großartige Arbeit, aber er verkündigte Christus immer noch nur da, wo man seinen Namen bereits gepredigt hatte – mit einer herausragenden Ausnahme!

Während Philippus in Cäsarea war, verpaßte er wohl einen gottsuchenden römischen Hauptmann, Cornelius. So fiel diese Missionsaufgabe, Cornelius für Christus zu gewinnen, Petrus zu. Und welch ein seelischer Schock war es sogar für den geisterfüllten Petrus, sich um die Bekehrung eines Römers bemühen zu sollen! Erst durch eine dreimal erfolgende Vision wurde seine antiheidnische Einstellung gereinigt und überwunden (Apg. 10,9-23). Aber Petrus begriff endlich. Gerade die darauffolgende Begegnung mit Cornelius ist eine treffende Studie über menschliches Vorurteil, das allmählich dahinschmilzt durch die wunderbar reine Güte des Evangeliums von Jesus Christus.

Seine Vorbereitung auf die Begegnung mit dem gottsuchenden Römer faßte Petrus mit den Worten zusammen: ,,Nun erfahre ich in Wahrheit, daß Gott die Person nicht ansieht; sondern daß in jedem Volk, wer ihn fürchtet und Gerechtigkeit übt, ihm willkommen ist" (Apg. 10,34-35).

Und dennoch, als Petrus beginnt, dem Heiden Cornelius und seinem Hause zu predigen, fängt er an wie ein kleiner Wichtigtuer, nett zu sein – aber nicht zu nett – zu Leuten, die ,,anders" sind. Petrus beschreibt das Evangelium als ein ,,Wort, das Gott zu den Kindern Israel gesandt hat, als er verkündigen ließ den Frieden durch Jesus Christus" (Apg. 10,36)! Er erwähnt erst überhaupt nicht, was Jesus doch so klar gesagt hatte – daß es nämlich Frohe Botschaft für alle Völker ist. Doch im nächsten Atemzug, als er wohl Enttäuschung auf dem Gesicht seiner heidnischen Zuhörer bemerkt, gibt er zu, daß Jesus ja auch Kontakt mit Heiden hatte, und fügt hinzu, daß Jesus ,,Herr über alle" ist.

Noch später sprach Petrus Jesu letzten Befehl für seine heidnischen Zuhörer aus; aber ach, welch eine stark verkürzte Form des großen Auftrags war das! ,,Und er hat uns geboten, zu predigen dem Volk und zu bezeugen..." (V. 42). Nicht schwer zu erraten, welches ,,Volk" Petrus instinktiv meinte.

Dann aber, trotz der Voreingenommenheit des Petrus, brachte der Heilige Geist ihn schließlich doch dazu zu sagen: ,,Von diesem zeugen alle Propheten, daß durch seinen Namen *alle,* die an ihn glauben, Vergebung der Sünden empfangen sollen" (V. 43).

Und in diesem Augenblick überwältigte der Heilige Geist die sehnsüchtige heidnische Zuhörerschaft genauso, wie er gläubige Juden am Tag der Pfingsten und Ausgestoßene Samariens, die zuerst durch den Dienst des Philippus erweckt worden waren, überwältigt hat.

Aber ach! Die Lektion Jesu alle Kulturen durchdringenden Befehls war so schwer sogar für seine von ihm selbst ausgesuchten Apostel zu lernen! Und auch für uns gilt das!

Als Petrus nach Jerusalem zurückkehrte, kritisierten ihn seine jüdischen Mitchristen, wie er es natürlich auch erwartet hatte. Sie machten ihm den Vorwurf: ,,Du bist gegangen zu Männern, die nicht Juden sind, und hast mit ihnen gegessen" (Apg. 11,3).

Nachdem Petrus ihnen erklärt hatte, wie Gott ihn geradezu gezwungen hatte, dieses römische Haus zu betreten, änderten seine Kritiker ihre Meinung und sagten: ,,... So hat Gott auch den Heiden die Buße gegeben, die zum Leben führt" (Apg. 11,18).

Man fragt sich, was sie wohl vor jenem Augenblick über den Zweck des Missionsbefehles Jesu gedacht haben mögen! Wie konnten sie sich vorstellen, ihn auszuführen ,,bis an die Enden der Erde", ohne daß ein Jude jemals mit einem Heiden zusammen essen würde!

Auch andere Christen mit jüdischem Hintergrund, die durch die Verfolgung von Jerusalem vertrieben wurden, gelangten nordwärts bis nach Phönizien, Cypern und Antiochien. Auch sie verkündigten das Evangelium. Doch der Bericht gibt an, daß sie sorgfältig darüber wachten, es nur Juden weiterzugeben.

Immerhin waren aber doch einige aus Cypern und Kyrene, die beschlossen, diese Botschaft auch den Heiden zu überbringen! Aber einen Augenblick, bitte! Sie zogen es vor, das Evangelium den Heiden nicht in ihren eigenen Heimatgefilden von Cypern und Kyrene zu bringen, wo sie selbst bekannt waren. Sie taten es in Antiochien, wo sie anscheinend nicht so bekannt waren. Warum? Könnte es sein, daß sie sich den Rückzug freizuhalten versuchten, falls sie gleicher Kritik begegnen sollten, wie es Petrus geschah? Wollten sie die Möglichkeit der Flucht in die Heimat offenhalten und dabei den ,,kochenden Topf" hinter sich dann einfach im Stich lassen!

Wieder einmal brach der Geist des Herrn durch. Man bekommt den Eindruck aus dem Buch der Apostelgeschichte, daß dieser Geist immerwährend darauf wartete, hindurchzustoßen, wo immer und sobald er Christen finden konnte, die bereit waren, Heiden mit dem Evangelium bekanntzumachen. Und so lesen wir: ,,Und die Hand des Herrn war mit ihnen, und eine große Zahl ward gläubig und bekehrte sich zu dem Herrn" (Apg. 11,21).

Die nachstehenden Gedanken über den folgenden Satz sind vielleicht nur Vermutungen: Man kann fast eine Spur von mildem Spott entdecken: ,,Es kam aber diese Kunde von ihnen vor die Ohren der Gemeinde zu Jerusalem" (Vers 22).

Der geisterfüllte Schreiber könnte genausogut gesagt haben: ,,Die Nachricht davon erreichte die Gemeinde in Jerusalem." Der Ausdruck ,,Ohren der Gemeinde" mag ein sanfter Hinweis auf des Lukas (und des Heiligen Geistes) Ungeduld gewesen sein mit der immer noch viel zu engherzigen Sicht der Gemeinde in Jerusalem. Wir müssen uns auch daran erinnern, daß alle zwölf Apostel (Matthias war ja an die Stelle von Judas getreten) sich als Häupter der Gemeinde in Jerusalem in Ruhe niedergelassen hatten. Deshalb konnte die Formulierung ,,Ohren der Gemeinde" leicht verstanden werden als ,,Ohren der Apostel", wenn nicht Lukas das mit sanfter Diplomatie umschrieben hätte.

Auch wagt sich keiner der Apostel nach Antiochien, um die großen Dinge selbst zu sehen, die dort unter den Gläubigen aus den Heiden geschahen. Sie schickten lediglich einen Mann namens Barnabas dorthin.

Warum überhaupt einen Abgeordneten nach Antiochien?

Könnte es sein, daß Petrus, Johannes und die übrigen auch an einem Zustand litten, den man im gewöhnlichen Leben als ,,Hauptquartierfieber" bezeichnet?

Sie werden allezeit Christi Apostel sein. Ihre Namen sind für immer auf den zwölf Grundsteinen des neuen Jerusalems geschrieben (vgl. Offb. 21,14). Und doch sehen wir: Genauso wie in den vier Evangelien manche Schwächen und Fehler der Apostel sichtbar werden – Zanken über ihre Stellung, Heftigkeit, Versuch, Jesus vom Kreuz abzulenken –, so enthüllt auch die Apostelgeschichte einen genauso ernsthaften Irrtum ihrerseits, nämlich ihr Zögern, den letzten Befehl Jesu wirklich wichtig zu nehmen – jedenfalls während der ersten Jahre unmittelbar nach Pfingsten.

Warum verweilten sie Jahr für Jahr nur in Jerusalem, anstatt mutig in der Kraft, die Gott ihnen gegeben hatte, zu entfernteren Völkern zu gehen?

Die beste Rechtfertigung mag in folgenden Überlegungen bestehen: Vielleicht hatten sie ein starkes Bedürfnis, in gemeinschaftlichen Überlegungen alle Worte und Taten Jesu zusammenzutragen, solange sie noch frisch in ihrer Erinnerung waren, so daß Matthäus, Markus, Lukas und Johannes später daraus die Evangelien schreiben konnten. Möglicherweise nahm dieser Austausch von Erinnerungen einen Zeitraum von fünf bis zehn Jahren in Anspruch, vielleicht sogar länger. Aber die Bekundungen jener Zeit deuten an, daß zwanzig oder mehr Jahre vergingen, bevor sie hinausgingen. Und selbst das ist zeitlich noch nicht gesichert.

Dachten sie womöglich auch, ihre ständige Gegenwart in Jerusalem sei nötig, damit die Heilige Stadt ebenso das Zentrum des neuen Glaubens wie bisher für das Judentum bliebe? Wenn, dann hatten sie total vergessen, was Jesus einst zu der Samariterin gesagt hatte neben dem alten Brunnen bei Sychar: „Weib, glaube mir, es kommt die Zeit, daß ihr weder auf diesem Berge noch zu Jerusalem werdet den Vater anbeten" (Joh. 4, 21).

Oder hing es mit der Tatsache zusammen, daß sie verheiratet waren (vgl. 1. Kor. 9,5) und die Frauen und Kinder nicht so weit reisen konnten?

Oder war es ihre alte Streitfrage, wer der Größte sei, daß sie auf Jerusalem konzentriert blieben? Schließlich war es ja ein Unterschied, ob man in der großen, etablierten Kirche in der Heiligen Stadt blieb oder sie verließ, um sich die Hände schmutzig zu machen bei rauher, viel gefährlicherer Pionierarbeit. Das bedeutet doch einen Abstieg im Rang, oder nicht? Hatte gar jeder der Apostel Angst, Jerusalem zu verlassen, weil vielleicht einer der Zurückbleibenden sich durch einen Übergriff die Macht aneignen und Bischof von Jerusalem werden könnte?

Was auch immer die Antwort auf diese Vermutungen sein mag – die Notwendigkeit bestand jedenfalls, sofort eine neue Botengruppe zusammenzustellen, um Jesu letzten Befehl vor dem Vergessenwerden zu retten. Wer auf Erden aber besaß die Voraussetzungen dafür, wenn sogar die von Jesus selbst auserwählten und mit dem Heiligen Geist erfüllten Apostel größtenteils versagten?

„Saul, Saul ... warum verfolgst du mich?"

Das war die Stimme des kürzlich gen Himmel gefahrenen Jesus, der aus einem Licht heraus sprach, das heller schien als die Sonne. Von diesem Licht geblendet, fiel Saulus von Tarsus zu Boden. „Wer bist du, Herr", fragte er.

„Ich bin Jesus, den du verfolgst", kam die Antwort, aber ganz frei von Rachedrohungen wegen jener Verfolgung. Saulus zuckte zusammen. Es war noch nicht lange her, da hatte er die Kleider der Leute bewacht, die den Stephanus steinigten – einen der leidenschaftlichsten Zeugen Jesu. Seitdem plagte ihn sein Gewissen, denn er hatte selbst jenem Märtyrertod zugestimmt. Darüber hinaus hatte er viel zur Verfolgung anderer Christen beigetragen. Und nun erfuhr er am eigenen Leibe, daß alles, was über Jesus Christus gesagt worden war, genau stimmte! Es erfüllte ihn mit Scham und Ehrfurcht! Jesus mußte wahrhaftig der Herr sein!

„Stehe auf und gehe in die Stadt; da wird man dir sagen, was du tun sollst", fuhr die Stimme fort (Apg. 9,4-6).

Während Saulus, immer noch erblindet, drei Tage in Damaskus wartete, erschien Jesus einem demütigen Gläubigen mit Namen Ananias und sandte ihn, die Augen des schlimmsten Christenverfolgers jenes ganzen Jahrzehnts zu heilen. Als Ananias zögerte und um sein eigenes Leben bangte, sagte Jesus – beachten Sie die Worte! – : „Gehe hin; denn dieser ist mir ein auserwähltes Rüstzeug, daß er meinen Namen trage vor Heiden und vor Könige und vor das Volk Israel. Ich will ihm zeigen, wieviel er leiden muß um meines Namens willen" (Apg. 9,15-16).

So begann eine neue apostolische Gesandtschaft. Saulus hatte, das müssen wir zugeben, bessere Voraussetzungen für seinen Auftrag als Heidenapostel innerhalb des römischen Reiches als die in Palästina geborenen Apostel.

Aufgewachsen war er in Tarsus, einer vorwiegend heidnischen Stadt. Er sprach nicht nur Hebräisch und Aramäisch, sondern auch Griechisch und vielleicht sogar Latein. Er war als römischer Bürger geboren. Sein gründliches Studium des Alten Testaments unter dem Gelehrten Gamaliel befähigte ihn, die inneren Zusammenhänge des Alten Testaments mit dem Glauben an Christus mit unvergleichlicher Klarheit und Genauigkeit aufzuzeigen.

Später half Saulus dem Barnabas bei der Unterweisung der vielen Bekehrten aus dem Heidentum während eines Jahres in Antiochien. Gegen Ende dieses Jahres hatte sich Saulus offensichtlich eine neue, klar umrissene Strategie für den Evangeliumsfeldzug unter Heiden zurechtgelegt. Vom Evangelium her, so entschied er, besteht kein Anlaß, zu Gott bekehrte Heiden zu beschneiden, wie es für Juden vom mosaischen Gesetz vorgeschrieben war. Auch brauchten sie sich nicht notwendigerweise den jüdischen Synagogen anschließen. Sie konnten ihre eigenen Gemeinden bilden – die *ecclesia* –, in denen sie Gott durch Jesus Christus anbeteten, ohne dabei die strengen jüdischen Vorschriften und Zeremonien beachten zu müssen. Von nun an kam es nur darauf an, dem moralischen Maßstab des Gesetzes gerecht zu werden, nicht aber das zeremonielle äußere Beiwerk zu erfüllen!

Das war ein gewaltiger Durchbruch. Bis dahin hatten Petrus und die anderen Apostel sich nämlich krampfhaft bemüht, das Problem zu lösen, wie sie Gläubige aus den Heiden in die sogenannten „Nazarener"-Synagogen eingliedern könnten. Was gab es denn schließlich überhaupt für diese Gläubigen als Anschlußmöglichkeit? Und da die offiziellen Synagogen nicht darauf eingerichtet waren, große Scharen bekehrter Heiden zu fassen, war es peinlich, wenn so viele gerne Mitglied werden wollten. Wenn zu viele aufgenommen wurden, konnten sie vielleicht zur Mehrheit werden. Nein, es war einfach leichter, sie gar nicht erst zu gewinnen!

Der Gedanke des Saulus, den Barnabas offensichtlich begrüßte, daß heidnische Gläubige ihre eigenen Gemeinden bilden sollten, die nicht notwendig von christlichen Juden, sondern von heidnischen Gläubigen geleitet werden konnten, bereitete den Weg für zahllose Heiden, zu Jesus zu kommen. Nachdem Saulus und Barnabas auf diese Weise ein Jahr zusammen in Antiochien gearbeitet hatten, reisten sie nach Jerusalem, um den Aposteln ihr neues Modell der Heidenevangelisierung vorzulegen. Vorsichtigerweise wählten sie nur Petrus, Jakobus und Johannes, die „Führer zu sein schienen", für die erste Anhörung. Die anderen Apostel wurden von Saulus und Barnabas vielleicht für zu engherzig gehalten. Saulus hatte sich Titus mitgenommen, einen griechischen Christen, der nie beschnitten worden war, als Testfall. Petrus, Jakobus und Johannes – wie Saulus hoffte – bestanden nicht darauf, daß Titus beschnitten werden sollte (vgl. Gal. 2,1-5). Ganz allmählich änderte sich die allgemeine Ansicht zu ihren Gunsten. So schrieb Saulus später: „Mir haben die, welche das Ansehen hatten, nichts weiter auferlegt. Im Gegenteil ... sie sahen, daß mir anvertraut war das Evangelium an die Heiden... und wurden mit uns eins, daß wir unter den Heiden, sie aber unter den Juden predigten" (Gal. 2,6.7.9).

Beachten Sie die Andeutung, daß keiner der andern Apostel bisher den jüdischen Bereich überschritten hatte. Wäre das der Fall gewesen, würden Petrus, Jakobus und Johannes kaum in dieser Weise von Saulus und Barnabas als den einzigen Botschaftern Christi für die Heiden gesprochen haben.

Wie erstaunlich! Es gab inzwischen mindestens 15 Männer, die als Apostel anerkannt waren, seit Matthias, Jakobus (der Bruder des Herrn), Saulus und Barnabas sich den ursprünglichen Elf angeschlossen hatten. Doch von diesen 15 waren nur zwei „abgeordnet", um die mindestens 900 Millionen Heiden in der damals bekannten Welt zu evangelisieren. Die anderen 13 sind davon überzeugt, sie seien alle nötig, um nur drei Millionen Juden das Zeugnis von Christus zu bringen. Dabei waren bereits Zehntausende von ihnen bekennende Gläubige! Ihre unverfrorene Bereitschaft, Paulus und Barnabas die gesamte Arbeit der Heidenmission zu überlassen, geht mir nicht in den Kopf.

Hatte der Herr Jesus es so gemeint?

Saulus, der von da an stärker seinen römischen Namen Paulus bevorzugte, war insgesamt nicht sehr beeindruckt von den anderen Aposteln. Das ist auch kein Wunder! Paulus schrieb: ,,Von denen (Petrus, Jakobus und Johannes), die das Ansehen hatten – wer immer sie einst gewesen sind, daran liegt mir nichts; denn Gott achtet das Ansehen der Menschen nicht ..." (Gal. 2,6).

Später hatte Paulus sogar eine öffentliche Auseinandersetzung mit Petrus in Antiochien. Trotz der Erfahrung, die Petrus mit Cornelius, dem römischen Hauptmann, gemacht hatte – und wobei sich Gott große Mühe gegeben hatte, ihm deutlich zu machen, daß es für Petrus völlig in Ordnung sei, mit einem Heiden Tischgemeinschaft zu haben –, hatte Petrus dennoch die ihm von Gott erteilte Lektion noch längst nicht verdaut. Paulus beschreibt das Problem: ,,Denn zuvor, ehe etliche von Jakobus (dem Bruder Jesu) kamen, aß er mit den Heiden; als sie aber kamen, zog er sich zurück und sonderte sich ab, weil er die aus dem Judentum fürchtete. Und mit ihm heuchelten die anderen Juden, so daß auch Barnabas verführt ward, mit ihnen zu heucheln" (Gal. 2,12-13). Das zeigt, wie bitter schwer der Kampf war, die ,,Alle-Völker-Perspektive" durchzuhalten!

Paulus entschloß sich zur Tat: ,,Als ich aber sah, daß sie nicht richtig wandelten nach der Wahrheit des Evangeliums, sprach ich zu Petrus vor allen öffentlich: Wenn du, der du ein Jude bist, heidnisch lebst und nicht jüdisch, warum zwingst du dann die Heiden, jüdisch zu leben?" (Gal. 2,14). Paulus erklärt seine Logik: ,,Ich werfe nicht weg die Gnade Gottes; denn wenn durch das Gesetz die Gerechtigkeit kommt, so ist Christus vergeblich gestorben" (Gal. 2,21).

Nachdem sich diese neuen Auffassungen des Apostels Paulus durch die Erfahrungen in Antiochien, in Jerusalem und in Tarsus allgemein durchgesetzt hatten, war der Weg nun frei.

Befreit von dem Hindernis jüdischen Außerwähltsein-Denkens, konnte sich das Evangelium nun bei Tausenden von Völkerschaften ausbreiten als eine alle Kulturen überwindende geistliche Macht. Es war in der Tat eine viel zu großartige und großherzige Botschaft, als daß sie lange von dem pharisäischen Judaismus gekettet bleiben konnte!

Als der Weg so geklärt war (Apg. 13,2-3), sprach der Heilige Geist: ,,Sondert mir aus Barnabas und Saulus zu dem Werk, dazu ich sie berufen habe. Da fasteten sie und beteten und legten die Hände auf sie und ließen sie ziehen" in die Welt des Heidentums.

Paulus und Barnabas waren fest davon überzeugt, daß Heiden, die glauben, ,,Miterben sind und mit zu seinem Leibe gehören und Mitgenossen der Verheißung in Christus Jesus sind durch das Evangelium" (Eph. 3,6). ,,So seid ihr nun nicht mehr Gäste und Fremdlinge, sondern Mitbürger der Heiligen und Gottes Hausgenossen ... auf welchem auch ihr miterbaut werdet zu einer Behausung im Geist" (Eph. 2,19.22).

Paulus wagte es sogar, später in seinen Briefen zu schreiben: ,,In Christus ... ist nicht Jude noch Grieche, da ist nicht Sklave noch Freier, da ist nicht Mann noch Weib; denn ihr seid alle einer in Christus Jesus" (Gal. 3,28). Denn ,,Christus hat die Scheidewand, ... die Feindschaft, abgebrochen" (Eph. 2,14).

Er und Barnabas erklärten später kühn: ,,... Siehe, nun wenden wir uns zu den Heiden. Denn so hat uns der Herr geboten: Ich habe dich *den Heiden zum Licht* gesetzt, daß du das Heil seiest *bis an das Ende der Erde"* (Apg. 13,46-47).

Die Würfel waren gefallen. Christentum und Judentum waren nun getrennt! Petrus, Jakobus und Johannes hatten ihr Äußerstes versucht, sie zusammenzuhalten, aber der Druck des letzten Befehles Jesu war zu stark. Die Ausbreitung des Segens Abrahams an alle Völker auf Erden war immer noch die unveränderliche Natur seiner Absicht. Nachdem der Herr sich selbst durch einen Eid gebunden hatte, kann er und will er seinen Sinn nicht ändern.

Paulus und Barnabas waren in die Gemeinden von Antiochien zurückgekehrt und berichteten, daß Gott, der mit ihnen war, ,,... den Heiden hätte die Tür des Glaubens aufgetan" (Apg. 14,27).

Später sandten diese Gemeinden Paulus und Barnabas nach Jerusalem zu einer zweiten Sitzung mit Petrus, Jakobus und Johannes, um ein für allemal die Frage zu klären, die immer noch viele jüdische Gläubige beunruhigte, ob nämlich

Heidenchristen, um wirklich gerettet zu sein, sich nicht doch der Beschneidung unterziehen und allen Punkten des mosaischen Gesetzes gehorchen müßten, einschließlich aller Rituale.

Petrus, der jetzt eine Menge gelernt hatte, erinnerte die Versammelten an seine vor Jahren gemachte Erfahrung im Hause des Cornelius: (Gott) „machte keinen Unterschied zwischen uns und ihnen, nachdem er ihre Herzen gereinigt hatte durch den Glauben. Was versucht ihr denn nun Gott dadurch, daß ihr ein Joch auf der Jünger Hälse legt, welches weder unsre Väter noch wir haben tragen können? Vielmehr glauben wir, durch die Gnade des Herrn Jesus selig zu werden, gleicherweise wie auch sie" (Apg. 15,9-11).

Später sprach Jakobus, der Bruder des Herrn, das entscheidende letzte Wort: „Simon hat erzählt, wie Gott zum erstenmal darauf Bedacht genommen hat, aus Heiden ein Volk für seinen Namen zu gewinnen" (Apg. 15,14).

Jakobus legte seinen Finger auf den wichtigsten Punkt: Es war Gottes Fürsorge – denn sie selber hatten sich ja so gut wie gar nicht darum gekümmert! Dann fuhr Jakobus fort· „Damit stimmen die Worte der Propheten überein, wie geschrieben steht: Danach will ich mich wieder zu ihnen wenden und will wieder bauen die Hütte Davids, die zerfallen ist, und ihre Trümmer will ich wieder bauen ... damit die übrigen der Menschen den Herrn suchen und alle Heiden, über die mein Name ausgerufen worden ist, spricht der Herr" (Apg. 15,15-17).

Es ist möglich, daß einige der ursprünglichen Apostel, bisher gebunden an ihre palästinische Herkunft, schließlich doch bei dieser Konferenz anfingen, sich die Augen öffnen zu lassen für die Möglichkeiten des Dienstes unter weit entfernten Heidenvölkern. Nachdem sie die großartigen Berichte von Paulus und Barnabas unter Kleinasiens Völkern gehört hatten, mag ihnen zwangsläufig klar geworden sein, daß Gottes Handeln nicht auf Jerusalem und Samarien begrenzt bleiben wollte!

Es gibt sogar eine Theorie darüber, daß Lukas die Apostelgeschichte möglicherweise als hintergründig verschleiertes Handbuch geschrieben habe, mit dem er die anderen Apostel und ihre Judenchristen ermutigen wollte, dem Beispiel des Paulus in der Mission an den Heiden zu folgen!

Auf jeden Fall aber müssen sich die Apostel nach der Zerstörung Jerusalems im Jahre 70 n. Chr. zerstreut haben; denn in der verwüsteten Stadt gab es keine Möglichkeit mehr, sich von der übrigen Welt abzuschließen.

Verschiedene Überlieferungen, von frühen Kirchenvätern und anderen Quellen zitiert, weisen darauf hin, daß Jakobus der Gerechte – Jesu leiblicher Bruder – niemals Palästina verlassen hat, sondern in Jerusalem den Märtyrertod gestorben ist. Der Apostel Johannes erweiterte jedoch die Arbeit des Apostels Paulus in Kleinasien und starb in der Gegend von Smyrna und Ephesus.

Der Apostel Petrus dehnte seinen Dienst aus in die heidnische Welt bis nach Rom und wurde, nach einer außerbiblischen Überlieferung, mit dem Kopf nach unten von Römern in jener Stadt gekreuzigt.

Thomas, so sagt die Überlieferung, ließ sich von der Schlußzeile des großen Befehls sogar bis nach „Indien" führen. Zu jener Zeit verstand man unter Indien alles, was östlich von Syrien lag; doch es gibt Quellen dafür, daß Thomas möglicherweise bis in die Gegend von Madras vorgedrungen ist, nahe der Südspitze des eigentlichen Indiens. Eine große Zahl alter Kirchen in jenem Gebiet nennen sich nach ihm die „Mar Toma Kirchen". „Toma" mag auf den Namen „Thomas" zurückzuführen sein.

Zuverlässigen Berichten zufolge zog Andreas im Norden des Schwarzen Meeres unter den wilden skythischen Stämmen umher, den Vorfahren der heutigen Russen. Andere Apostel drangen offensichtlich in Äthiopien, Nordafrika, Syrien und vielleicht in den Süden Arabiens vor. Vielleicht werden eines Tages Forscher alte Dokumente entdecken, die größere Klarheit darüber geben, was in den letzten Lebensjahren eines jeden Apostels geschah.

Was veranlaßte sie schließlich, doch noch im Gehorsam auszuziehen, um die Schlußzeile des letzten großen Befehls unseres Herrn zu erfüllen? Hatten sie die Apostelgeschichte des Lukas gelesen und das „Wie" verstanden, das ihnen glauben half, es sei ihnen tatsächlich möglich, auch andere Völker mit dem Evangelium zu erreichen, so wie es Paulus und Barnabas möglich war?

Oder war es die Zerstörung Jerusalems unter Titus im Jahre 70 n. Chr., die sie schließlich einfach dazu zwang, hinauszugehen und ihr Nest zu verlassen – ein für allemal? Was immer sie auch überzeugt haben mag – sie zogen jedenfalls hinaus. Und seitdem sind immer wieder Christen hinausgegangen im Gehorsam jenem letzten Befehl gegenüber. Nicht alle Christen, das müssen wir beachten. Nur eine kleine Minderheit in jeder Generation hat dem letzten großen Befehl Jesu wirklich gehorcht.

Aber jene kleine Minderheit von Christen hat allein und kraftvoll 2.000 Jahre lang die entscheidenden Weichen für den weiteren Geschichtsverlauf gestellt! Höhepunkte ihrer unglaublichen Geschichte – eine Geschichte, die oft unterbewertet oder übersehen wurde von weltlichen Historikern – sollen das Thema meines nächsten Buches sein. Ich werde darin die großen Siege jener kleinen Minderheit aufzeigen unter Kapitelüberschriften wie: „Der erste Bibel-Gürtel der Welt" (ein Gebiet von rund 13.000 Kilometern, das ganze Mittelmeer umschließend); „Die Galater-Verbindung"; „Die drei Zeitalter".

Ich werde auch eingehen auf Einzelheiten der Rückschläge durch den Muslim-Holocaust, den Wikinger-Holocaust und die Pest.

Schließlich möchte ich zeigen, daß wir heutigen Christen alle auf den Schultern jener kleinen Minderheit unserer Vorläufer stehen, die verstanden hatten, daß die Schlußzeile des göttlichen Bundes die „unveränderliche Natur von Gottes Plan" erklärt. Sie haben uns ihren kraftvollen Schwung weitergegeben, der uns antreiben kann, zum Segen für jedes noch ungesegnete Volk auf Erden zu werden – wenn wir diese großartige Schwungkraft nicht verpuffen lassen!

Wir haben es also in unserer Hand, Gottes viertausend Jahre alte Verheißung zur endlichen Verwirklichung zu bringen.

Wenn wir als Repräsentanten des Abraham-Faktors, die jedes Bündnis mit dem Sodom-Faktor strikt ablehnen, den

Melchisedek-Faktor anerkennen und ihm den verdienten Zehnten geben –

KÖNNEN WIR ES VOLLBRINGEN!

Fragen zum Studium

Kapitel 1

1. Wer war Epimenides? Welche drei Voraussetzungen waren in seinem außergewöhnlichen Opfer eingeschlossen?
2. Vergleichen Sie Gideons ,,Auslegen der Wolle" (Richt. 6, 36-40) mit des Epimenides' ,,Ausführen der Schafe". Ist diese allgemeine Methode, den Willen Gottes herauszufinden, auch heute noch gültig? Haben Sie je etwas Ähnliches ausprobiert? Mit welchen Ergebnissen?
3. Wie reagierte Paulus auf den Götzendienst in Athen? Auf welcher Grundlage nahm er jenem bestimmten Altar in der Stadt gegenüber eine andere Haltung ein? In welchem Sinn hat Götzendienst einen ,,eingebauten Inflations-Faktor"?
4. Was ist die Septuaginta? Welchem Hauptproblem mußten ihre Übersetzer begegnen? Welche Lösung fanden sie? Stimmten die Apostel ihrer Lösung zu?
5. Woher weiß man, daß der Apostel Paulus mit der Geschichte von Epimenides vertraut war und ihn anerkannte?
6. Abgesehen von *theos* – welcher andere bekannte griechische Begriff wurde als Name für die Gottheit verwendet und auf welcher Grundlage? Welcher Apostel verbreitete den Gebrauch des Begriffs Christen?
7. Wer waren Inti und Pachacuti, und auf welcher Grundlage stellte der spätere der beiden die Empfehlungen des ersten in Frage?
8. Welches größte politische Problem verhinderte Pachacutis Reformation? Hätte er eine bessere Lösung für dieses Problem finden können?
9. Auf welche Weise haben europäische Christen die Azteken, die Mayas und die Inkas noch schwerer betrogen, als es Cortez, Pizarro und andere Eroberer taten?

10. Vergleichen Sie den geistlichen Scharfsinn des Pharao Echnaton mit dem des Inka Pachacuti. Weshalb, denken Sie, haben weltliche Gelehrte den einen praktisch übergangen, während sie den anderen besonders anerkannten?
11. Ziehen Sie Parallelen zwischen dem Alten Testament und dem Bericht der Santal über den Ursprung der Menschen.
12. Welcher biblische Präzedenzfall, der früher erwähnt wurde, rechtfertigt Skrefsruds Verwendung von *Thakur Jiu* als gültigen Namen für den Allmächtigen unter den Santal?
13. Wie verwendete Edward Tylor Darwins Evolutionstheorie, um das Aufkommen der Religion zu erklären? Welche Zeugnisse in aller Welt widerlegen Tylors Theorie? Was versuchten die ersten Evolutionisten mit diesen Tatsachen zu machen? Nennen Sie zwei Ethnologen aus dem frühen 20. Jahrhundert, die sich bemühten, Gegentatsachen zu verbreiten?
14. Nennen Sie zwei Hauptinhalte von Tylors Theorie und zeigen Sie, wie jede Voraussetzung, die von bestimmten Leuten zu ihrer logischen Folgerung geführt wurde, in der Katastrophe endete.
15. Welche Warnung sollten ideologische Erneuerer aus dem vorgenannten Fall ziehen?
16. Welche neueren historischen Entwicklungen begünstigen eine Korrektur der katastrophalen Auswirkungen von Tylors Theorie?
17. Wie haben Theologen im allgemeinen auf die Nachricht eines weltweiten „Himmelsgott"-Phänomens reagiert? Wie spielten Theologen den Evolutionisten unwissentlich in die Hände?
18. Wie bereitete die Volksreligion des Gedeo-Volkes in Äthiopien den Weg für das Evangelium vor?
19. Was veranlaßte den Missionar Eugene Rosenau zu der Aussage, das Mbaka-Volk sei der Wahrheit näher als seine eigenen Vorfahren in Nordeuropa?

20. Was bedeutet *erlösende Lehre?* Warum soll man es nicht *Erlösungslehre* nennen?
21. Auf welche vorrangige Weise durchkreuzt der Große Befehl den menschlichen Stolz?
22. Welcher hauptsächliche Irrtum im Denken der frühen chinesischen „Theologen" öffnete dem Konfuzianismus, dem Taoismus und dem Buddhismus Tür und Tor und verdrängte die ursprüngliche Anbetung von Shang Ti/Hananim?
23. Auf welche Weise hat das Christentum versucht, diesen uralten Fehler zu korrigieren?

Kapitel 2

1. Ziehen Sie Parallelen zwischen der Bibel und den erstaunlichen Volksreligionen der Karen, Kachin, Lahu, Wa, Lisu, Naga und Mizo. Welche Schwerpunkte biblischer Lehre fehlten in jenen Volksreligionen?
2. Auf welche Weise erwarteten diese verschiedenen Volksreligionen, daß Gott sich weiter offenbarte, um den Mangel auszufüllen?
3. Worin bestand der hauptsächliche Nachteil, den Ko Thah-byu durch Gottes Gnade überwand, und was führte schließlich dazu, daß er der „Karen-Apostel" genannt wurde? Welchen Beitrag leisteten die Karen-Leute für die Völker um sie herum?
4. Auf welche Weise hat Professor Hugo Bernatzik die wahre Situation unter den Kachin- und Lahu-Völkern mißdeutet?
5. Welche Grundlage der Heiligen Schrift haben wir, wenn wir annehmen,daß es außergewöhnlich erleuchtete Heiden gibt, wie zum Beispiel Epimenides, Pachacuti, Kolean, Pu Chan, Worasa etc., die als Zeugen von Gott hin und her ausgestreut wurden, um so den Weg für das Evangelium vorzubereiten?

Kapitel 3

1. Welcher faszinierende Aspekt der heidnischen Kulturen fiel Paulus auf, und wie ging er darauf ein?
2. Auf welche Weise hilft uns die Beobachtung des Paulus zu einem besseren Verständnis der Dyak-Kultur in Borneo, der Asmat- und der Yali-Kulturen von Irian Jaya (West-Neuguinea) und der Kultur des alten Hawaii?
3. Vergleichen Sie die Kopfjäger-Kannibalen der Asmat in Irian Jaya mit dem Juden Nikodemus.
4. Geben Sie zwei Beispiele biblischer Aussagen, die verschlüsselt in chinesischen Schriftzeichen enthalten sind.
5. Erklären Sie das Konzept der *Heiligen Vier.* Wie symbolisieren die nordamerikanischen Stämme der Indianer diese *Heiligen Vier?*
6. Auf welche Weise würdigt die Bibel die Zahl vier? Welche theologischen Parallelen verschaffen dem Evangelium für den Verstand der Indianer einen besseren Zugang?

Kapitel 4

1. Erklären Sie die wechselseitige Ergänzung der Anfangs- und der Schlußzeile des Abraham-Bundes.
2. Auf wen hat Gott den Segen, der in der Schlußzeile erwähnt wird, „abgezielt"? Nennen Sie einige alttestamentliche Geschichten, die zeigen, wie die Schlußzeile wirkt.
3. Welche Bibelstellen beweisen, daß die Apostel Paulus und Petrus und der Schreiber des Hebräer-Briefes sahen, daß der Abraham-Bund (einschließlich seiner Schlußzeile) grundlegend für die Zeit des Neuen Testamentes ist?

Kapitel 5

1. Nennen Sie einige Anzeichen dafür, wie Jesus seine völlige Hingabe an die Schlußzeile des Abraham-Bundes in seinem ganzen Dienst bewies, nicht nur in den letzten Minuten vor seiner Himmelfahrt.
2. Auf der Grundlage von Matthäus 10,5-6 und 15,24 sagen manche, Jesus sei gekommen, um den Juden ein buchstäbliches, irdisches Königreich anzubieten, durch das sie ausschließliche Herrschaft über die Heiden haben sollten, und daß er seinen großen Missionsbefehl dann nur als eine Art „Plan B" verwirklichen wollte, nachdem die Juden ihn abgelehnt hatten. Diskutieren Sie das im Licht von Matthäus 10,18 und anderen ähnlichen Schriftstellen.
3. Beschreiben Sie Beispiele, wo Jesus Begegnungen mit nichtjüdischen Leuten nutzte, um die „Alle-Völker-Perspektive" zu lehren.

Kapitel 6

1. Auf welche Weise war der Dienst des Diakons Philippus so entscheidend?
2. Nennen Sie Stellen in der Apostelgeschichte, die zeigen, daß die zwölf Apostel nicht nur unbewußt, sondern beinahe offen zögerten, der Schlußzeile des großen Befehls zu gehorchen.
3. Was war sehr wahrscheinlich das kaum verhüllte Motiv des Chronisten Lukas, die Apostelgeschichte zu schreiben?
4. Was waren die zwei neuen Ideen von Paulus? Worin unterscheidet sich eine Kirche bzw. eine Gemeinde von einer Synagoge? Worin unterscheidet sich eine missionarische Gruppe von einer Kirche?
5. Was war im höchsten Maß unfair in dem Übereinkommen, das in Galater 2,9 beschrieben wurde?

6. Welche „endgültigen Überredungen" mag Gott benutzt haben, um die Apostel endlich aus ihrem Nest in Jerusalem herauszuholen und in alle Richtungen hinauszuschicken?

Nachwort zur dritten Auflage

Thomas Schirrmacher

Als 1981 die erste englische Ausgabe des vorliegenden Buches erschien löste sie sofort eine umfangreiche Diskussion aus. Der deutschen Ausgabe von 1983 erging es nicht anders, auch wenn sich diese Diskussion kaum schriftlich niederschlug. Der Titel *Ewigkeit in ihren Herzen* wurde für manche Programm, für andere Stichwort für eine umfassende Kritik.

Nun war von Anfang an damit zu rechnen, daß die Übertragung dieses amerikanischen Buches in die deutschsprachige Situation nicht problemlos verlaufen würde. Dafür gibt es im wesentlichen zwei Gründe. Der Grund, der uns hier weniger interessieren soll, ist der Stil des Buches. Richardson verbindet wissenschaftliche Recherchen mit unterhaltsamer Erzählung. Überhaupt gibt es ja im amerikanischen Buchwesen viel weniger Berührungsängste zwischen Wissenschaft und kundenfreundlicher Darstellung. Als Kritik kann dies in der Diskussion jedoch nur dann gelten, wenn deswegen gewichtige Aussagen nicht weiter belegt werden.

Damit kämen wir jedoch zum zweiten, für uns wichtigeren Grund. Das Buch von Richardson betritt in Amerika teilweise Neuland. So kann Richardson manches zunächst anregen, was genauerer Erforschung bedürfte, wie er sie ja auch in dem von ihm geleiteten „Institute for Tribal Studies" des US Center for World Mission fördert (vgl. zum Beispiel ein erstes Ergebnis: Mike Bews, „The Concept of the ‚High God' in Traditional Igbo Religion", *International Journal of Frontier Missions* 2 (1985)/4: 315–321). Gleichzeitig setzt Richardson Dinge voraus, die im evangelikalen Bereich Amerikas geläufig sind, bei uns jedoch nicht. (Dies wird etwa an der guten Kurzfassung des Buches deutlich: Don Richardson, Gott in ihrem Herzen, *Der Auftrag* [JMEM] 1/1983: 26–28).

Im deutschsprachigen Bereich betrifft seine These dagegen mehrere Themenkomplexe, die hier in Theologie, Ethnologie oder Religionswissenschaft Gegenstand weitreichender und bedeutender Diskussionen waren, auch wenn manche von ihnen gegenwärtig nicht mehr ganz so im Vordergrund stehen. Meine ergänzenden Literaturhinweise der vorliegenden Ausgabe sollten einen ersten Hinweis darauf geben.

Es erscheint mir daher angebracht, einige dieser Fragen wenigstens zu nennen und eine Einordnung des Werkes von Richardson vorzunehmen. Es sollen dabei sowohl Themen genannt werden, die im deutschsprachigen Bereich intensiver diskutiert wurden, als auch solche, die in den USA vorausgesetzt werden können, bei uns jedoch erst bekannter werden müßten. Dabei werden sicher manche Mißverständnisse ausgeräumt, da Richardson manches gar nicht gesagt hat, was ihm im Rahmen der deutschen Diskussion unterstellt werden könnte. Zugleich wird dabei aber auch deutlich, daß seine Thesen nur dann wirkungsvoll vertreten werden können, wenn man sie angemessen auf bestimmte Fragen begrenzt und insbesondere die aus Ethnologie und Religionswissenschaft gewonnenen Erkenntnisse deutlich von solchen Erkenntnissen absetzt, die aus biblischen Aussagen gewonnen werden.

Die im deutschsprachigen Bereich diskutierten Probleme, die in Auseinandersetzung mit Richardson neu aufgearbeitet werden müßten, sind:

I. Im Bereich der Theologie:

1. Unfehlbarkeit der Bibel

Richardson setzt stillschweigend die Unfehlbarkeit und Irrtumslosigkeit des Alten und Neuen Testamentes voraus. Wer sie nicht teilt, wird ihm oft nicht folgen können. Als gute Einführung in diese Problematik empfehle ich Helge Stadelmann, *Grundlinien bibeltreuer Schriftauslegung* (Brockhaus Verlag, Wuppertal 1985). Allerdings wird nicht jeder, der eine solche bibeltreue Position vertritt, automatisch Richardson Recht geben müssen. Sie erschließt nur das Verständnis für seine Auslegung der Bibeltexte.

2. Die natürliche Offenbarung und der Anknüpfungspunkt

Die entscheidende theologiegeschichtliche Jahreszahl für die Frage der natürlichen Offenbarung und der Anknüpfung beim Menschen ist 1934. Emil Brunner vertrat 1934 in seinem Werk *Natur und Gnade* die Existenz eines Anknüpfungspunktes trotz aller Einschränkungen auf Grund der Sünde des Menschen (vgl. mein 1988 erscheinendes Buch *Die neutestamentliche Gemeindeordnung als Herausforderung oder Das Mißverständnis des Emil Brunner*, in der ich in dieser Frage für Brunner gegen Barth Stellung beziehe; sowie: Heinrich Leipold, *Missionarische Theologie*, Emil Brunners Weg ..., Vandenhoeck & Ruprecht, Göttingen 1974). Karl Barth schmetterte seine Schrift *Nein!* dagegen, in der er jede Andeutung einer natürlichen Offenbarung und eines Anknüpfungspunktes beim natürlichen Menschen ablehnte. Sie führte zum endgültigen Bruch zwischen Barth und Brunner. Im gleichen Jahr, aber innerlich unabhängig von der berühmten Diskussion, veröffentlichte der Biblizist Wilhelm Lütgert sein großes Werk *Schöpfung und Offenbarung* (Mohn, Gütersloh 1934, Reprint Brunnen Verlag, Gießen 1984). Er warf dem Pietismus bzw. der Erweckungstheologie vor, die Schöpfungstheologie und Erkennbarkeit Gottes in der Schöpfung zu vernachlässigen und das Gewissen an deren Stelle zu setzen.

Neben dieser älteren Diskussion ist das Problem im evangelikalen Bereich wieder durch den modernen Kreationismus aktuell geworden, der über die Schöpfung und ihre wissenschaftliche Erforschung Menschen zum Glauben an Gott führen will. Das Problem ist allerdings über weite Strecken nicht aufgearbeitet. So löste der Buchtitel des einst führenden Kreationisten A. E. Wilder-Smith *Wer denkt, muß glauben* viel Kritik aus, wurde aber selten durch eine Aufarbeitung der Grundsatzfrage nach der natürlichen Offenbarung ersetzt.

Richardson geht – einmal mit meinen Worten wiedergegeben – von einer dreifachen Form der natürlichen Offenbarung aus: Erstens die Schöpfung als Hinweis auf den Schöpfer, zweitens die geschichtliche Überlieferung, die seit der Sintflut existiert, und drittens übernatürliche Offenbarungen (Träume, Stimmen etc.), die Gott Menschen zuteil werden läßt, die ihn nicht kennen.

Der klassische Text zu unserer Frage ist zweifellos der Beginn des Römerbriefes (Römer 1 und teilweise 2). Einige erste Anstöße sind dabei wesentlich:

1. Paulus kennt eine natürliche Offenbarung. Sie beschränkt sich darauf, daß Gott in der Schöpfung durch Denken (V. 20: „logisch erfaßt“) erkennbar ist, daß es einen ewig-mächtigen, göttlichen und unsichtbaren Schöpfer gibt (V. 20) und dieser Tatbestand jeden Menschen unentschuldbar macht, der diesen Schöpfer nicht verehrt.

2. Diese Erkennbarkeit Gottes liegt aber nicht in der Schöpfung an sich, sondern ist „Offenbarung“ (V. 19!). Nur was Gott über sich absichtlich offenbart, kann der Mensch erkennen.

3. Diese Offenbarung kommt aber gerade nicht darin zum Ausdruck, daß Gott verehrt wird, sondern darin, daß der Mensch sich Religionen geschaffen hat. Die Religionen gehen insofern auf eine Wahrheit zurück, weil sie durch Verdrehung der Wahrheit entstanden sind, nicht aber, weil sie diese Wahrheit selbst enthalten.

In diesem Zusammenhang läßt sich Richardsons Sicht der natürlichen Offenbarung dann aufrecht erhalten, wenn man sie nicht auf alle Religionen anwendet, sondern auf die von Richardson genannten „Naturreligionen“, wenn man unter solchen Religionen Religionen versteht, die eine kontinuierliche Überlieferung seit der Sintflut aufweisen (das ist natürlich nur dem Kreationisten möglich, siehe dort).

Eine Anwendung auf den Islam ist etwa nur möglich, wenn man die Elemente des Islam berücksichtigt, die aus den altarabischen Stammesreligionen übernommen wurden (vgl. Christine und Thomas Schirrmacher, *Prophet aus der Wüste – Mohammed*, Schwengeler Verlag, Berneck 1987, 2. Auflage, S. 15–21, bes. 19 f.). Auf die sogenannten Stifterreligionen, die auf einen historisch bestimmbaren Anfang zurückgehen, kann man Richardsons These nicht anwenden.

3. Die Frage nach der Wahrheit in nichtchristlichen Religionen

Damit ist indirekt eine weitere wesentliche Frage angesprochen und das wichtigste zu ihrer Einordnung schon gesagt. Wahrheit in den Religionen ist nach Römer 1 immer verdrehte Wahrheit, die die Religionen und ihre Anhänger gerade zu Schuldigen macht. Echte Wahrheit kann neben der Bibel nur aus der eben angesprochenen natürlichen Offenbarung kommen, die insofern nicht „natürlich“ ist, als sie bewußte Offenbarung Gottes ist.

Im Falle von Religionen, die eine geschichtliche Kontinuität bis zur Sintflut haben – was man nicht einfach bei allen sogenannten Naturreligionen annehmen kann –, ist eine durchgängige, wenn auch verzerrte Überlieferung der historischen Ereignisse Schöpfung, Sintflut, eventuell auch Sprachverwirrung denkbar, nicht jedoch bei Religionen, die ohne Rückgriff auf Elemente solcher alten Religionen ganz neu entstanden bzw. entworfen wurden. Daneben können in allen Religionen logische Schlüsse auf den Schöpfer vorkommen, die aber keinen Heilswert besitzen, sondern im Gegenteil das Gericht über diese Religionen begründen.

Es ist allerdings klar, daß eine solche Position mit der gerade auch von deutschen Theologen vorgetragenen und beim Ökumenischen Rat der Kirchen beheimateten Gedanken von Wahrheitselementen in anderen Religionen nicht überein zu bringen ist. Zu dieser Frage ist von evangelikaler Seite jedoch meist nur in aktuellen Auseinandersetzungen, weniger umfassend Stellung bezogen worden.

4. Die Gottesbeweise

Die beiden eben genannten Problemkreise hängen natürlich eng mit der Frage der Gottesbeweise zusammen. Nachdem es lange Zeit so aussah, als wenn wenigstens im protestantischen Bereich die Gottesbeweise völlig abgedankt hätten, erleben sie derzeit mancherorts einen neuen Frühling. Niemand mag mehr im Brustton der Überzeugung ältere Gottesbeweise nachsprechen, geschweige denn neue finden. Und dennoch scheint eine völlige Ablehnung der Gottesbeweise weder der Vernunftsapologetik noch dem biblischen Zeugnis gerecht zu werden.

Da Richardson die Problematik nicht direkt anspricht, sie aber zu den beiden letztgenannten Themen gehört, sei auf zwei neuere Versuche hingewiesen, den Gottesbeweisen neues Gehör zu verschaffen. Beide Versuche lehnen es ab, daß ein einzelner Gottesbeweis den Glauben an Gott sicher begründen könne.

Von rein philosophischer Seite geht Richard Swinburne die Gottesbeweise an. In seinem philosophischen Klassiker *Die Existenz Gottes* (deutsch erst jetzt: Reclam, Stuttgart 1987), der zugleich eine Einführung in die moderne Logik darstellt, kommt Swinburne zu dem Schluß, daß kein Gottesbeweis allein ausreicht, alle zusammen aber die Existenz Gottes wahrscheinlicher machen als seine Nichtexistenz.

Hans-Georg Fritzsche hat dagegen in seinem *Lehrbuch der Dogmatik* (Teil II, *Lehre von Gott und Schöpfung*, Evangelische Verlagsanstalt, [Ost-]Berlin 1984^2, S. 14–47) versucht, die einzelnen Gottesbeweise als grundlegende Lehren über Gott aufzugreifen. Damit sind sie zwar nicht für den Nichtchristen logisch bindend, erhalten aber für den Christen ganz neue und grundlegende Bedeutung.

5. *Der Kreationismus*

Richardsons Buch ist nicht ohne den in unserer Generation neu aufgekommenen theologischen und naturwissenschaftlichen Kreationismus zu verstehen. Im angelsächsischen Bereich beginnend, wurde er seit 1978 auch im deutschsprachigen Bereich heimisch (vgl. Thomas Schirrmacher, „The German Creationist Movement, Acts-Facts-Impact“, Institute for Creation Research, *Impact* July 1985: 1–4). Der Kreationismus geht davon aus, daß die Welt und die Lebewesen in kurzer Zeit von Gott erschaffen wurden. Gleichzeitig versucht er mit wissenschaftlichen Argumenten die Evolutionstheorie zu erschüttern. Ohne daß Richardson den Kreationismus ausdrücklich erwähnt, setzt er ihn oft voraus, vor allem, wenn er davon ausgeht, daß die Kulturen der Menschen recht jung sind. Die im Schwengeler Verlag und im Hänssler Verlag erschienenen kreationistischen Werke bieten genügend Einstiegsmöglichkeiten zu diesem Thema. Allerdings ist der Kreationismus bisher wenig auf die Entstehung der menschlichen Kultur mit Kunst, Musik, Religion, Sprache, Schrift, Familienleben etc. angewandt worden, wie Horst W. Beck zu Recht programmatisch feststellt (*Genesis*, Hänssler Verlag, Neuhausen 1983, Schlußabsatz; vgl. aber meine Beiträge zu diesen Fragen in der Zeitschrift *Factum*). Man kann daher Richardson nicht ohne Bezug auf den Kreationismus diskutieren, was jedoch nicht heißt, daß jeder Kreationist Richardson zustimmen muß.

6. Die Entstehung der Genesis

Die Frage nach der Entstehung der Genesis (also des 1. Buch Moses) entscheidet über ihre Glaubwürdigkeit als historische (und lehrmäßige) Quelle. Nun gilt die sogenannte Quellenscheidung im deutschsprachigen Bereich für viele als unumstritten. Die wenigen Evangelikalen, die sich für eine frühere Entstehung der Genesis aussprechen und von ihrer Einheit ausgehen, werden überhört. In Amerika dagegen werden Alternativen zur Quellenscheidung öffentlich diskutiert. Namentlich durch ihre zahlreichen bibeltreuen Universitäten haben evangelikale Wissenschaftler ihre ernstzunehmende Kritik an der historisch-kritischen Quellenscheidung der Genesis ausführlich formuliert. Ich habe in den Anmerkungen in diesem Buch englische und deutsche Literatur zum Thema genannt, da Richardson einfach von der Glaubwürdigkeit der Genesis ausgehen kann, bei uns aber die angenommene Unglaubwürdigkeit der Genesis Richardson am ehesten den Boden unter den Füßen wegzieht.

Daneben sei darauf hingewiesen, daß es ein evangelikales Modell zur Entstehung der Genesis gibt, das im Anschluß an P. J. Wiseman die einzelnen Berichte als Augenzeugenberichte bis zurück zu Adam auf einzelnen Tafeln ansieht (genauere Literatur in Thomas Schirrmacher, „Die Entstehung der Genesis", *Factum* 5/1985: 12–15). Auch wenn dies zunächst ein mögliches, aber nicht sicheres Modell bleibt, käme es Richardson von theologischer Seite sehr entgegen.

7. Die Mission im Alten Testament

Richardson geht davon aus, daß das Alte Testament nicht nur Mission unter nichtjüdischen Völkern für den Neuen Bund ankündigt, sondern bereits selbst davon berichtet. Diese Mission zu alttestamentlicher Zeit fordert alle Menschen auf, den einen Gott und Schöpfer zu verehren und seine Gnade in Anspruch zu nehmen. Damit greift Richardson Aspekte derjenigen reformierten Theologie auf, die davon ausgeht, daß es zwischen dem Alten und Neuen Bund nur graduelle, nicht aber prinzipielle Unterschiede gibt. Die Gemeinde des Neuen Testamentes ist eine direkte Fortsetzung der Gemeinde des Alten Testamentes. Nun gibt es in Amerika große reformierte und evangelikale bzw. bibeltreue Kirchen. Richardson braucht hier nicht ins einzelne zu gehen, da die biblischen Gründe dafür genügend bekannt sind. Im deutschsprachigen Bereich gibt es einen nennenswerten reformierten Pietismus bzw. reformierte Evangelikale nur in der Schweiz. Daher kennen viele die reformierte Theologie nur im liberalen Gewand der reformierten Landeskirchen. Ansonsten ist der Pietismus größtenteils lutherisch, in neuerer Zeit dispensationalistisch geprägt. Dies ist beim Lesen zu berücksichtigen.

II. Im Bereich der Kulturanthropologie (Ethnologie und Religionswissenschaft):

1. Das Verhältnis von Kulturanthropologie und Theologie

In den USA gibt es trotz aller Auseinandersetzungen eine lange fruchtbare Beziehung zwischen den einzelnen kulturanthropologischen Disziplinen und der Missionswissenschaft. Bei uns ist die Einbeziehung von Kultur-, Sprach-, Sozial- und Religionswissenschaft in die missionswissenschaftliche Forschung, wie sie etwa auch Richardson vornimmt, kaum gegeben. Entweder werden diese Disziplinen als völlig selbständig und über die Theologie erhaben angesehen, ja bestimmen die Theologie, oder aber die Theologie verteidigt ihr Primat durch Ignorieren der Ergebnisse. Notwendig ist jedoch ein theologischer Rahmen für die Einordnung der menschlichen Kultur, in dem die Ergebnisse nichttheologischer Disziplinen der Kulturanthropologie sinnvoll und nutzbringend eingeordnet werden können. Niemand kann der evangelikalen Theologie verwehren, sinnvolle Methoden der Erforschung des alltäglichen Lebens der Menschen aufzugreifen, ohne ihr theologisches Anliegen aufzugeben.

Ich habe zu dieser Frage erst kürzlich in meinem Artikel „Mission und Kultur, Als Ethnologe Christ sein?“ (*Factum* 11 + 12/1987: 8–10) Stellung bezogen. Eine ausführlichere Fassung wird in derselben Zeitschrift folgen. Um Wiederholungen zu vermeiden, möchte ich kurz einige wesentliche Passagen zitieren und ansonsten auf die Beispiele im Artikel verweisen.

„Wer als überzeugter Christ Ethnologie studiert, muß sich darauf gefaßt machen, häufig mit dem Vorwurf konfrontiert zu werden, Mission zerstöre andere Kulturen. So wenig dieser Satz pauschal richtig sein kann, so wenig kann man ihn pauschal ablehnen. Solange man unter ‚christlicher‘ Mission alles versteht, was im Namen des ‚Christentums‘ geschehen ist, wird die Aussage oft zutreffen. Durch die Kreuzzüge wurde mit Sicherheit auch Kultur zerstört. Und wenn in neuerer Zeit politische Revolutionen als christliche Missionsarbeit bezeichnet werden, hilft eine blinde Verteidigung aller christlichen Mission nicht weiter …

Also ist es im Gespräch zunächst notwendig, meinen Standpunkt als bibeltreuer Christ zu erklären. Daß Gott eine Entscheidung jedes einzelnen möchte, die nie durch Zwang erreicht werden kann, ist mir dabei sehr wichtig. Ich muß auch darauf hinweisen, wie die Bibel zur Kultur steht: Es ist strikt zwischen Kultur/Tradition und biblischen Wahrheiten zu trennen. Jesus warnt in Markus 7 (Matthäus 15) davor, menschliche Traditionen zum Wort Gottes zu erheben. Andererseits müssen Traditionen und Kulturen nur dort verändert werden, wo sie der Bibel entgegenstehen. Deswegen kann sich ein Christ auf alles in anderen Kulturen einstellen, was der Bibel nicht widerspricht. Paulus möchte gerade in seiner Missionsarbeit ‚dem Juden wie ein Jude, dem Griechen wie ein Grieche … und allen alles‘ werden (1. Kor 9, 20–23). Dabei wird oft das als christlich hingestellt, was Gott nie gefordert hat. Wir dürfen niemals unsere Kultur im Namen Gottes einer anderen Kultur überstülpen …

Doch wer seinen Standpunkt als ‚Evangelikaler‘ erklären will, wird feststellen, daß gerade evangelikale Missionswerke am heftigsten von Ethnologiestudenten und -dozenten angegriffen werden …

Wer die Bücher durchschaut, wird ein Sammelsurium an Argumenten vorfinden. Manche Behauptungen sind mehr Phantasie als Wirklichkeit. Für die Spendenfreudigkeit der Evangelikalen hat man kein Verständnis und spekuliert deshalb herum, woher das Geld kommen könnte. Manche der berechtigten Vorwürfe gehen in Wirklichkeit gar nicht auf das Konto der Evangelikalen. Manche Vorwürfe sind eher theologischer Art, weil das Übersetzen der Bibel an sich als wenig christlich angesehen wird. Einige der Vorwürfe sind auch berechtigt, weil hier Missionare den Rahmen des ihnen in Gottes Wort Vorgegebenen überschritten haben. Häufig werden dabei Missionare aus den USA angegriffen. Allerdings müßte man zunächst überprüfen, ob die in den Büchern geschilderten Dinge wirklich geschehen sind. Nirgends betrifft das jedoch das Grundsatzproblem. Zum Kern der Vorwürfe hat bereits Ursula Wiesemann in ihrem Buch *Mission und Menschenrechte* Stellung genommen …

Nun sind hier natürlich manche Anfragen zu stellen. Wenn sich zwei Kulturen begegnen, verändern sich immer beide. Die Frage ist, an Hand von welchem Maßstab der stärkere dem anderen Veränderungen empfiehlt (oder aufzwingt). Doch unter Ethnologen werden selten oder nie die Maßstäbe des Vorgehens offengelegt. Denn es ist bloßes Wunschdenken, daß die Feldforschung der Ethnologen die betroffenen Kulturen nicht verändert. Der Kontakt zur Außenwelt wird in allen bisher weitgehend für sich lebenden Kleingruppen zunehmen. Regierung, Industrie, Missionsgesellschaften und Ethnologen ‚streiten‘ darum, wer hier prägend wirkt. (Ich vermeide bewußt die von Ethnologen bezeichnenderweise immer noch verwendeten herabwürdigenden Ausdrücke ‚primitive‘ Völker oder ‚Naturvölker‘!)

Doch was wollen die Ethnologen erreichen? Den ‚status quo‘ kann man ohnehin in keiner Kultur erreichen. Deswegen kann nur eine Veränderung wünschenswert sein, die dem Wohl der Menschen dient und mit ihrem Einverständnis geschieht. Doch dieses „Wohl“ muß definiert werden. Dies ist eine Aufgabe, die evangelikale Missionare im biblischen Sinne lösen und die Ethnologen oft vernachlässigen.

Doch kritisieren ist immer einfacher, als selbst bessere Wege zu beschreiten. Immerhin gibt es ja Kleingruppen von Völkern, die ohne die Wycliff-Bibelübersetzer längst ausgestorben wären. Diese haben ihnen Zukunftsperspektiven gegeben, sie medizinisch abgeschirmt und gegenüber Landjägern und Weißen verteidigt. Die Infrastruktur der Missionsgesellschaften kommt den Einheimischen zugute. (Immerhin benutzen die Ethnologen, die einen abfälligen Bericht über die Wycliff-Bibelübersetzer schreiben wollen, ausnehmend gerne evangelikale Flugzeuge, um dorthin zu gelangen!)

Eine nicht zu überschätzende Leistung der Wycliff-Bibelübersetzer ist die Erforschung, Erhaltung und schriftliche Fixierung der Sprachen ungezählter Gruppen. Würden diese Sprachen nicht fixiert, wären sie häufig bald vergessen. Der sonst sichere Verlust der Sprache wäre fast immer das Ende des Eigenlebens als Volk. Die Ethnologen haben hier nichts Ähnliches vorzuweisen.

Überdies zeigt die Übersetzung der Bibel die Liebe zu jeder einzelnen Kultur. Es geht nämlich oft nicht einfach um Mission, da bei Zweisprachigkeit auch die Landessprache benutzt werden könnte. Es geht darum, daß jede Sprache als Muttersprache gleich wertvoll und erhaltenswert ist. Es gibt keine primitive Sprache; eine Position, zu der die Ethnologen erst Jahrzehnte nach den Missionaren gefunden haben …

2. Pater Wilhelm Schmidt

Das Werk von Richardson wirkt über weite Strecken wie eine Wiederbelebung der Lebensarbeit des katholischen Theologen, Ethnologen und Sprachwissenschaftlers Pater Wilhelm Schmidt. Schmidt genoß einst weite Anerkennung. Den besten Einblick in sein Denken gibt sein *Handbuch der vergleichenden Religionsgeschichte – Ursprung und Werden der Religion* (Aschendorff, Münster 1930), das als Geschichte der Religionswissenschaft heute noch lesenswert ist. In den Fünfziger Jahren war seine These vom Urmonotheismus (vgl. zum Begriff aber Wilhelm Schmidt, *Der Ursprung der Gottesidee*, Band X,

Aschendorff, Münster 1952: 126–128) noch weithin geschätzt. Noch heute gilt sein Werk als bahnbrechend, wenn es im Grundsatz auch als überholt gilt. Das *Wörterbuch der Ethnologie* gibt eine kurze Skizzierung der Haltung der meisten Ethnologen gegenüber dem monumentalen Werk von Pater Wilhelm Schmidt:

> P. W. SCHMIDTS materialreicher Versuch, Monotheismus gerade in „frühen" Kulturen nachzuweisen, mißlang. Wo er einen „Hochgott" ausmachte, fanden andere nur einen Kulturheros oder einen Hauptgott neben vielen Göttern – oder gar die Geilheit eines zweigeschlechtlichen, unentwegt zeugenden und empfangenden Urwesens. ... Aber immerhin versetzte P. W. SCHMIDT den entwicklungsschematischen Reihen den Todesstoß: eine klare Stufenfolge (etwa Animismus – Polytheismus – Monotheismus) entspringt gedanklichen Konstruktionen des 19. Jahrhunderts, ...nicht aber der empirisch beobachteten Realität, in der z.B. die „frühen" Ureinwohner Australiens hochabstrakte Ideen hatten. (Mark Münzel, „Religion", S. 177–180 in: Bernhard Streck [Hrsg.], *Wörterbuch der Ethnologie*, Du Mont, Köln 1987, hier S. 1979).

(Vgl. Mühlmanns Artikel „Animismus", „Ethnologie", „Naturvölker" und "Urmonotheismus" im RGG^3).

Eine ins Detail gehende Darstellung zu „Urreligion und Uroffenbarung bei P. W. Schmidt" (Titel) hat Sylwester Pajak in seiner Dissertation gegeben (Studia Instituti: Missiologici Societatis Verbi Divini [der Orden von Schmidt] 20, Steyler Verlag, St. Augustin 1978), wobei er allerdings nur die Literatur bis 1938 berücksichtigt, den vorübergehenden Triumph von Schmidt nach dem 2. Weltkrieg jedoch nicht mehr erfaßt.

Er macht deutlich, wie stark Schmidt in der katholischen Theologie (besonders S. 207 zur Uroffenbarung und Apologetik von Genesis 1–3) seiner Zeit wurzelte und wie stark seine Theorie von seinen ethnologischen Theorien bestimmt sind (vgl. das Schema S. 235).

Schmidt geht teilweise noch von einem evolutionistischen Bild aus. Er teilt die Kulturen in Kulturstufen bzw. Kulturkreise ein. Diese ethnologische „Kulturkreislehre" ist inzwischen völlig überholt. Damit fällt die ethnologische Grundlage seiner Theorien.

Die Religion der ältesten Kulturstufe entspricht für Schmidt nun der Urreligion (vgl. neben dem eben genannten Schema Schmidts eigenes Schema in *Ursprung und Werden* ..., a.a.O., S. 234). Wenn die Stammesreligionen nicht notwendig sehr alt sind (siehe dort), können sie auch nichts über die Urreligion aussagen. Daneben hat Schmidt auf Grund seiner Kulturkreislehre darüber hinweg gesehen, daß es in vielen Fällen zwar Zentralgottheiten gibt, diese aber nicht weibliche Gottheiten, weitere Götter, Dämonen etc. ausschließen. Schmidt findet sie nur in angeblich jüngeren Religionen.

Das heißt nun aber nicht, daß aus Schmidts Material kein Gewinn mehr geschlagen werden könnte. Mühlmann weist darauf hin, daß Schmidt die evolutionistische Sicht der Religionsgeschichte entthront hat. Daneben muß natürlich geprüft werden, ob manches Material von Schmidt im Lichte theologischer Überzeugungen weiterhin in seinem Sinne interpretiert werden darf. In meiner Sicht war Schmidt zuallererst Theologe und manches aus seiner Theologie und seiner daraus gewonnenen Einordnung gewisser Religionen ist überlegenswert. Dies kann jedoch keinen reinen Ethnologen überzeugen.

3. Das Alter und die Abgrenzung der Stammesreligionen

Die Eingrenzung einer bestimmten Gruppe von meist kleinen Völkern als „Naturvölker", „primitive Völker", „Stammesvölker" etc. ist heute nicht mehr ohne weiteres möglich. Im Rahmen eines evolutionistischen Weltbildes meinte man die Völker auf Grund ihrer Entwicklungsstufe einordnen zu können. Die europäische Überheblichkeit tat ihr übriges. Auch wenn dies leider heute noch nicht alle Bereiche der Völkerkunde erfaßt hat, ist eine solche Position wissenschaftlich nicht mehr haltbar. Es gibt kein einziges Kriterium, mit dem „Stammesvölker" von anderen Völkern unterschieden werden könnten.

Etwas einfacher sieht die Sachlage für die Religionen aus. Die Unterscheidung von Volksreligionen auf der einen und Stifter- oder Weltreligionen auf der anderen Seite muß zwar vorsichtig gehandhabt werden, hat aber eine gewisse Berechtigung. Ihre Verbreitung stimmt jedoch nicht einfach mit den „Natur- und Kulturvölkern" überein.

Innerhalb des Kreationismus wäre es denkbar, alte Volksreligionen als solche anzusehen, deren Völker ohne wesentliche Brüche zur Sintflut zurückzuverfolgen sind, während Stifterreligionen später entstanden. Schwer wird es natürlich, dies bei einem einzelnen Volk nachzuweisen! Außerdem gibt uns dies keine Auskunft über das Alter einzelner Elemente dieser Religion! Immerhin kann eine sehr alte Religion in neuester Zeit etwas aufgenommen haben, was dadurch als uralt erscheint.

Damit sind wir jedoch bei der Frage des Alters der Volksreligionen und – wenn man überhaupt von ihnen sprechen kann – der sogenannten Naturvölker. Es ist ein Fehlschluß der Evolutionisten gewesen, den ihre Gegner wie Pater Wilhelm Schmidt (siehe dort) oft übernahmen, daß die Kulturen und Religionen kleiner, zurückgezogen lebender Völker notwendigerweise sehr alt sind. Der Ethnologe Wilhelm E. Mühlmann schreibt treffend mit Hinblick auf Wilhelm Schmidt:

> Eine einfache Überlegung lehrt uns folgendes: Mythen von Naturvölkern sind, wie alles ethnographische Material, zeitgenössische Tatbestände. Wie alt sie bei diesem oder jenem Stamm sind, wie lange sie, in identischer Form, überliefert worden sind, wissen wir in den seltensten Fällen. Gegenüber all diesem Gerede von „Urvölkern" und „Urstufen" erscheint es mir angebracht, daß die sogenannten „Urreligionen", so wie wir sie heute kennen (und wir kennen nur ihren heutigen Zustand), nicht älter, sondern jünger als alle theologischen Religionen, einschließlich des Christentums, sind. (Wilhelm E. Mühlmann, „Das Problem des Urmonotheismus", *Theologische Literaturzeitung* 78 [1953] 12: 705–718, hier 713–714, Sperrung im Original weggelassen).

Weiteres werden wir im folgenden Punkt ansprechen müssen.

Im deutschsprachigen Bereich hat noch einmal Franz Josef Thiel im hohen Alter eine „Religionsethnologie" (Titel) im alten Stil als „Grundbegriffe der Religionen schriftloser Völker" (Untertitel) versucht (Collectanae Instituti Anthropos 33, Reimer Verlag, Berlin 1984). Für ihn ist der Begriff der Naturvölker noch nicht problematisch und er sieht die Einheitlichkeit der Naturreligionen gegenüber den Hochreligionen. Dabei lehnt er die Thesen von W. Schmidt und anderen Vertretern eines Urmonotheismus ab (S. 25–31), um dann den Höchsten Wesen in differenzierterer Weise in den Naturreligionen an interessanten Beispielen nur um so breiteren Raum zu gewähren (S. 151–216). Es ist jedoch kaum anzunehmen, daß ihm in der jüngeren Generation noch einmal gefolgt werden wird.

4. Die Religion der Steinzeit

Die Religion der Steinzeitmenschen lag lange im Schatten der Religionen der sogenannten Naturvölker. Indem man im evolutionistischen Weltbild davon ausging, daß die Naturvölker die Entwicklungsstufe der Steinzeit etc. wiederspiegeln, konnte man von ihrer Religion auf die der ersten Menschen schließen, von denen Kulturfunde vorliegen. Bisweilen wurden „die Religionen der vorgeschichtlichen und primitiven Völker" (Titel von F. M. Bergounioux und Joseph Goetz, Pattloch Verlag, Aschaffenburg 1960) sogar einfach zusammen abgehandelt. Diesen Rückschluß zog auch noch Pater Wilhelm Schmidt, wenn auch innerhalb eines komplizierteren Systems der aufeinanderfolgenden Kulturkreise (graphisch dargestellt bei Sylwester Pajak, a.a.O., S. 235 und Wilhelm Schmidt, *Ursprung und Werden der Religion*, a.a.O., S. 234).

Wer jedoch diese Gleichung ablehnt, wird sich intensiver mit den ältesten Religionen beschäftigen. Dies ist von kreationistischer Seite bisher kaum geschehen (vgl. dazu meine gelegentlichen Bemerkungen in der Zeitschrift *Factum*), zum Teil auch, weil eine ins einzelne gehende Einfügung der Steinzeit in den Rahmen der biblischen Chronologie kaum versucht wurde.

Versuche, aus den wenigen Funden eine Religion der Steinzeit zu rekonstruieren, sind selten. Sie basieren fast alle auf den europäischen Höhlenfunden und -malereien. Bahnbrechend war hier der bedeutende Höhlen- und Evolutionsforscher Professor Herbert Kühn, der anhand dieser Höhlenfunde sogar den Urmonotheismus verteidigte (*Das Problem des Urmonotheismus*, Akademie der Wissenschaften und der Literatur in Mainz, 1950). Von Schmidts These ausgehend, sah er den monotheistischen Gott am Anfang aller Religionen. Dieser Gott schuf dann die weibliche Muttergottheit und weitere Wesen. Ohne daß Kühn als Altmeister bisher insgesamt widerlegt wäre, sehen neuere Entwürfe die Lage anders. Die populär gewordenen Entwürfe von Marie E. P. König gehen von einer ursprünglichen Verehrung der Gestirne aus (zuletzt: *Unsere Vergangenheit ist älter*, S. Fischer Verlag, Frankfurt 1980). Trotz der unterschiedlichen Ergebnisse dürften jedoch beide bzw. alle derartigen Entwürfe weit über das Beweisbare hinausgehen. Sie sind phantasievolle Versuche, aus den kaum vorhandenen Funden heraus eine Religion zu konstruieren. Fest steht jedenfalls, daß eine solche Religion kompliziert war und sich überhaupt nicht in das evolutionistische Schema einer frühen Primitivreligion einordnen läßt.

Gerade dort, wo also zumindest teilweise die eigentliche Schlacht über eine Urreligion geschlagen werden müßte, also bei der Religion, die mit den ältesten Kulturfunden der Menschen zusammenhängt, gibt es bisher auf beiden Seiten nur recht persönlich gefärbte Versuche, nichts jedoch, was den anderen zur Anerkenntnis der eigenen Position verpflichten könnte. Aus diesem Grund hat Richardson dieses Thema, das in Amerika wenig Aufsehen erregt hat, nicht behandelt.

Zusammenfassung

Die soeben angeschnittenen Fragen müssen nun zu einer Einordnung des vorliegenden Buches zusammengeführt werden. In Kürze lassen sich dem Leser zwei Leitlinien mitgeben:

Die Thesen des vorliegenden Buches sind theologisch verantwortbar, wenn man die Bibel als Gottes unfehlbare Offenbarung anerkennt. Eine biblisch bestimmte Einordnung des Buches in die Fragen der natürlichen Religion, der Gottesbeweise, der Auslegung der Genesis, der alttestamentlichen Universalität der Mission und des Wahrheitsgehaltes der nichtchristlichen Religionen ist möglich, wenn man Römer 1 und 2 zum Ausgangspunkt macht. Man darf die These von Richardson nicht auf die Weltreligionen anwenden. *Die Beispiele von Richardson können Römer 1 und 2 illustrieren, niemals beweisen. Denn die vorliegenden Funde ergeben nur dann ein sinnvolles Bild, wenn man Römer 1 und 2 und andere biblische Texte bereits voraussetzt.* Wenn dem aber so ist, wird sich der Wert des Buches von Richardson vor allem daran messen müssen, ob es allen biblischen Aussagen gerecht wird. Dabei hat Richardson sicher auf viele biblische Fakten hingewiesen, die allzuschnell überlesen werden.

Von hierher wird auch das Verhältnis zur Ethnologie und Religionswissenschaft bestimmt. Die Thesen von Richardson sind ethnologisch und religionswissenschaftlich verantwortbar, wenn auch intensivere Forschung nötig ist. Das kann aber nur so viel heißen, daß Richardsons These ethnologischen und religionswissenschaftlichen Erkenntnissen nicht widersprechen. Aus diesen Ergebnissen selbst ergeben sie sich nicht zwingend, oder anders gesagt: diese Ergebnisse können das theologische Bild illustrieren, nie in sich begründen. *Ohne Rückgriff auf das theologische Vorverständnis ist die These vom Urmonotheismus der Naturvölker nur ein Modell unter anderen.* Durch seine bloße Existenz wird es andere evolutionistisch orientierte Modelle relativieren können, die ihrerseits ebenfalls ohne ein außerhalb von Ethnologie und Religionswissenschaft liegendes Vorverständnis nicht zwingend sind.

(Ich danke den Studenten der FTA Gießen für ihre hier eingeflossenen Anregungen und Diskussionsbeiträge anläßlich der Vorlesungen zum Thema dieses Buches.)

Thomas Schirrmacher studierte Theologie in Basel und Kampen, Ethnologie, Religionswissenschaft und Volkskunde in Bonn und Kulturanthropologie in Los Angeles. Er ist derzeit Direktor des Theodor-Christlieb-Instituts in Bonn.

Als Ergänzung sei auf seine folgenden Beiträge zum Thema hingewiesen. Die meisten erschienen in der Zeitschrift *Factum*, die sich auch weiterhin diesem Thema widmen wird.

„Urzeitmythen der afrikanischen Völker", *Factum* 10/1984: 18–25
„Die Religion in der Geschichte der Völker", *Factum* 7 + 8/1985: 48–50
„Musik-Evolution?", *Factum* 5 + 6/1982: 30–32
„Die Entstehung der Genesis", *Factum* 5/1985: 12–15
„Music – Evolution or Creation?", *Creation Research Society Quarterly* Vol 16 (1979) 1: 73–74 + 84
„The German Creationist Movement, Acts-Facts-Impact", Institute for Creation Research, *Impact* July 1985: 1–4
„Zu Gian Andrea Caduff, Antike Sintflutsagen", Wort und Wissen Intern 9/1986: 14 = *Gemeinde Konkret* Magazin 4/86: Bk 1
„Theistische Evolution?", *Factum* 11 + 12/1984: 9–10
„Mission und Kultur – Als Ethnologe Christ sein?", *Factum* 11/12 (1987): 8–10

Literaturverzeichnis

BAUMANN, H. Schöpfung und Urzeit im Mythus der afrikanischen Völker. Berlin 1936 (Nachdruck 1964).
BAVINCK, J. H. An Introduction to the Science of Missions. Translated by David H. Freeman. Nutley NJ: Presbyterian and Reformed Publishing Co., 1977.
BENNETT, Wendall, and Bird, Junius. Andean Culture History. Lancaster, PA: Lancaster Press, Inc., 1949 and 1960.
BERNATZIK, Hugo Adolf, unter Mitarbeit von Emmy Bernatzik. Die Geister der gelben Blätter. Gütersloh: C. Bertelsmann, 1951.
BRUCE, F. F. The Spreading Flame: The Rise and Progress of Christianity. Grand Rapids: Wm. B. Eerdmans Publishing Co., 1958.
BRUNDAGE, B.C. Empire of the Inca. Norman, OK: University of Oklahoma Press, 1963.
Brundage, Lords of the Cuzco. Norman, OK: University of Oklahoma Press, 1967.
BUNKER, Alonzo. Soo Thah – A Tale of the Karens. New York: Fleming H. Revell Co., 1902.
COTTRELL, Leonhard. The Horizon Book of Lost Worlds. New York: American Heritage Publishing Co., 1962.
DAMANN, E. Die Religionen Afrikas. Stuttgart 1963.
FRASER, Gordon. Symposium on Creation. Edited by Donald W. Patten. Grand Rapids: Baker Book House, 1975.
FRIEDLI, W./Schwengeler, B. Die Matsingenka-Indianer, ETHOS (Berneck) Nr. 1/1982, S. 7-15.
FULLER, Harold W. Run While the Sun Is Hot. Cedar Grove: Sudan Interior Mission, 1967.
HOWARD, Randolph L. Baptists in Burma. Philadelphia: The Judson Press. 1931.
HOWARD. It Began in Burma. Philadelphia: The Judson Press, 1942.
JACOBSON, Daniel. Great Indian Tribes. Maplewood, NJ: Hammond, Inc., 1970.

KANG, C. H., and NELSON, Ethyl R. The Discovery of Genesis. St. Louis: Concordia Publishing House, 1979.
KITCHEN, K. A. Alter Orient und Altes Testament. Wuppertal 1965.
KÜLLING, S. Zur Datierung der Genesis-P-Stücke. Kampen 1964.
KUHN, W. Die Schattenseite eines Mythos. FACTUM (Berneck) Nr. 11-12/1982, S. 22-26.
LAERTIUS, Diogenes. Lives of Eminent Philosophers. 2 vols. Translated by R. D. Hicks for the Loeb Classical Library. London: Harvard University Press, 1925.
LATOURETTE, Kenneth Scott. A History of Christianity. Beginnings to 1500, Volume 1. New York: Harper and Row Publishers, 1953.
LATOURETTE. A History of Christianity, Reformation to the Present, Volume 2. New York: Harper and Row Publishers, 1953.
LUTZ, Larry. The Mizos – God's Hidden People. San José, CA: Christian Nationals Evangelism Commission, Inc., 1980.
MANN, U. Schöpfungsmythen, Reihe Symbole. Stuttgart: Kreuz-Verlag, 1982.
McBIRNIE, William Stuart. The Search for the Twelve Apostles. Wheaton, IL: Tyndale House Publishers, Inc., 1973.
MACLEISH, Alexander. Christian Progress in Burma. London: World Dominion Press, 1929.
MASON, Francis. The Karen Apostle. Boston: Gould and Lincoln, 1861.
MAYERS, Marvin K. Christianity Confronts Culture. Grand Rapids: Zondervan Publishing House, 1974.
MÖLLER, W. Einleitung in das AT. Zwickau 1934.
MURPHREE, Marshall W. Christianity and the Shona. London: The Athlone Press. University of London, 1969.
NOCHOLSON, I. Mexikanische Mythologie. Wiesbaden 1967.
OLSON, Bruce E. Ich schwör's bei diesem Kreuz, ich töte euch! Hurlach 1981.
PALMER, Spencer J. Korea and Christianity. Korea: Hollym Corporation, 1967.

PURSER, William Charles Bertrand. Christian Missions in Burma. Westminster, England: Society for the Propagation of the Gospel in Foreign Parts, 1913.
RAY, Verne F. Primitive Pragmatists: The Modoc Indians of Northern California. Seattle and London: University of Washington Press, 1963.
Religion in Geschichte und Gegenwart, 3. Auflage. Stuttgart (RGG³).
RICHARDSON, Don. Herren der Erde. Bad Liebenzell: Verlag der Liebenzeller Mission, 1979.
RICHARDSON, Don. Friedenskind, Bad Liebenzell: Verlag der Liebenzeller Mission, 1976.
SCHIRRMACHER, Thomas. Urzeitmythen der afrikanischen Völker, als Manuskript gedruckt. Bonn 1982.
SCHMIDT, Wilhelm. Handbuch der Religionsgeschichte. Stuttgart 1930.
SCHMIDT, Wilhelm. Grundlinien einer Vergleichung der Religionen und Mythologien der Austronesischen Völker. Wien 1910.
SCHMIDT, Wilhelm. Vom Ursprung der Gottesidee. Bd. 1 (2. Auflage) 1912, Bd. 6/12 (posthum) 1955.
SCHMIDT, Wilhelm. Primitive Revelation. Translated by Joseph Abierl. St. Louis: R. Herder, 1939.
Die Schöpfungsmythen, Quellen des Alten Orients. Darmstadt 1980, 2. Auflage, S. 1-184.
SCHRÖDER, C. M. Die Religionen der Menschheit, 36 Bände. Stuttgart 1961-1983.
SCHWENGELER, Bruno. Religion – Opium für das Volk? FACTUM (Berneck) Nr. 10/82, S. 3-33.
SMITH, Alex G. Strategy to Multiply Rural Churches – A Central Thailand Case Study. Bangkok: O.M.F. Publishers, 1977.
STICKLEY, Caroline. Broken Snare. London: Overseas Missionary Fellowship. 1975.
TEGENFELDT, Herman G. A Century of Growth – The Kachin Baptist Church of Burma. South Pasadena, CA: William Carey Library, 1974.
THOMPSON, Phyllis. James Frazer and the King of the Lisu. Chicago: Moody Press, 1962.

TRIMKORN, H. Das alte Amerika, Stuttgart 1959.
TYLER, Edward Burnett. Researches into the Early History of Mankind and the Development of Civilization. 1865.
TYLER, Primitive culture. 1871.
VON HAGEN, Victor W. The Ancient Sun Kingdoms of the Americas. Cleveland and New York: World Publishing Co., 1957.
WEDEMEYER, I. von, Sonnengott und Sonnenmenschen, Kunst und Kult, Mythos und Magie im alten Peru. Tübingen 1970.
WEISS, G. Christian. The Heart of Missionary Theology. Chicago: Moody Press, 1976, 1977.
WISEMAN, D. J. Die Entstehung der Genesis. Wuppertal 1957.
WYLIE, Mrs. Macleod. The Gospel in Burma. London: W. H. Dalton, Bookseller to the Queen, 1859.

Don Richardson
Friedens-Kind
Tb., 240 Seiten mit Abbildungen, Nr. 70 260

Bis 1962 lebte in West-Irian der Stamm der Sawi noch im Steinzeitalter und in völliger Isolierung von der Umwelt, als Kopfjäger und Kannibalen, die die Schädel ihrer Opfer als Kopfkissen benutzten. Unter den Sawi war tückischer Verrat mehr als eine Lebensweise. Er war höchstes Ideal. Die beliebteste Form des Verrats war es, jemanden „mit Freundschaft zum Schlachtfest zu mästen". Don Richardson erzählt aus eigenem Erleben von der ursprünglichen Lebensweise dieses Stammes und wie Jesus Christus dem Sawi-Volk endlich Frieden brachte.

Don Richardson
Herren der Erde
Pb., 355 Seiten mit Abbildungen, Nr. 58 046

Die Yali, nackte Kannibalen, hausten tief in der Steinzeithölle der Schneeberge West-Irians als „Herren der Erde". Furchtbare Angst umgab diesen Stamm. Ihre Religion schloß Frauen und Mädchen vollständig aus. Ein Verstoß gegen die Religionsgesetze bedeutete: Von Freunden und Verwandten getötet zu werden. Der australische Pioniermissionar Stan Dale drang mit seinen Mitarbeitern in ihr abgelegenes Tal ein und forderte sie ungemein heraus. Oft kam es zu lebensbedrohlichen Situationen für die Mitarbeiter der Mission, bis zu jenem schrecklichen Ereignis … Ein Missionsbuch, mit eindrücklichen Berichten und hoher erzählerischer Qualität und Spannung.

Howard und Geraldine Taylor
Hudson Taylor – Abenteuer mit Gott
176 Seiten, Bestell-Nr. 72 324

Viele Christen fragen und suchen – mit Recht – nach mehr Vollmacht und Kraft in der Nachfolge und im Dienste Jesu. Das Leben Hudson Taylors ist hervorragend dazu angetan, uns darin den Weg zu weisen. Die Verfasser dieses Buches – Sohn und Schwiegertochter Hudson Taylors – haben in feiner Weise die Lebensgeschichte dieses Mannes erforscht und aufgezeichnet. Damit haben sie ein Buch geschaffen, das jedem offenen Leser einen reichen Segen bereiten will und eine Wegweisung zu einem erfüllteren, überfließenden Leben in der Nachfolge Jesu sein kann.

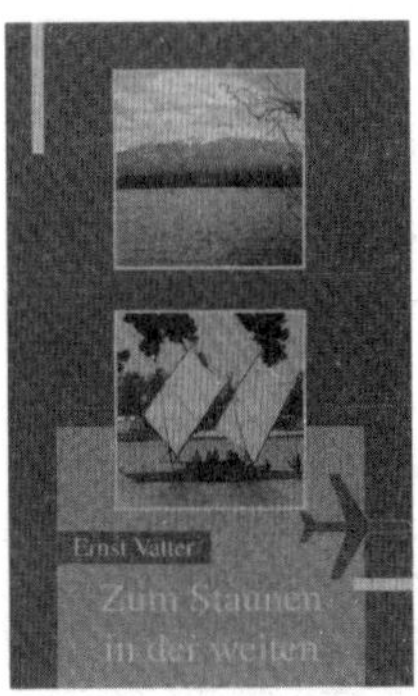

Ernst Vatter
Zum Staunen in der weiten Welt
80 Seiten, Bestell-Nr. 77 779

Der Autor war jahrzehntelang als Beauftragter der Sache Gottes in der ganzen Welt unterwegs. Hier läßt er an einigen seiner besonderen Erlebnisse und Erfahrungen teilhaben. Es geht darum, den Blick für das Handeln Gottes zu bekommen – der auch unser Leben reich und erfüllt machen will.
Ernst Vatter wurde 1952 als Missionar nach Japan ausgesandt. Während der zweiten Hälfte seines Berufslebens trug er Verantwortung für die Arbeit der Liebenzeller Mission in vielen Teilen dieser Welt.

Bitte fragen Sie in Ihrer Buchhandlung nach diesen Büchern!